江苏高校优势学科建设工程资助项目（PAPD）

作为社会规训的警务

丛书主编　吴跃章

[英]萨特纳姆·库恩　著

左朝霞　王　蓓　黄　艳　译

POLICING AS SOCIAL DISCIPLINE

南京出版传媒集团

南京出版社

图书在版编目(CIP)数据

作为社会规训的警务/[英]库恩著;左朝霞,王蓓,黄艳译.—南京:南京出版社,2013.12
(世界警学名著译丛)
ISBN 978-7-5533-0408-3

Ⅰ.①作… Ⅱ.①库… ②左… ③王… ④黄… Ⅲ.①警察-工作-研究 Ⅳ.①D035.3

中国版本图书馆CIP数据核字(2013)第294218号
江苏省版权局著作权合同登记号　图字:10-2013-503

Policing As Social Discipline, First Edition was originally published in English in 1997. This translation is published by arrangement with Oxford University Press.
《作为社会规训的警务》英文版1997年出版。简体中文版由牛津大学出版社授权南京出版社出版。
ISBN 978-0-19-826478-1

书　　名:作为社会规训的警务
作　　者:[英]萨特纳姆·库恩
译　　者:左朝霞　王　蓓　黄　艳
出版发行:南京出版传媒集团
　　　　　南　京　出　版　社
　社址:南京市老虎桥18-1号　　　邮编:210018
　网址:http://www.njcbs.com　　　淘宝网店:http://njpress.taobao.com
　电子信箱:njcbs1988@163.com
　联系电话:025-83283871、83283864(营销)　025-83283883(编务)

出 版 人:朱同芳
责任编辑:谢　微　范　忆
装帧设计:石　慧
责任印制:杨福彬

制　　版:江苏凤凰制版有限公司
印　　刷:江苏凤凰数码印务有限公司
开　　本:787毫米×1092毫米　1/16
印　　张:14.5
字　　数:276千字
版　　次:2013年12月第1版
印　　次:2013年12月第1次印刷
书　　号:ISBN 978-7-5533-0408-3
定　　价:40.00元

“世界警学名著译丛”总序

吴跃章

警察与国家一样古老，伴随着警察的嬗变，警察科学研究随之展开，尤其是以英国伦敦大都市警察局成立为标志的现代职业制服警察诞生以来，世界性的警务改革如潮起潮落，欧美国家的警察科学研究也日趋兴旺，学术成果硕果累累，由此形成了较为先进、完善的警察科学理论体系与操作模式。文化是人类社会积淀下来的精神财富，不同国度正是在文化交流与碰撞中汲人之长，补己之短。众所周知，早在晚清、北洋和国民政府时期，西方警学理论就被引入中国，警察学也成为从国外引入的社会科学中的一支。在新中国成立之初，我国学习了苏联的建警经验；“文革”开始后，随着意识形态领域的对立，外国警学的引进被中止了。改革开放以来，中国学界非常重视移译世界各国学术名著，涉及政治、法律、哲学、经济、管理学、社会学、文学等诸多领域的译著汗牛充栋，但对世界警学名著的移译却屈指可数，优秀的警学译著更是寥若晨星、凤毛麟角。为加强公安学学科建设，了解和借鉴国外先进的警务理论研究成果，推动现代警务理论研究和实践创新，更好地发挥公安学科建设服务公安教育和公安实战的作用，本着开放性、灵活性和包容性原则，江苏警官学院于2012年启动了“世界警学名著译丛”的遴选与移译工作，冀望“世界警学名著译丛”的面世，能够引起越来越多的学者重视对世界警学名著的引进与翻译，能够对公安学学术研究有所推动。

学科建设是公安高等教育的龙头，学术成果是学科建设的鼎力支撑。近年来，江苏警官学院积极适应经济社会发展新形势，主动融入高等教育改革发展主流和公安工作改革发展大局，大力实施转型升级发展战略，着力抓好内涵建设、队伍建设、硬件建设“三大建设”，努力打造公安学科建设品牌。2010年，江苏省政府启动实施了“江苏高校优势学科建设工程”，这是全面提升高等教育水平和核心竞争力，加快江苏由教育大省向教育强省转变的战略举措。2011年3月，国务院学位委员会和教育部正式批准增列“公安学”和“公安技术”两个一级学科，结束了公安高等教育没有一级学科的历史，标志着公安学学科建设翻开了新的一页，在公安学术史上具有里程碑意义。江苏警官学院抢抓这一机遇，申报的“公安学”一级学科经过多轮遴选评审，成功入选江苏省优势学科建设工程项目。这一重大突破，标志着江苏警官学院的学科建设进入高起点、高层次发展的新阶段，也为江苏的公安学学科建设搭建了高端平台。“世界警学名著译丛”的立项与出版，正是江苏警官学院承担省优势学科建设工程项目取得的代表性成果之一。

西方警察科学研究成果种类繁多，从打造公安学学科建设品牌目标出发，入选译丛的是警学研究领域的学术名著。从译丛成果看，凸显四个特点：一是入选著作规格高，译丛首批5部著作均遴选自“克拉伦登犯罪学研究”丛书。该系列丛书始于1994年，目前已出版57部，是在剑桥大学犯罪学研究所、伦敦经济学院曼海姆犯罪学研究中心、牛津大学犯罪学研究中心的共同主持下编辑的，由牛津大学出版社出版。著者为业界著名学者和杰出博士，旨在为广义上的犯罪学、刑事司法各方面的杰出理论著作与实证著作提供一个高端论坛。二是译丛研究领域宽，以研究警务理论为主旨，涉及法律与警察实践对警务的影响、警察实践对社区与个人的影响、公共警务与私营警务、警察文化、国际警务合作等诸多领域，重点探究和回答了法律和警务、私人警务发展与公共警察服务、当下警察实践与社区和个人、国际警察组织与国际警务合作、社会环境变迁与警察文化嬗变之间的关系等问题。三是译丛忠于原著又有二次创作，译者为文化行为之中介，译丛的译者由长期从事外语教学和研究的具有丰富翻译经验和扎实文字与理论功底的学术中坚和青年才俊组成。他们崇尚译事的信达雅，严谨治学，字斟句酌，忠于原著风格与思想，兼顾本国字义表达的话语体系。他们通力合作，集体攻关，在二次创作中赋予译丛凝练的语言和厚重的学术分量，让读者透过译者所使用的本国语言的帷幕窥见原著的精神风貌。四是译丛受众面广，它们既是警学研究的高文雅典，也是读者丰富知识、充实自我的精品读本，为犯罪学、社会学、政治学、管理学、人类学、社会福利与刑事法律领域的学者，或公安政法院校的师生、公安干警、大型私人安保企业的从业人员，以及社会法律研究、历史、国际研究和全球化、公共政策领域的学者、国际犯罪控制的政策专家等提供一套案头珍藏之佳作。

书香传世，笔墨流芳。“世界警学名著译丛”是江苏警官学院打造学术丛书品牌战略的一部分，译丛的思想财富和学术价值为学界所熟知。将世界警学名著汇编成译丛出版，能相得益彰，蔚为大观。同时，译丛将国外丰富精深的警学理论思想引入中国，无疑开启一扇洞悉西方现代警务理论研究走势之窗口。古为今用，洋为中用，我们确信，这套译丛对开阔读者视野，滋养学人情操将大有裨益。

序

克拉伦登犯罪学研究是剑桥犯罪学研究的延续,由列昂·拉兹诺维奇和 J. W. C. 特纳于 50 多年前创立。目的是给犯罪学、刑事司法、刑法学以及更宽范围的行为偏差领域的出色研究提供一个论坛,并由以下三个犯罪学中心主办:剑桥大学犯罪学研究所、伦敦经济学院曼海姆犯罪学和刑事司法研究中心以及牛津大学犯罪学研究中心。

萨特纳姆·库恩博士的杰作《作为社会规训的警务》一书是该系列 1994 年出版发行以来的第 14 本,也是讨论警务方面问题的第 5 本书。在书中他阐述了警察对嫌疑人的讯问权起初被司法机构认为是违宪的:其违背了刑事司法的对抗性体系原则。随着讯问权得以认可,社会在利用程序规则或规范来限制警察权方面作出了诸多努力,特别是出台了《1984 警察与刑事证据法》(简称 PACE)。库恩博士的研究意在说明该途径并未解决也解决不了问题。和其他情况一样,首先他认为,在警察和被羁押于警署内的嫌疑人之间权力关系本质显而易见是冒着操纵、扭曲以及恐惧之险,而这就是不当定罪的温床。但是事实上,他的主要论点是,在当地警署发生的很多事情与诱发某种对于公正定罪的具有关键性的证据是没有什么关系的。相反地,某些被逮捕进警署的人并不是被当作嫌疑人而被看成“未决囚犯”——“法律不予认知的一类”——为了社会规训之目的进行短期监禁室内的简易惩罚。被归为“嫌疑类”的人,特别是那些以形形色色方式挑战警察权威的那些人,常常在警署受到羁押或遭受种种羞辱,警察从而宣称了对嫌疑人的权力并给其教训。他认为,事实上,有时逮捕是在警察一开始并无意指控此人犯罪时实施的。

这幅令人不安的画面是来自对于两个警署的羁押室数小时的观察以及与80位刚解除羁押的嫌疑人的访谈。他们中的十分之九之前都曾经是警察怀疑的目标，三分之二以前曾被逮捕或羁押于警署的监禁室。因此这是为数不多的试图考察嫌疑人在警察手中所受待遇的研究之一。库恩博士认识到自己的证据可能具有片面性，于是利用大量的其他警务研究成果对其正确性进行了检测。在他的整个论述中，他对观察到的一些令人质疑的做法进行了许多恰当的阐述，巧妙地应用收集到的资料，使整个论述显得很有说服力。

库恩博士通过对研究成果的分析自然地引出对以下问题的思考：警察是否真的有权将人限制在警署内予以讯问，即警察是否具有讯问权。他认为，在决定提出犯罪指控前首先由法律代理人提出问题，并经过法庭上的交叉盘问可以更好地检验嫌疑人对犯罪的抗辩。

库恩博士宣称的警察功能的范围还需进一步确立——记住不要忽视这样的事实，即不是所有的受访者都认为警察的行为是不公正的或缺少尊重的，也不能确定被逮捕者仅仅因为惩罚的目的而受到逮捕的比例是多少。尽管该博士论文未能回答这些问题，但是毫无疑问，他已经提出了需要深入研究的重要问题。

毋庸置疑，作者的观点和结论可能会引起争议，但这本构思缜密、论证充分的书值得一切从事警务实践、致力于公民权利和法治的相关人员认真阅读。

罗杰·伍德

1997年8月

鸣 谢

没有中南地区的警察机关的合作就不会有本书中的实践性内容，由于保密原因，在此不能道出他们的真实头衔。在此向有关警察局长表示感谢，并特别向那些提醒我关注研究过程中可能遇到某些实际问题并给出应如何克服的建议的警长们表示感谢。我还要感谢参与访谈案例的所有人。他们的合作在记录和报道那些被羁押和讯问的人的观点上具有根本性的作用。

该书是基于我的博士论文创作而成的。我的博士论文是在牛津大学万灵学院的罗杰·霍德教授的指导下完成的。我对我的导师表示衷心的感谢。这项研究如果没有罗杰的帮助就无法完成。他的建议和指导对我确保论文能达到出版的质量大有裨益。将博士论文转为一本书比我想象的要难得多，如果没有麦克·麦高伟教授的支持和指导，我可能无法完成。麦克·麦高伟教授非常耐心地一遍遍地阅读了我的无数草稿并提出了非常有价值的建议。这项工作还得益于我和安德鲁·桑德斯教授、李·卜雷吉斯教授和罗杰·冷教授进行的多次讨论。对于他们的帮助，我表示真挚的感谢。本书中存在的任何瑕疵和不足都是我个人的责任。

目 录

第一章

强迫嫌疑人

就像在许多其他国家一样，在英格兰和威尔士，侦查案件、逮捕罪犯以及收集定罪的必要证据是警察的职责。为使警察能履行这类职责，法律赋予警察一系列的对涉案嫌疑人的强制权。据此，公民的身体、住宅就可能被搜查，财产受到查封，公民可以被逮捕和拘留在警署接受讯问。这些强制权使得警察具有相当多的自由裁量权，这意味着权力可能被用于执法之外的其他目的。例如，警察可能使用自由裁量权并不是为了执法或仅仅希望确保他们的权力要得到特定人或特定地区的尊重。简而言之，警察会产生超越法律认可的范围之外的目的。本书探讨了调查权和警察机构目标之间的关系，展示了这些权力对那些常常作为警察关注点的人群的影响，并从曾经是这些权力的施加对象的视角对警察工作的公正性予以思考。

本书总的目的是要探讨我们对警察在刑事司法制度中作用的理解。在对传统的警察角色的描述中，警察被刻画成站在刑事司法制度对抗立场外的中立调查员。尽管对警察中立性的信任度在最近的几十年里已不断下降，但对警察的角色认知在很大程度上却仍然未变。警察继续被视为专业的犯罪调查员，基于控辩双方的职责，他们履行了将案件移送司法程序以便得到权威而合法地解决诉讼的功能。本书讲述的现代警务很多方面都与此理论化的模式不相适应。赋予在警署内外的政治空间使他们创建了自己的日程表并加以追随。本书对警察日程表进行了探讨并暗示应该以新的方法看待警察的角色。

为了能理解警察如今怎样用令他们喜欢的方式建立自己在刑事司法体系中的角色，就必须要思考在没有司法权或审判权的状态下，他们寻求讯问、指控、起诉嫌疑人的实际权力的过程。本章据此提供了现代预审程序的历史背景，对警察成功控制嫌疑人的方法进行追踪，并对司法制度如何填补自由的宪政原则和警察工作的现实之间的意识空白予以解释。

子民、公民和嫌疑人

尽管那些有犯罪嫌疑的人员已经遭受逮捕或羁押这类强制性措施，但还会被施加所谓合法的强迫性语言，以确保在国家现行的结构和意识领域达到强制目的。17 世纪中期之前曾是一个君权神授的专制时代，犯罪嫌疑人和其他所有人一样是王权的子民，而自由只能由君主特许才可拥有。在这种统治理论下，对君主来说采取任何必要的措施去保护其子民的生命和财产的安全以及维持国家稳定都是必要的。① 因此，他可以授令强迫嫌疑人接受神断法或者对其加刑直至其悔罪或者仅根据指控就对其实施惩罚。②

---

① Smith(1991:48)。

② Plucknett(1956:119)。

光荣革命标志着子民转变为公民的缓慢过程的开始。在18世纪的进程中，人们渐渐地对国家投以怀疑的目光。自由派的立宪思想要求，政治结构和法律规定使得国家权力对公民生活的干预最小化。基于这种统治理念，官员们被视为法律服务者而不是国家的服务者，他们必须在法律的范围内进行公务活动。① 19世纪是盛行个人主义的时代，确立权利的保护以免个人不受国家潜在的强制力所迫害。那个时代杰出的律师认为，鉴于当今政府的方方面面都比以前强大得多，社会对个体施加的伤害要比通常个体对社会进行的伤害大得多，所以必须为嫌疑人提供权利保护的刑事程序规则。②

本章的以下内容将会证明自由理念的胜利并不意味着犯罪嫌疑人就可以不用遭受来自于国家的强制力。19世纪中叶后，警察开始强制对嫌疑人的人身和财产予以搜查、审前扣押以及强迫其接受讯问。表面上，这些是与公民避免政府干预生活的权利相冲突的，解决方法是通过取消这些被强迫者的公民权，把他们归类于嫌疑人。使得嫌疑人从公民中分离出来的动因就是由警察提供的。警察在处理嫌疑人的时候不仅违背了法律上的自由主义形式也违背了其实质，经常能获得向法庭呈供创建权利免责条款和但书的机会，而这种权利却是法律的自由理念赋予所有人的。

20世纪70年代以后，警察唆使并支持了一场旨在向嫌疑人提供比普通公民更少的辩护机会的运动。他们认为守法公民的权利和自由正受到不断上升的犯罪浪潮的威胁。如果要使社会道德得以维护，就应该赋予警察充分的权力进行有效的调查和犯罪指控。警察自认为能提供有关罪犯的专业知识，并认为作为专家社会应该相信他们能够从公民中找出嫌疑人。传统自由派反对赋予警察广泛权力的观点因为没有充分考虑到警察的专业和政治的中立性而被搁置。

预审程序的司法化

国家总是关注这样的论点，即有犯罪嫌疑的人应该帮助当局决定针对他的怀疑是否正确。神断法在英格兰一直持续到13世纪，该法要求嫌疑人允许自己的身体作为上帝对其是否有罪做出裁定的手段。③ 之后宗教裁判所替代了神断法，这是政教双方从都铎王朝到17世纪中叶都赞同的模式。④ 宗教裁判法庭，其最有名的当属高等宗教事务法庭和星室法庭，

---

① Thompson(1975:263—266)。

② Stephen(1883:356,354)。

③ Maitland (1908:115—117)。

④ 议会于1641年废除了法院采用的当然性的职权宣誓(16 Car. 1,c. 10和c. 11)。

指望嫌疑人立誓自供罪行，抗拒者要受刑，直至他们认识到自己的错误为止。①

随着普通法逐渐占领统治地位，陪审团的审判成为重罪审判的惯例。虽然在那个时代里，大多情况下指控被认为是受害者的职责，但是当局清晰地认识到陪审团的审判对证据的收集和呈供都是必要的程序。此工作落到治安法庭里。② 16 世纪中叶的玛丽安律例③要求当嫌疑人被控有严重的罪行时，治安法庭要把案件移交至巡回法官。法官具有检验嫌疑人和控方证人的职责，列出所有指向罪行的内容，具结所有控方证人出庭提供证据并对嫌疑人是否应该在押候审或保释候审做出裁定。④

审前讯问嫌疑人的规定说明陪审团的审判和它之后的裁定模式相同，均认为嫌疑人是有用的信息来源。然而，普通法在是否要制裁这种强制性的讯问或制裁到什么程度这点上是不清晰的。斯蒂芬 1883 年认为在玛丽安体系下，法官常常作为针对被控方的主要证人出庭。玛丽安预审制度的不公正性在于嫌疑人被作为检控角色的官员进行严密质询。斯蒂芬写道，当控方证人为正义提供证明的时候，嫌疑人"没有甚至从没有权力到场"，并且还得不顾案件对自己的不利而回答问题。他进一步批判了要求法官为控方证言守密并只记载暗示嫌疑人有罪的程序。⑤

玛丽安预审记录没有得以存留下来，而在缺少这些记录的情况下是很难就嫌疑人得到不公正对待的说法作出结论性裁定的。⑥ 然而，无法否认的是 17 世纪至 19 世纪见证了预审逐渐成为司法程序中的一环。在 17 世纪初当普通法官决定不再利用刑讯手段获取证据的

---

① Morgan(1949:14—15); Veal(1970:26), Jardine(1837:16,45,68—70)和 Langbein(1977:134—139)一致认为 1640 年签发了最后的刑讯令。但非官方的刑讯和刑讯威胁在之后的一段时间被仍然普遍存在。例如，参阅 Tonge 的案子(1662)6How St. Tr. 225,259。

② 司法机关是于 1326 年成立的(1 Edward 3c. 16)。法官的角色最初只限于审前签发通缉令、逮捕并监禁嫌疑人并且监督教区的警察和守卫人的行为。然而到 16 世纪中叶，法官们逐渐获得所有轻罪和重罪的听证和判决权。参阅 Smith(1583:104), Hawkins(1716:39), Putnam(1924:197)。

③ 1 & 2 Phil. 和 Mary c. 13 1554, 2&3 Phil. 和 Mary c. 10 1555。

④ 更多的内容参阅 Langbein(1974)。

⑤ Stephen(1883:221—225)。在此之后 Holdsworth(1903:296)和 Beattie(1986:416)做出过类似的非正义指控。

⑥ 斯蒂芬的论点和道尔顿写于 250 年前的观察形成了对照：根据普通法，罪犯自己不用接受宣誓自证其罪，Nullus tenetur seipsum prodere；一个人的错误不是由他自己供述而应该由他人证明，直到 2. & 3. P. &M. cap. 10 法条赋予法官亲自对重罪的检查权(1618:264)。尽管道尔顿的说法有些含糊，但是还是可以理解为讯问获取的供述在普通法上是不能接受的。如果此解释成立，那么斯蒂芬的论文暗指玛丽一世时期的法律成功地将操作无须检查到强制检查是有问题的。正如斯蒂芬自己注意到的，玛丽一世法律非常有可能将现行实践编纂成文了。

时候，预审结果就被搁置一旁了。

1628年，首席法官和大法官们拒绝接受国王提出的被控方只有提供了其同谋的犯罪证据后才不受刑的要求。法官们一致认为刑讯是不为普通法认知的一种惩罚。① 1641年，法院接受这样的原则，即被控方不必回答对其不利的问题，②并有迹象显示到17世纪后期，对刑讯的禁止已扩展到包括各种形式的威胁。③ 到1783年，在最新创建的一条严格的法律规则中，非自愿的招供都不能作为证据使用。④ 19世纪早期，某些法官认为权威审查理念违背了司法公正和诚信精神而不予接受。⑤

随着取消对嫌疑人的强迫而来的是其他一些变化的产生，这些变化改变了当时的预审机制——从揭露和审查嫌疑人转变为一种对有罪与否的全面调查。⑥ 首先，尽管玛丽安律例只是要求法官记载控方证人的证言，但听取和记载嫌疑人提供的证人证言逐渐变成正常行为，尽管他们并没有立誓作证。⑦ 第二，有证据显示到17世纪40年代一些法官视自己的角色为预审审判员并着手分离出那些被认为弱得不值得指控的案件。⑧ 最后，记录在案的案件表明，到18世纪后期，如果证人没有被当着嫌疑人的面被盘问，则法院会因为此类秘密盘问剥夺了嫌疑人盘问控方的机会而对该证人证言不予采信。⑨

随着1848年的杰维斯法案通过，⑩才算完成了预审本质上的转变。司法部长将之描述为法律编纂措施，指出“他竭力介绍的不是什么新的东西……只是简单收集法令和裁决来形成现行法律”⑪。该法案要求所有证人要受到被控方的当场盘诘，允许被控方召唤辩护证人

---

① Felton案[1628] 3 How St. Tr. 371。

② 十二主教审判(1641)vol. 4 Cobb. St. Tr. 63。

③ 参考Hale(1678:284)，他写道，至于囚犯的检查，其未受威胁或被施加过度的恐惧而自由实施是必须得以证明的。

④ *Warwickshall*(1783) 1 Leach 115.有证据显示这样的规定在此之前是适当的。参考*White*[1741]和*Rudd*(1775) 1 Leach 115。

⑤ 参考*Wilson*(1817) Holt NPC 597，其中Richards CB不接受将供述用于司法中，其声称检查自己就是被迫说实话……在法庭上以同样的方式作为证人检查囚犯是非正常的。*Ellis*(1826) 1 Rye和Mood 432证明了会引起司法争论的一个话题。

⑥ Stephen(1882:221)。

⑦ Dalton(1618:265)。

⑧ Langbein(1983:61)。

⑨ R v Woodcock(1789) 1 Leach 500; R v Dingier(1791) 2 Leach 561.这无论如何就是无法解释非争议性的主题。参考Thurtel案[1823]12月5日《时代》杂志，其中Park J.说，允许嫌疑人了解诉讼证据给他提供了不公正的优势。

⑩ *The Indicateble offences Act* 11 & 12 Vic. c. 42。

⑪ *Parl. Debates*(HC: 1848)系列三第96卷(2月3日，第5栏)。

并对控方证人进行盘诘，要告知（或提醒）被控方有不予回答的权利。最后，该法案要求法官在证据不充分的情形下对被控方“无条件释放”。①

警察权力的提升

随着法官变成了预审审判员并失去了犯罪调查和指控的职责，司法程序就出现了一个真空阶段。这正是新创建的警察部门要开发的空间，也就是他们在调查和起诉的过程中通过要求获得更高的权力以增强其影响力。

尽管皮尔在城市创建警察队伍的提案直到1829年才被勉强接受，②但是到1856年就有规定所有州都必须拥有警察队伍了。③ 在站稳脚跟后，这支新的警察队伍不情愿地接受了步兵的角色，即巡逻街道并协助抓捕犯罪嫌疑人。个别警员开始把自己当成名义上的指控人整理证据以及上庭指控。1873年，伦敦警察局局长向皇家专门调查委员会作证，说“许多”指控都是由警方承担的，④1854年，特别委员会得悉警察承担了“大量的”或“大多数的”指控。⑤

制定法或普通法都没有赋予警方执行指控的权力。事实上，反警察团体曾有这样的担心，即警方会垄断本属于全体公民的权力，皮尔对此作了保证，认为警察不会成为国家检控官。⑥ 因此毫不奇怪的是警方该方面的行为得到了来自律师以及政客的强烈批评，甚至偶尔还招致了对他们的起诉。⑦ 一位律师兼议员说道，调查一项指控的权力太重要了，不能把它放到警察的手中，社会要对警方严密监督以防止他们对权力公然残暴的滥用。⑧ 司法部长认为允许警方指控是一个丑闻，并指出以他曾是记录员的经验来看当警察试图给自己增

---

① 第25章。这是一个会混淆的术语，因为在现代用语里它表述的是定罪判刑的形式。然而，它当时一定是指法官有权在缺少确凿证据的起诉案件里释放嫌疑人。

② 对于围绕本法通过的争论可以参考4 Radzinowicz(1968:158)。10 Geo. IVc. 44。

③ 19 & 20 Vic. c. 69。

④ 皇家刑法委员会(议会文件)1837年(第31卷，附录1:23)。

⑤ *Select Committee on the Public Prosecutor's Bill*(议会文件)1854(第12卷98页)。

⑥ Hay和Snyder(1989:35)。

⑦ 参考检察官议案特别委员会(议会文件)1854(第12卷)和1856(第7卷)；*The Fifth Report of the Judicature Commission*……(议会文件)1874年；*Parl. Debates*(HC)丛书三，1855年5月17日(第138卷:第697—702栏)；1870年5月4日(第201卷:第240—为246栏)；1870年5月10日(第201卷:第465 480栏)。

⑧ *Parl. Debates*(HC)1855年2月20日系列三(第136卷:第1651栏)。

加晋升机会的时候会对指控过于热衷。① 有人声称警察为得到随意的报酬会篡改开销单，并为此增加毫无根据的指控。②

缺少合法权力以及遭受普遍的谴责并没能阻止警方继续承担指控的职责。事实上，在大约30年内，警方成功地说服了当地行政长官、司法官员和政客接受了他们作为控方机构是不可缺少的观点。③ 19世纪70年代进行的官方态度调查显示大多数的律师和法官一致认为检察官的创立是引进了一个不必要的官僚机构，因为检察官对于罪行的确定以及相关的证据搜集都要求助于警察。④

此论点很有力量，特别是在有关被警察指控的公共秩序犯罪数量不断增长方面。19世纪涌现了公共秩序立法，街头犯罪和酗酒占了维多利亚中期的所有轻微犯罪的三分之一。⑤然而，这不仅仅是一场可行性论证。当时的一个变化是中产阶级对警察的看法。他们不再被视为腐败和独裁的一方，而是作为高效的实际执法机关，其在维护社会秩序方面的作用不可或缺。⑥ 1908年，地方行政长官们都认为警察是忠诚、谨慎的，并能有效地履行职责。⑦对于警察不作为的投诉只是来自警务活动的被执行方，警察是很容易被毁坏名声的，就像某地方行政长官说的那样——“被警方粗暴处理过的粗野群体所作的投诉是很正常的。我只是想说囚犯越残暴，你就越有可能受到投诉”⑧。

在拥有了指控权后，警方开始涉足提高定罪机会。尽管他们没有搜查被逮捕者的权力，但是有证据显示此项行为成了普通的例行行为，警方认为这会有助于发现定罪证据。⑨1929年，皇家专门调查委员会有关警察权力和程序的报告中称警察充分意识到，没有地方司法长官的逮捕令，他们是没有权力搜查被捕者的处所的，而且任何此类的非经授权的搜查都是私闯民宅的行为。该调查委员会的成员发现，尽管有这个非经授权的规定，警察突袭被

---

① *Report of the Commissioners for Inquiring into the County Rates*（议会文件），（在前面所引书中）第186页。参阅 Baron Cleasby 法官的忧虑，司法委员会第五期报告（在前面所引书中）第19页。[*Op. cit*:（拉丁语）在前面所引用书中]

② *Report of the Commissioners for Inquiring into the County Rates*（议会文件），1836年（第27卷:46页）；检察官法案特别委员会（*op. cit.*）第49、90、98页。

③ Cornish(1978:315)；Hay 和 Snyder(1989:44)。

④ 1872年9月和1873年12月包括向内政大臣所作的关于检察官法案的通讯。

⑤ Lustgarten(1986:28)。

⑥ Hay 和 Snyder(1989:45)。

⑦ *The Royal Commission upon the Duties of the Metropolitan Police with Regard to Street offences*（议会文件），1908年（第50卷:64页）。

⑧ 出处同上，第67页。

⑨ *Report of the Royal Commission on Police Powers and Procedure 1929*（cmd. 3927）第32段。

捕人处所仍是寻常事。①

同样，警方开始利用能给予他们最大限度控制嫌疑人并掌控调查程序的逮捕权。起先，逮捕的目的是确保嫌疑人能到庭，如果案件的嫌疑人没有逃逸的风险，警察就通过传唤使他们到庭。一旦警察必须通过逮捕推进程序，法律则要求在适当的情形下他们要释放保释之人以便到庭。如果保释不合适，他们要依法控制嫌疑人并能在可行的范围内尽快送至法庭。对于一些不太严重的案件，期间就是 24 小时。按照法律规定，24 小时不能被移交法庭的必须予以释放。②

1929 年，在给皇家专门调查委员会报送的证据里，大都市警察厅欣然承认他们把逮捕作为羁押嫌疑人于警署的一个机制，在警署，警察可以讯问嫌疑人并对应答进行调查。该调查委员会的委员们得到证据显示，这是警方在所有大城市里都采纳的一个做法。在一些案件中，羁押可能会持续多天，而且警察对此是很清楚的。在大案里，警察会对普通的嫌疑人实施围捕并将其羁押至警署内调查他们的情况。③ 尽管委员会谴责这些行为是违法的，涉及严重的权力滥用，但警方并没有停止这种行为。20 世纪 70 年代，上诉法院重申，“警察只有在明显的情形下才可以为犯罪实施逮捕……警方没有权力去对任何人实施逮捕以便对其询问”④。

警察承担的最早的一项权力就是讯问被逮捕人。人们对此存在的普遍怀疑就是警察或捏造供词或采用无法承受的压力迫使嫌疑人开口。部分律师曾在 1845 年向刑事法律专员提出以上担忧。有位伦敦律师在向专员们提供证据时问道：嫌疑人在警署或羁押室内被警察施加压力、实施诱骗，他们面对的只有警察，此外别无他人。一如警察的行为所表明的，他们最感兴趣的就是获得具有杀伤力的证据，而这种值得怀疑的证据经过筛选提取后就被警方提交上法庭，如此得到的证据也是最可能受到质疑的。⑤

19 世纪的后 25 年，警察讯问所得的证据开始引起法庭的关注。司法部门联合谴责其违宪性和不合法性。1885 年，史密斯·J 声称警员就像法官在相互盘诘程序中一样，是没有权

---

① *Op. cit.* 第 33 段。

② 这是 1929 年委员会关于逮捕权的解释（第 137、143、144、153 段）和 *Royal Commission on Police Powers and Procedure* (*Law and Procedure Volume*)，1981 cmnd. 8092—8101 第 64 段。

③ 第 153 段至 154 段。

④ R v Houghton 和 Franciosy(1979) 68 Cr App R 197 第 205 页。参考 Lemsatef(1977) 64 Cr App R 242 第 245 页。

⑤ *The Eighth Report of Her Majesty's Commissioners on the Criminal Law*（议会文件），1845 年（第 14 卷；294 页）。还可参阅国家诉 Male 案（1893）17 Cox C C 689；国家诉 Thompson 案[1893]2 QB 12. 这些疑问持续至今。参考 *JUSTICE*(1979)；*Legal Action Group*(1979)。

力进行讯问的。① 1905年香奈尔·J规定羁押期的人员不应该受到讯问,他认为地方行政长官或法官不能进行讯问,警官当然也没有权力这么做。② 继续存在于庭前的羁押讯问的事实说明,警方并没有受到这些指控非法性的影响,③也没有受到1929年皇家专门调查委员会有关警方的调查结果的影响。人们发现警方经常为了细微的过错实施逮捕以便就更严重的案件进行讯问,而且警方还会有意识地利用很多策略迫使嫌疑人供述。④ 历经20世纪的风风雨雨,讯问嫌疑人已经成为例行⑤的秘密⑥手段。

警察诉求简史

从上述内容可以看出,警察通过掌握法律没有赋予的权力加强对嫌疑人的控制。与通过进行非经授权的行为扩展他们的权力相伴的是努力通过说服法官、政客和公众来证明他们行为的合法性,即证明他们的工作是控制犯罪必不可少的。他们这样做是对保护嫌疑人之规则的诋毁,他们声称只有他们才知道如何才能逮捕并指控罪犯,他们应被视为专业群体,在尊重守法公民的自由权方面值得信任。

大量组织有序的革新为警察试图营造其执法方面高效的专业人员形象助了一臂之力。1919年,德斯巴勒委员会的报告引进了更标准化的中央行政指导,所有内容都毫无疑问地加进了规训与专业力量的印记。1929年,皇家警察事务专门调查委员会着重强调了这样的事实,即警察只有被警务监察认定是高效的才可以获得中央拨款。⑦ 20世纪20年代,警方建立了培训学院,从1918年起警察局长们受邀参加内政部举办的例会讨论执法问题。⑧ 雷纳发现到20世纪50年代警察已经被视为无私的化身以及受规则约束的权力机构,警察代

---

① R v Gavin(19985)15 Cox C C 656。

② Knight和Thayre(1905)20 Cox C C 711。

③ 参阅*Mathews*(1919)14 Cr App R 23; *Grayson*(1921) 16 Cr App R 318; *Taylor*(1923) 87 JP 104以及*Brown and Bruce*(1931) 23 Cr App R 56。这些都是法庭继续将羁押期讯问认定为非法的孤立案件。

④ *Op. cit.* 第151至159段以及第268段。

⑤ Gemmill和Morgan Giles发现1978年有76%的可起诉案件都是由逮捕程序带至法庭的。麦高伟等人1991年发现在他们研究的力量具有逮捕所有嫌疑人的方针。

⑥ 在公众可能从玛丽一世的预审程序中排除的同时,这种权力也很少实施:参考贝蒂(1986:276)。

⑦ *Op. cit.* 第39段。

⑧ 出处同上。第42段。

表社会大众进行民主执法而不是出于一己之利，并且他们受到严格的正当程序的限制。①

然而与此背景相违背的是20世纪70年代，警察掀起了一场运动以说服大众，说刑事程序规则为嫌疑人提供了不必要的保护，对警察权力的限制妨碍影响了与犯罪做斗争。② 罗伯特·马克爵士，1971年起任伦敦警察局长，强烈推出了这些观点。他辩称除非赋予警察更大的权力，否则犯罪将继续是一种盈利的产业。其宣称即使事实上被控方或多或少都犯了被指控的过错，但几乎一半之多得到释放。③ 马克声明高释放率是职业罪犯利用制度赋予嫌疑人的保护造成的。

> 为了免于举证，控方只得在一系列对辩方有利的复杂规则框架里行动……这要追溯到不许被控方为自己的辩护作证、那个时代大多数被控方没有文化且不受重视……20世纪后期同样的规则不适用于审理有经验的罪犯，因为他们会熟练地利用司法帮助。④

警察在讯问的问题上做了一点掩饰，其实他们是超越权限的。马克对《观察》报说，英国刑事调查局的有些官员相信，如果道德原因增加了他们的有罪指控可能性的话，那么就说明了这些绕过规则的道德原因的正确性。⑤ 戴维·麦克尼爵士是马克在伦敦警察局的继任者，1977年他对皇家刑事程序专门委员会说警察会例行搜查嫌疑人，即使他们并没有合法的权力这么做。⑥ 他进一步说，如果不增加羁押讯问的权力，警察还会继续法外行动。⑦ 1975年警察联合会掀起了“法律秩序运动”，呼应了马克的在警署取消沉默权和接受法律咨询权的要求。⑧ 马克对后项权利这么说：

> 我们看到律师们为不同的委托人提供了现成的同样的辩护……他们捏造超出被控

---

① Reiner(1985:61)。

② Reiner(1980:379)。

③ 这个说法是具误导性的。超过30%的赦免要么受到法官的指示要么命令，原因是起诉没有证据。当被问到具体案件中的赦免时，警察基本都认可法官的裁定。参考麦科伟和鲍尔顿(1986:276)。

④ Mark(1977:63—64).还可参考1970年3月19日的《时代》杂志；1973年BBC电视台的Dimbleby讲座；1972年6月22日、1973年11月17日、1980年1月7日的《时代》杂志：Mark(1973)。研究显示大多数高级法院的赦免都是轻微犯罪：参阅McCabe和Purves(1972)。

⑤ 1975年3月16日，第23页。

⑥ *Report of the Royal Commission on Criminal Procedure*，1981年(cmnd 8092)第32段。

⑦ *New Law Journal*(128:769—770)。

⑧ 警察认为在报纸媒体上拥有许多支持者：参阅Chibnall(1979)和《时代》社论(例子包括1971年3月29日、1972年5月13日、1978年10月3日)。

方智力范围的辩护。我们可以毫无疑问地怀疑少数刑事辩护律师会从犯罪上获得很高的收益。从为声誉最低下者所作的无所顾虑的辩护中得到的成功声望很快就会吸引到其他的委托人,而这些委托人在其他任何方式中都不会看到一点儿被释放的希望。①

历来贯穿警察论点的一个主题就是其声称的专门知识。法庭或许无罪释放被控人,但是警察知道这些人事实上是有罪的。公民自由主义者或许辩称保护措施对无罪者是必要的,但是警察知道那些利用程序保护机制的人就是职业罪犯。辩护律师可能试图通过利用法律术语来掩盖其行为,但警察知道这些律师真正的活动不是维护法律和正当程序,而是为了自己的钱袋。因此,马克又说道:

认识到只有警察才能全面看到刑事程序的失效也是很重要的。只有我们知道有多少犯罪没有得到指控、有多少犯罪嫌疑人被予以保释,又有多少犯罪嫌疑人被无罪释放,而那些人明显不是无罪的。只有我们才能亲身感受刑事公正理论与实践中瑕疵之间的差异所产生的总体效应,这种效应降低了司法实践的效率和公众的信任度。②

声称有专门知识,并谴责司法系统拒绝予以认可是警察持续游说的特点。1995 年,鲍尔·康登爵士,时任伦敦警察局长,认为"街头警察"疲于看到"坏人一次次地逃脱",证据规则促使了高尚事业滋生腐败。其他地方的警察局长们最近也攻击了要求控方向辩方进行相关证据开示的规则,认为这些规则会被大多数的罪犯及其顾问所利用。③

警察因而采用优势知识的概念把自己说成是执法专家。然而,该知识还被用于证明其逮捕、羁押和讯问的正当性。在此方面,嫌疑人成为警察想要维系警戒线就必须汲取的知识库。作为信息获取障碍的沉默权和法律咨询权成为警察最喜欢攻击的目标。如果警察想要不断更新和巩固自己在有关犯罪领域的知识的话,就必须允许他们讯问被他们认为是那个领域的人。警察总是辩称他们难以锁定指控所要求的证据部分就是因为他们不能获取信息。简而言之,只有当公民能够相信他们能对嫌疑人负责,他们才能够为公众提供安心舒适的环境。

马克并不仅仅意识到强调给予警察广泛权力所隐含风险的传统自由主义理论。在他的演讲里,他力图缓和这种恐惧心理,并强调警察的政治中立性,具有讽刺意味的是他还强调了警察的行动要置于法律范围内的守法要求:

权力置于法律之下是被严格定义的,我们任何时候都要有这个意识……我们对于

① 研究表明在法律职业中的腐败指控都是没有根据的:参阅 Baldwin 和 McConville (1978)。

② (1977:20)。

③ Morgan(1996)。

无论是刑事还是民事法庭的责任，对地方警方、对议会还是公众舆论的责任都无法超越世界的其他地方……重要的是要理解警察不是政府任何层面上的公务人员。我们不按照部长或任何政党的要求行事……我们代表人民行事，我们的权力除议会外不能受任何人的限制或者扩大。①

马克，这位颇有心计的政客，选用了确保消除公众疑虑的概念。对于“独立”和“法律”，他加入了专业观点：“警察放弃其技工地位的时代已经到来……应享有和大多数有学问的杰出职业一样受尊敬的地位。”警方的观点是公众会更好地信任他们，公众会得到更有效的保护，远离犯罪而不会失去自由。这种观点很有吸引力，因为如果警察就是法律的维护者，公众就只是被要求信任法律而已。②

警察权力与法

大半个世纪以来，法庭对于警察的要求和行为之妥协标志了其对于警察的合法性的回应。如前所述，法庭最初的回应是要申明警察讯问是非法的。法官关心的是行为的违宪性③以及错误地迫使嫌疑人自供的风险。④ 尽管该问题上最初存在一些司法分歧，但是法庭在不长的时间内采纳了通过讯问所得到的证据上的自供保全而无视羁押讯问的非法性。⑤无论嫌疑人在讯问之前是否得到提醒，无论讯问时间的长短，都成为在决定是否认定自供时，法官必须予以考虑的因素。⑥

从完全的谴责到成为法规是立足于法院只在乎证据的可靠性而不是警察行为正当性之上的。伴随司法化进程的是审判功能和调查功能间的纽带被切断。随着后者成为警察功能的一部分，而且都是暗地进行，法官就不太关注审前讯问对审判正义和公正带来的潜在的可能的破坏性。司法体制的纯洁性需要用只有自愿做出的自供才能被采信的要求来维持。

1984 年公布的警察与刑事证据法在 1986 年生效后，司法部才寻求通过《法官准则》来规定在警署内应如何对待嫌疑人。这些准则颁布于 1912 年，禁止使用威逼利诱，规定被捕人

---

① (1977:24)。

② (1977:42)。

③ 参考 Bodkin(1867)9 Cox C C 628. 这是一份短报告，但是首席男爵认为采信囚犯的供述是法官方面的问题，因为后者有质疑权。在爱尔兰证据被排除的原因是警察没有讯问权。

④ Toole(1856) 7 Cox C C 244；R N Johnston 案(1864)15 Ir C L Rep 60。

⑤ Brackenbury(1893)17 Cox C C 628；R v Miller 案(1895) 18 Cox C C 54。

⑥ Knight 和 Thayre(*Op. cit.*)和 Best [1909]1 KB 692。

未得警示不得被讯问，应该允许被捕人未受警方盘问而作自愿陈述，并且应该告知他们任何时间都有权私下咨询律师。

面对警察继续按照自己觉得合适的方式行事，以及警察诋毁嫌疑人权利的运动，法庭就不再有任何热情去执行《法官准则》了。不按《法官准则》行事的案例之一就是 1952 年的 *Wattam* 案件，其中，法庭考虑了准则三之含义。该规定认为受羁押之人在讯问之前必须予以警示。该被告在住所被警察找到并带至警署，在警署该被告因涉嫌谋杀在没有得到警示的情况下被讯问。他未被告知他没有义务去警署，事实上审判中警察承认他们完全期望该被告能满足他们的要求。上诉法院坚持认为因为嫌疑人没有被捕所以并不存在对准则三的违背。这种受结果驱使的裁定是很难让人接受的，特别是法庭认为"警察必须调查此类事实，否则就不存在对任何人的保护了"①。

事实上，报道过不止一次上诉法院撤销判决的案例，原因是法官本应对未受警示而得的自供不予采信，但他们却采信了。② 实际上，司法部最终还是改变了《法官准则》，以便允许警察在警示之前予以讯问。③ 有评论家说，法庭实质上采取了嫌疑人"只有当警方办案快结束时，才应当被告知沉默权"的做法。④

法庭根据《法官准则》做出的判决，在保护嫌疑人的程度上还不如确保警察行为的顺服性来得高。这点通过参考有关 1964 年规则的原则解释，可以得到最好的说明。它规定"任何人在调查的任何阶段可以与律师沟通并可向其私下咨询"。这条原则由第 7 段予以补充，其规定"受羁押之人不仅要被口头告知拥有的权利……而且还要出示书面通知"。在斯蒂芬·金案中，警察承认他们没有告知嫌疑人有权咨询律师。法官不愿排除由被告做出的归罪陈述，宁愿在清晰的准则上加上不正当说明："受羁押之人自己没有首先提及要会见律师，准则的第 7 段没有规定警官有告知嫌疑人在回答问题之前可以会见律师的义务。"⑤正如要求警示一样，因不合法拒绝律师会见之行为而被上诉法院撤销判决的案例未见报道。⑥

传递给警察的此项信息就是他们无须因剥夺嫌疑人的法律咨询权而失去什么，当然这

---

① *Wattam*(1952)36 Cr App R 72。

② 上诉法院裁定缺少警告程序不会影响供述的自愿本质的案子有 Voisin(1918)13 Cr App R 89；Pattison(1920) 21 Cr App R 139；Smith(1961) 46 Cr App R 51；Sergeant [1963] Crim LR 848；Massey [1964] Crim LR 43；Houghton 和 Franciosy(*Op. cit*)。

③ 内务部通告 1964 年第 31 期。

④ Zander(1978)，对 Osbourne 和 Virtue(1973)57 Cr App R 297. 所作的评论。也可参阅 Donaldson 勋爵在 Greaves 诉 D 和 P(1980)71 Cr App R 232. 案中的裁决。

⑤ Stephen King [1978] Crim LR 632。

⑥ Lemsatef(*Op. cit*)。

也是警察乐于接受的信息。詹德尔发现几乎四分之三的嫌疑人想要会见律师的要求都会受到拒绝。遭受拒绝的人都有一个类似的经历:他们的要求要么被完全忽视,要么因此行为受到警察的嘲笑。[①] 鲍尔顿和麦高伟测算出一个相似的拒绝率,同时发现在一些会见律师的要求得到许可的案子里,警察表现得也很勉强而且是在经过大量的讯问之后才获得许可的。[②]

法庭忽视警察的不合法行为并扩大警察权力的意愿主要由以下事实导致,即许多法官接受了警察应被赋予更宽泛的权力以及因与犯罪做斗争需要增加警察权的诉求。德夫林后来成为一名英国上议院高级法官,意识到了过于偏重警察一方的危险性,但是坚持认为没什么好担心的,因为人们能够信任英国警察的正义感。[③] 韦恩·LJ 认为限制警察的讯问权是因为早期警察还未受信任。而如今警察在几乎每件案子里都能得到信任,也能完全公正地对待手中的嫌疑人。[④] 后来成为上诉法院法官的李奥纳多·霍夫曼,写道:对警察的司法监督阻碍了犯罪调查,社会最好能直接相信警察能做好自己的工作。[⑤] 在 20 世纪 70 年代早期,帕克勋爵号召取消对嫌疑人的警示,威杰里勋爵认为允许嫌疑人在警察讯问时有律师在场是不能被接受的。佛雷泽法官写道,应将被告的前科告知陪审团。[⑥]

这些观点影响了法庭做出的判决。比如,1968 年丹宁勋爵认定不合法的警察搜查和抓捕行为是合法的。他认为"在现时,邪恶不断滋生,诚实的公民必须帮助警察而不是阻碍他们追踪罪犯"。并认为扩大的权力能有助于警察"为追踪罪犯做出努力"。[⑦] 1977 年,上诉法院裁决认为,尽管嫌疑人有保持沉默的权利,但可以允许初审法官告知陪审团,但是"总有人认为法律应该有所改变,因为法律在保护犯罪"[⑧]。1979 年,法庭规定即使被告已经受到非法逮捕、被非法单独羁押 5 天以及未予警示被讯问,法官仍可以不排除自供。然而,法庭也表示了自己的担忧,即这些规定可能会影响罪犯获得公道。[⑨] 1983 年,最高法院裁定:与传唤的程序相反,警察在他们觉得此人如果在"逮捕以及剥夺自由较大压力之下"很可能自供

---

① (1972)。

② (1979)。

③ Devlin(1960:66)。

④ R v Northam 案(1968)52 Cr App R 97 第 102 页。

⑤ Hoffman(1964:23—26)。

⑥ 1971 年 4 月 8 日和 1972 年 11 月 29 日的《泰晤士报》。

⑦ Chic Fashions v Jones [1968]2 QB 299。

⑧ R v Gilbert(1977)66 Cr Ap R 237。

⑨ Houghton 和 Franciosy(*Op. cit*)。

的话，实施逮捕就是合理合法的。①

1978年，政府创建了皇家刑事程序委员会(飞利浦委员会)全面调查警察权限与嫌疑人的权利问题。根据1981年的委员会报告，1984年的《警察与刑事证据法》(简称PACE)主要是根据这些建议作出的。委员会宣称整理报告的目的是在寻求一个“在公民权利和社会利益之间适当的平衡”②。这种平衡显然是对诸如自由、个性化、公权限制等自由原则的虚夸颂扬，但上述做法的结果正是对这些原则的破坏。③

在谈到警察拦截和搜查权时，委员们认为强制权不能也不应该针对某个人及其财产和自由权利的实施，除非明知他已实施犯罪或有足够的理由怀疑其已实施特定犯罪。④ 他们还建议，在合理怀疑某人拥有被盗物品或特定物件的情况下，实施的本土化的警察拦截搜查权应代之以全国范围内的拦截搜查权。并建议这种权力应该扩大到搜查包括被疑有攻击性武器的人员。⑤ 委员们认为这种合理性的出发点就是拦截和搜查权是“用于侦查犯罪和逮捕罪犯的”⑥。

因为几乎所有的东西(钥匙、信用卡、梳子)都可以被当作攻击性武器，这就意味着警察几乎可以拦截任何人。⑦ 委员会声称的具有对他人的合理怀疑的要求才可以使个人自由得到保护的观点是难以接受的，因为委员们自己正在思考如何推广拦截搜查权。他们说“从经验上来看，警察相信犯罪是很可能源自团伙行为，因为比如他们中一个或多个人可能持有攻击性武器，我们说的拦截搜查权就能用得上”⑧。

警察的逮捕拘留权的延伸和合法化也具有相似的过程。委员们认定逮捕是一种强制力，因为它“对嫌疑人的生活会造成巨大的损坏”。因此他们认为逮捕拘留只有在必要时才可以实施。这很快被以下的说法所打破，即在一些案件里，只要警官证实有必要进行拘留，原因是为了通过讯问从嫌疑人处获取证据，警察就有权实施逮捕和拘留。⑨ 这种观点成立的基础是“没有合适的东西可以替代警察调查过程中的最终可以指控犯罪的讯问”⑩。

---

① Holgate-Mohammed 诉 Duke 案[1983]3 WLR 598。

② 第10.1段。

③ McBarnett(1981)；McConville(1985)。

④ 第3.4段。

⑤ 第3.20段。

⑥ 第3.17段。

⑦ 这些提议受到PACE第一条的影响。

⑧ 第3.23段。

⑨ 第3.112段，PACE第37条。

⑩ 第4.1段。

有关逮捕后的羁押期限，委员们接受的观点是：必须给予嫌疑人权利应有的注意。然而这种自由概念（未经审判不予羁押）再一次被搁置，而相反，委员们却全神贯注于为警察的需求做辩论。他们认为时间限制必须“让警察能够恰当地做好工作”，因为“负责案件调查的警官的工作压力、待调查的案件性质都存在很大的差异性，所以时限太短或太绝对都是不可能的”。① 据此，《警察与刑事证据法》允许警察可以羁押嫌疑人最长达 36 小时。警察还可以向治安法官申请延长羁押期限至 96 小时。②

刑事程序的举证责任赋予检控官的规定反映了自由立宪主义的思想核心。具体说，就是公民除非被证明有罪，否则即无罪，以及政府作为指控方必须承担举证有罪的责任。这条规定力图通过阻止警察指控公民，除非他们确信可以通过承担此责来促进个性自由。委员会把保留嫌疑人在回应警察讯问时保持沉默的论点建立于该自由理念之上。它在其报告里声称，取消这种权利将“导致要求某人在案件调查时基于未经证实的不特定的断言或怀疑回答问题，而其即使在审判时都不需要那么做”③。

然而，自由理念还是没能站住脚。尽管皇家刑事司法专门调查委员会建议保留沉默权，④但 1994 年的《刑事司法和公共秩序法》（简称 CJPOA 1994）声称嫌疑人被警察讯问时必须进行辩护，否则就存在使法庭从其沉默中反向推论的风险。反向推理可能就来自于嫌疑人没有向警察说明，特定时间内他是否在场或者他不愿解释持有之物或身上的某些痕迹。⑤ 这意味着，公民拒绝与官方配合就是对其指控的因素之一。

就如“合理怀疑”等保障措施，尽管常常被认为是政府对个性自由的承诺，几乎无望得以取消，但最近却变得明朗起来了。1994 年的《刑事司法和公共秩序法》指出，在特定的区域，警察在没有合理怀疑的情况下可以实施拦截和搜查。⑥ 1996 年 4 月，政府匆匆地对 1989 年的《预防恐怖主义法》进行修正，警察可以就可能用于“雇佣、准备或教唆”恐怖活动目的之类的事宜对行人和机动车驾驶人进行拦截搜查。这项法案明确了警官无论是否有理由怀疑此类物件的存在都可行使权力。⑦ 对于自由理念的追随者们来说，整个事件最令人担忧的地方一定是它控制了非常广泛的支持，以至于一度反对《预防恐怖主义法》的人都被迫支持这

---

① 第 3.99—3.100 段。

② PACE 中第 43 条。

③ 第 4.52 段。

④ 1993 年：第四章第 22 段。

⑤ CJPOA 1994，第 34、36、37 条。

⑥ CJPOA 1994，第 60 条。

⑦ 第 1(3)部分。

一措施。据报道,内政顾问大臣曾得到“情报与警方通报”,说服其相信此类警察权的必要性。[1] 如果此事准确,那么就意味着作为专家的警方在继续制定着议程。

此章内容首先解释普通法是如何渐渐拒绝对嫌疑人的人身施行强制措施的。或许存在这样的倾向性,即法律最终再次改变主意确保了对犯罪嫌疑人的人身暴力行为。《警察与刑事证据法》声称如果嫌疑人拒绝配合,警察可以对其使用强制力以便获取指纹以及固定其毛发、指甲和唾液样本。[2] 皇家刑事司法委员会建议可以扩大未经许可采集的样本范围,无须解释这些权力是否与诸如非证其有罪即为无罪的自由理念和保证身体完整性的权利相吻合。委员会认为只要足以说明这些样本有助定罪,警察“告知我们口中样本在北爱尔兰可以未经同意采取,在那里该条规定实施得非常好”[3]。强制力在苦难时代由诉求于神来说明其正确性,如今它诉求于科学。无论原理是什么,政府不愿放弃对嫌疑人的身体诉求是很明晰的。

结论

法律总是要么直接制裁要么间接允许政府官员对嫌疑人实施强制权,诸如折磨、拷打以及强迫讯问等各种形式的强制措施出现于各个阶段里。然而,在 18 世纪,法庭开始关注到司法上执行的询问可能会对司法体系的完整性和公正性产生破坏。为了维护司法尊严,高级法院力图派遣治安法官进入调查程序,此方法的成功之处是使得 19 世纪初预审制度的完全司法化。

随着 19 世纪警察作为控方的兴起,司法体系面临的制度是并不打算放弃嫌疑人作为证据的来源。尽管最初对其强迫性和非法性进行了谴责,但是法庭还是很快接受了允许警察盘问嫌疑人的观点。毕竟和法庭盘问不一样的是警察的讯问是秘密操作的,这至少存在损坏英国司法公正的可能性。此外,警察作用的结果是使得法庭采信警察通过强制力获取的嫌疑人供述。事实上,《法官准则》以及沉默权的设立对规定自供和明确非强制性程序有所裨益。

20 世纪 70 年代,对警察权予以明晰和规定的压力不断加大。警察加强了对法官、政客和公众的游说,指出他们具有关于犯罪和罪犯的知识,而且只要赋予必要的权力他们就能够控制犯罪。相比之下,民间的自由论者指出《法官准则》在避免嫌疑人免受不公正待遇方面

---

① 《卫报》1996 年 4 月 2 日第一期。

② 第 61、63 和 65 部分,被 CJPOA 1994 中第 58、59 条重申。

③ 第二章。

是不够的，警察权力需要受到限制。飞利浦专门委员会提交了一套改革措施并制定在1984年的《警察与刑事证据法》中。尽管委员们认为他们平衡了警察权力和嫌疑人权利，但事实上几乎在所有问题上都屈从于警察诉求。他们总的方法就是把现行警察行为描述为必要的，然后对警察权进行了扩展以便使得这些行为合法。

1984年的《警察和刑事证据法》的颁布是以接受以下观点为前提的，即受到怀疑的人应该被排除出政府和公民的古典自由主义理论的双重性范畴。该理论认为除非已证其罪，公民的自由和尊严应受到尊重。嫌疑人必须放弃基本权利而接受只要有嫌疑就被强制的事实。争论不再是关于警察是否有权拦截搜查、逮捕、羁押和讯问。警察拥有其中任何一种权力都是合理的，而且作为专家，警察让我们知道，所有权力都是打击犯罪的必要手段。如今的情况是，一旦成为嫌疑人，你就必须以权利来交换保护。因此嫌疑人无权不受警察的拦截与搜查。然而，如果受到拦截或搜查，嫌疑人应该有权知道原因，警察必须对该举动做记录，嫌疑人也有权拥有记录的副本。① 未经审判或指控，嫌疑人无权不受长时间的羁押，他们无权不回答警察的提问。然而，一旦被捕或受到扣押，嫌疑人有权会见律师，②为他们的讯问录音，③并且由高级警官继续审核对他们的羁押以便确保其公正性。④ 嫌疑人无权保证身体的完整性，但如果警察认为拔其毛发、取其指甲中的物质或从口中取走唾液是合适的话，他可以要求在其羁押记录中记下行使这些行为的理由。⑤

---

① PACE第3条。

② PACE第58条。

③ PACE第60条。

④ PACE第40条。

⑤ PACE第60、63条，CJPCA 1994中第55条重申。

第二章

刑事程序模式

本章对识别和解释相关构成我们称作刑事司法体系的法律规则和组织行为的基本原理所作的种种努力进行检验。第一部分交代美国作家赫伯特·派克的主题思想，即通过参照他的两个刑事程序模式——犯罪控制和正当程序来清晰说明所有的这些规则和行为。① 第二部分解释有多少论述有关英国审前程序问题的人受到了派克作品的影响。有关刑事正义的辩论至今仍然在犯罪控制和正当程序分析的范围之内。第三部分提出了两种模式的论点，尽管在许多方面是有冲突的，但因其都是法律模式，所以存在潜在的共同性。本章所得出的结论是无论哪种模式都不能解释警察所有的动机、目的和行为。

犯罪控制和正当程序

上一章令人清楚地认识到，围绕警察权力的矛盾和争辩中心具有两大冲突焦点。第一，是犯罪问题以及生活在远离犯罪的社会的愿望，这点促使警察必须拥有充分的权力能迅速有效地掌握犯罪、指控犯罪。第二，是对公民权利的担忧以及渴望拥有可以反映并能保证我们的生活远离政府迫害的法律。这使得人民必须谨慎地信任拥有太多权力的政府官员，以免国家成为警察国家。赫伯特·派克在 20 世纪 60 年代有关美国刑事程序的作品里指出了一套核心价值、对于这些价值的看法以及如何利用这些价值建立刑事程序的两个相对应的模式——犯罪控制模式和正当程序模式。派克写道，无论哪种模式都不能与现实相适应，他们不能看成“是或应当”，单独哪一种都不是理想的。相反，“两种模式在刑事程序的操作中互相对抗……其日常操作伴随着他们之间对抗性需求的一系列的细微调节……而其前景的规范性也同样涉及一系列对抗诉求之间的紧张关系的解决。”在派克看来，这两种模式都是问题的极限，而且“只服从一种模式的价值观而排除另一模式的价值观则是彻底盲目的”②。

犯罪控制模式的操作是以假定刑事程序的最初目的是镇压犯罪为出发点的。除非国家具有有效识别嫌疑人并为被控有罪者认定罪行、确定适当处罚的程序，否则它就不能保证公民权利。因此为了有利于超出司法之外的行政标准化程序得以实行，基于法庭的程序受到排除。这些被认为是能迅速立案的因素。挑战指控的机会必须降到最低，因为挑战会影响定局，从而引起拖延并增加费用。派克把犯罪控制模式比喻成传送带，其中每一个环节“都涉及一系列惯例化的操作，其成功标准主要由案子的成功结案来衡量”③。

这个模式的前提是作为行政专家的警察和检控官能够也会识别出可能的无罪之人。正

---

① Packer(1968)。

② Packer(1968)，第 153—154 页。

③ 出处同上，第 160 页。

是因为这个原因，此模式的支持者们才反对对警察行为加以限制，除非这些限制能强化警察寻找真相的程序的可靠性。如果信任警察的专业性，那么假定那些最初未被识破的人可能有罪就是合理的。那么就没有理由在繁冗的法庭程序上浪费时间，程序也就可以缩减。派克把犯罪控制模式总结为“当其缩减为最最基本的因素并朝着最成功的目标操作时，则会出现两种可能性：寻找真相的行政程序会产生(1)对嫌疑人的免罪，或者(2)认罪答辩”①。然而犯罪控制模式对警察使用专业知识发现真相的能力以巨大的信任度，正当程序的组织模式建议非正式的警察程序可能会被滥用并产生过错。基于这一原因，正当程序模式坚持认为“经过对抗辩论并正式裁决过的指向被控方的真相寻求程序要在公正的法庭进行公开听证，而且只有在被控方有充分机会对抗指控的情况下予以评估”。此外，模式要求在定罪后有进一步审核的机会——“以免在热烈的辩论中，某些事实被忽视或受到抑制”②。

然而，对于可靠性的不同见解不仅限于判断何种程序更能达至可靠结果的经验主义上的分歧。犯罪控制模式对于误判的承受度要比正当程序模式大得多。前一种模式中误判被看成是可以接受的廉价程序和高抓捕定罪率的代价。这并不意味着结果的可靠性对犯罪控制就不重要。毕竟有罪之人如果因为制度无法将其甄别而在社会上自由活动的话，抑制犯罪的目标就无法达成。这其实意味着如果误判率没有达到干扰抑制犯罪的目标时，犯罪控制模式就可以容忍误判。相反，正当程序模式没有准备为行政效率而牺牲个体正义。该模式要求无论付出多大的代价也要预防并消除错误。

正当程序模式关注抑制犯罪的程序应适当考虑“个体优先概念和公权的补充概念”。③刑事制裁的适用对个体生活会产生严重的后果，诸如逮捕、羁押、讯问这样的强制行为是不受欢迎并带有侮辱性的行为。为了最大程度地减少滥用权力或采用权力压制的可能性，正当程序模式决定了通向定罪之路将布满荆棘。在定罪之前的所有环节中，被控方即使是清白的也要认真对待，这意味着必须保证没有侵犯其隐私和尊严。正当程序模式通过限制警察权力来寻求这一目标。例如，正当程序指出，逮捕只有在警察能证明存在合理理由怀疑某人涉及犯罪时才可以实施。处所可以被搜查，但只有在存在合理理由并且已经获得司法许可的情形下才可以进行。在定罪之前警察可以对个人采取羁押措施，但前提是只有在犯罪嫌疑人存在对社会造成危险或可能存在审前逃逸行为时才能使用。

正当程序之下，个人隐私和尊严的价值被置于抑制犯罪之上。因此该模式认定，如果警察在搜集针对被控方的证据或带其上庭时，超越权限，被控方则必须被释放。即使有证据证

① 出处同上，第163页。

② 出处同上，第163—164页。

③ Packer(1968)，第165页。

明被控方在事实上有罪也要予以释放。正当程序模式不接受任何其他结果的出发点就是，如果那样会影响司法体系的完整性并促使对个体权利的违背。如果社会是法治社会，首要点就是政府官员要依法定权限行事。因为正当程序模式非常强调形式和对法律规范的遵守，所以该模式要求嫌疑人应当有律师给予帮助以保证遵从法律。正当程序模式的平等性承诺意味着请不起律师的人们要由政府免费为其提供律师帮助。

派克的模式招致了一些批评。最早是来自格里菲斯，他在书中写道，派克的两个模式的前提都是假定社会是冲突的，而相互信任和支持的社会里，在犯罪控制和正当程序之间就没必要做出选择。① 自此，人们为派克没有充分说明两者之间的关系进行辩论，为其没有清晰地指出程序的目标、不同模式的各自价值还可以进一步提炼等争辩不休。例如埃什沃斯指出，尽管派克认为速度是犯罪控制的显著特征，但因为正义不该被不合理地拖延，所以速度可能就是包含正当程序诉求的因素。②

此外，犯罪控制和正当程序模式所含的价值并没有穷尽确实影响或能够影响刑事司法公正的规则和实践的因素。例如复原、谴责、高效办案以及维护阶级权力等都或多或少可以被视为构成刑事司法制度针对被告的目的和价值。有些人指出，从受害者的角度来看待整个刑事司法程序的可能性是存在的，还指出基于受害人角度的改革会带来对控制犯罪和正当程序都无益的规则改变。③

最近有人暗示如果放弃模式的寻求就会放弃更多的分析视角。埃什沃斯认为最好“找出能反映影响正当刑事司法判决因素范围的途径”……第一项任务就是探究出影响规则和刑事程序原则的各种因素要求。④ 据此他提出了一些在形成或评估规则时应该考虑的原则，诸如公正原则（证据应当尽可能可靠准确）、避免错判无辜原则、廉洁原则（司法制度不应赦免其所属机构的违法行为）。埃什沃斯还补充了“道德原则”，他认为该项取自于《欧洲人权公约》的原则应当促使官员按照刑事程序行事，其行为要考虑公民的利益。⑤ 摩根声称，该方法提供了一个比依赖派克模式更为“细致、精密多方位”的刑事司法分析。⑥

尽管这对识别控制刑事程序的原则毫无疑问是有用的，作为分析工具，埃什沃斯的“原则框架”和派克模式没什么区别。公正、廉洁、一贯性原则构成了正当程序理念的核心。而

---

① Griffiths(1970)。

② Ashworth(1994:34)。

③ 出处同上第 49 页。

④ (1996:309)。

⑤ Ashworth(1994:29)。

⑥ Sanders 和 Young(1994:23—26)。

且埃什沃斯也意识到这样的事实,即强有力的犯罪控制论经常被用来创建原则的例外情况。埃什沃斯允许与之对抗的原则和论点保持独立,而派克则将之置入对抗阵营以便分析。他为此付出了代价,原因是为了让论点能被适当归类而被推来搡去。然而,如果我们能牢记帕克的"我们不应该太严格,不断要求刑事程序问题做出极端的回答"之引导,分析性地采用其模式是不相配的。该论点抓住了警察权力争辩核心的两难之处,通过绕开有关刑事实体法和刑罚政策来避免混淆,只关注于定罪程序,并且因反映并解释了当前的意识形态而具有很大的实用性。

派克作品的力量确保了过去20年里几乎所有主要的刑事司法研究在试图解释刑事程序动态时都应用了他的模式术语。①

英国刑事司法体系

英美刑事程序的许多规则都立足于与形成派克正当程序模式类似的原则。例如制度是在假定无罪的基础上运行的,即通过声明应由控方证明被控方有罪,而不是被控方证明自己无罪。这项努力是为了使得坚持认为只有合理怀疑之外才能指控成功从而使得误判率最小化而做出的。审判要公开、事实问题要经过公正的审理来裁决。这种裁决或忽视或漠视那些激起偏见而不是理性的所有证据。在严重的案件里,法官是为了确保法律能得到正确的解释和应用而指定的。给被告提供律师,如果被告认为没有按照证据规则和程序行事,其有权对判决提出上诉。

然而,如果远离规则形式去检验刑事司法体系的实际运行,就会出现一个不一样的现象。派克观察了刑事司法机关从逮捕到定罪的实践过程,得出的结论是尽管"正式规定的程序准则"与正当程序模式具有密切的关系,但是刑事程序"随着在绝大多数的案件中的实际运行可能会非常接近犯罪控制模式的规则"。② 以下的事实证明了这一点,即在英国和美国大量的被告最终服罪。③ 按上述所论,高服罪率是高效犯罪控制的特点。麦高伟和鲍德温在书中写道,这可能提供了最清晰的例证,即"书本上的法律"和"实践中的法律"是有差异

---

① Bottoms 和 McClean(1976);McConville 和 Baldwin(1981);Bailey 和 Gunn(1991);McConville 等人(1991);Sanders 和 Young(1994)。

② *Op. cit.* 在 239 页。

③ 1994年,71%的人在法庭上因某种指控作有罪抗辩。[参考审判数据:*Judicial Statistics: Annual Reports*(1994:67)。]治安法庭的相关数字是82%(皇家检察院起诉的案子)[参阅摘要:*Information on the criminal justice system in England Wales* (1995:31) Home Office Research and Statistics.]

的，因为在陪伴有罪答辩的一系列程序中，“法律的正当程序”没有正式的保障措施；缺少与对抗性庭辩相联系的程序保护；公正的陪审团不予裁决无合理疑点的证据；证人盘问无法检验；不予接受的证据（甚至对被告先前之定罪）却可能成为考虑因素；给予辩方的传统补救措施被大量地排除。①

这些作者在20世纪70年代推出的研究论点是《法官准则》的实施，是正式的法律和非正式的实践相分离的又一例证。《法官准则》和坚持提供法律咨询以及禁止盘问的策略，是正当程序模式的反映。然而就如上述讨论所证明的，警察通常会为了确保自供而藐视或忽视这些规则。在皇家刑事程序委员会所做的一项研究里，鲍德温和麦高伟发现在他们的研究样本中，几乎一半的被告会对警察供述，而几乎90%的被告会认罪。②

这些论点的力量在《法官准则》的背景之下是不能否认的。其实就像上一章内容所述，司法制度接受了犯罪控制模式的基本原理，具体说就是应该信任警察能够甄别出那些在法律上无罪的人。德夫林勋爵在认为警察不可能完全独立于派别之外或不带感情色彩的同时，声称应该相信英国警察能公正地对待嫌疑人。③ 正是对警察的专家角色的信任才使得司法制度忽视了警察对规则的违背并准许其操纵犯罪控制程序的行为。

波特姆斯和麦卡林曾对被告的判决过程进行研究，得出了这样的结论，即刑事程序中的警署环节毫无疑问是按照犯罪控制的路线行事的。他们强调说，在研究样本中有罪答辩的案件里，“最后正式认罪的决定和官方确认的由警方提供的嫌疑人报告里的相差无几”。样本中的被告都是迫于压力进行的供述，如果他们不配合警察就会被拒绝保释并且得不到法律咨询。作者认为“警察大多数情况下只按照犯罪控制的模式行事，有效掌控刑事司法程序的最初阶段；通过早期掌控——特别是对有罪答辩的影响——强有力地影响刑事司法程序的其他环节”④。

然而波特姆斯和麦卡林又写到，刑事程序的其他环节尽管受到前面警察行为的影响，总体上并不都是犯罪控制模式。在他们看来，审判体系的书面规则和实际操作都能由“自由的官僚模式”进行最好的诠释。此模式引进了大多数的正当程序模式的核心原理：保护个性化并通向可预见的正义需求必须永远置于刑事行为的镇压之上，他们一致认为“正式的判决程序是非常重要的”，而且“最好宁愿让十个有罪之人免于处罚也不能让一个无辜者蒙冤受

---

① (1981:7)。

② Baldwin 和 McConville(1980:14)。参阅米切尔(1983)，他发现在严重的案件里有70%的供述率。

③ Devlin(1960)。

④ Bottoms 和 McClean(1976:230)。

罚”。然而,“自由的官僚主义者是讲究实际的人,他意识到事情必须得做,制度也必须运行”。因此,自由的官僚模式为了确保行政有效性就需给正当程序权利施加限制。波特姆斯和麦卡林所说的为有罪答辩让步、选择简易程序的压力、不为无为的上诉浪费时间都是英国制度施加给正当程序权的种种限制。①

麦卡巴奈特是和波特姆斯、麦卡林同时代的作者,她呼应了费雷的观点,②认为所有对刑事司法制度的分析都太集中于实际运行上。③ 她写道,如果放弃这些分析单看法律本身,就会清晰地发现将书本上的法律和实践中的法律相比较是错误的。④ 派克和其他同样“关注于利用细微的管理因素来改变刑事司法”的人一起错误地假定法律为被告设定了权利,问题的本质就是找出警察和法庭为什么并且如何颠覆、否认或滥用规则……法律只是作为执法者经常偏离的一个预设标准,法律程序只是简单地被用来设定公民权利。实践中的法律接受监督,而书本上的法律实际上只是供你阅读的,这是毫无疑问且有待探究的。⑤

麦卡巴奈特认为对法律本身的细致审查表明,它并没有包含其自身的正常程序内容。法律规则程式化以便能让警察运行犯罪控制程序:“现有形式的刑事程序法没有设定警察偏离的合法性标准却准许其将标准忽视。如果我们过分抽象地思考正当程序并使之接受经验审查,结论必定是正当程序的目标就是犯罪控制”⑥。

如果把麦卡巴奈特的分析运用到《法官准则》里肯定奏效。毕竟,这不仅仅是警察不遵守规则的问题。《法官准则》本身允许警察把嫌疑人从其亲友处带离,将其孤立于警署这个令人恐惧的场所里。被讯问时除了警察本身外,无他人在场证明他或警察做了什么、说了什么。《法官准则》允许警察得到确凿的证据之前让嫌疑人接受未经警示的讯问,并且法律还规定警察逮捕嫌疑人只是为了将嫌疑人羁押于警署而使其身心倍感压力是完全合法的。⑦再者,《法官准则》允许法官甚至在警察很明显地完全藐视了赋予嫌疑人的正当程序权利时,采信证据。警察行为或许与正当程序价值相悖,但是他们的做法仍然合法。

最近,一场全面的争论被麦高伟等人在审视整个刑事程序后,在一份研究上重启。⑧ 他

---

① 出处同上,第229—230页。

② Feely(1976)。

③ McBarnett(1981)。许多科学家将他们假设的官方对合法性的颠覆作为自己的质疑目标。参阅Skolnick(1966、1967),Blumberg(1967)和Cole(1970)。

④ 出处同上,第156页。

⑤ 出处同上,第4、5页。

⑥ Skolnick(1966年、1967年),Blumberg(1967)和Cole(1970),第156页。

⑦ Holgate-Mohammed诉Duke案[1983]3WLR 598。

⑧ McConville等人(1991)。

们写道，尽管不是所有的法律规则都能反映正当程序问题这点是正确的，但是麦卡巴奈特还是夸大了事实。重要的是要明白嫌疑人确实有某些权利，而且如果警察没有尊重这些权利就可以认为警察的行为是不合法的。就像法律不完全是正当程序一样，它也不是彻彻底底的犯罪控制。① 作者认为，首先，对法律的适当解释反映，在许多情形下警察的行为是得到许可的，原因是警察行为不是一成不变的，它需要高度的自由裁量。如果发现警察超越法律规定行事，警察就应受到相应的质询。他们还补充说“精确地说因为法律是存在问题的，所以对警察行为的解释必须在法律本身之外进行分析”②。其二，麦高伟等人不同意麦卡巴奈特的说法，警察是法律制度中的“坏蛋”，并假定其违法时要为法律运行中的任何不公正承担责任。他们指出，在许多情形下，警察都明显是法外行事，而且他们自己也明白这一事实。就其本身而论，他们是难辞其咎的。

麦高伟等人进一步批判了麦卡巴奈特的不能细究法律用词的说法。麦卡巴奈特假定法律用词在内容上是正当的，而很明显存在一个强有力的站得住脚的说法，并对该问题提出了不同的见解：警察应该早期干预……用不着等证据……沉默是有罪人的首先求助机制……嫌疑人应该被要求提供只有他们自己知道的真相……换句话说，法律用语的目的是为了犯罪控制。③

麦高伟等人认为后者是一个重要的视角。因为有关警察权的法律规定，哪里存在“模糊、欠缺或有矛盾”，哪里就会有法律解释，为警察行为提供说明。因此，根本性的就是要牢记对警察有巨大吸引力的法律解释就是对犯罪控制的解释。④

正当程序和犯罪控制：法律范式

有关《警察和刑事证据法》的作用和有效性的争论，很大程度上是受限于正当程序与犯罪控制的矩阵中。评论家们想知道其规定是否包含了犯罪控制价值和正当程序价值，或者如委员们预期的那样，《警察和刑事证据法》是否在两者之间进行了正当的均衡。研究者们对警察行为进行了审视，以便发现警察是否按照新规则行事，或者说《法官准则》中明显的警

---

① 事实上，通过仔细阅读帕克的作品发现他对于法律本质上存在的问题是非常了解的。他指出逮捕权是含含糊糊的，而且还对逮捕中强迫某个人进入法定没有人的场所的合法性予以质疑（在前面所引书中第181—182页）。

② McBarnett(*op. cit.*)第156页，McConville等人(*Op. cit*)第176—177页。

③ 出处同上，第179页。

④ 出处同上。

察行为的犯罪控制文化是否继续存在于《警察和刑事证据法》中。①

为了进一步搜集材料进行论证，本人于1992年在英格兰南部相邻城市的两个警署进行了为期3个月的研究。我总计观察了144次8小时轮班。在监禁室里，我专注于观察警官如何对待初次进入警署的嫌疑人。在此期间，我访谈了80位在押人员，观察了更多人的处理情况，和大量警官就特定的案例中警察的总体工作情况进行了非正式的谈话。② 我的目的有三：判断被羁押者可以行使权利的程度；对权利是否依法得到保护予以评估；调查被捕拘留者对处理情况的公正性评价。最后一个目的是出自对那些经历刑事司法程序者的观点常常受忽视的担忧。③

本书中采用搜集到的数据来论证《警察和刑事证据法》是否使警察行为有所改变。第三章考察了警察的拦截、搜查和逮捕权，并将其置于街头警务活动中；在第四章里解释了警察和嫌疑人在羁押状态下的互动情况；第五章审查了警察讯问的程序和规定；第六章就有关嫌疑人权利的影响提供了文献调查，以及展示了该问题目前的研究成果。这四章内容通过描述被羁押者所受警务行为的影响，从新的视角论证了《警察和刑事证据法》的作用和警察行为。第七章叙述了被羁押者视角下的观点和价值，并讨论了运用该视角建立程序公正模式之优劣势。

尽管本书在审视《警察和刑事证据法》中的条款和这些条款是如何被警察使用或规避时，采用了犯罪控制和正当程序术语，我在实地调查中所看到和听到的使我对程序的运行总是为了决定是否有罪，其基础就是犯罪控制和正当程序模式的假设产生了质疑。这点上需要进一步的细述。尽管派克的模式描述了两个截然相反的方法判断是否有罪问题，但是两个模式都涉及了对法律规定之讨论。因此，第一，两者都是在“未被认定为犯罪而受禁止的行为，可能不能在刑事程序中处理”的前提下运行的。④ 换句话说，两模式的支持者们认为各自模式的程序都是因实施刑法这一目的而启动的。第二，两个模式认为执法官员的行为必须经受“一定的审查和控制”以便确保“个人的安全和隐私”不受“随意侵害”。这就意味着无论运行哪种模式，警察都必须能够参照模式的目的和规则解释并证明其行为的正确性。最后，两种模式的共同理念是，“被指控的罪犯不仅仅是赖以行动的目标还是一个独立实体。

---

① 例如可以参阅 Irving 和 McKenzie(1989)；Maguire(1988)；Brown(1989)；Dixon 等人(1989)；Bottomley 等人(1991)；McConville 等人(1991)；Dixon(1992)；Maguire 和 Norris(1992)。

② 对研究方法的详解列在附录中。

③ McBarnett(1981a)。

④ Packer(在前面所引书中)第156页。

在此过程中如果被告希望的话，可以迫使程序的运行者向独立的权力机关（法官或陪审团）证明对他的指控成立。这种情形之下，如果说对手不平等的话，程序就变成或有能力变成至少是两个独立的行为人之间的竞争”①。

关键性的前提强调了两种模式都受规则束缚的事实。正当程序模式欢迎竞争公开化、例行化的规定，并确保它能与让被告有权质疑的正式规定同时实施。因而对于正当程序的支持者们来说审判是程序的中心环节。然而，犯罪控制模式也有自己的规则。这些规则或许可以被设计成避免审判的，但无论如何其目的都是为了案件的合法解决。因此，必须建立规则，例如规定什么情况下可以使嫌疑人免受讯问，当法律允许自由裁量的时候，什么指控要予以优先以及决定嫌疑人是否应该被指控、受到警示或警告。

此外，因为该模式允许被告可以选择在一个独立的平台（法庭）上让控方举证，那么警察就必须按照法庭规则行事。换句话说，他们必须不断提醒自己这样的问题：我们的举证能让法庭采信吗？这就意味着警察必须运行那些至少在某种程度上反映法庭规则的东西。

最后一点可以推出，警察的行为是有预期性的。警察的行为在每个阶段都预期着达到最终裁决的下一步程序。启动拦截和搜查权是因为警方有合理的理由怀疑认定犯罪已经或即将实施。如果合理怀疑得到肯定，警方就会对嫌疑人实施逮捕。逮捕的目的就是准备对其指控。如果嫌疑人受到讯问，其目的就是锁定证据以便使法庭相信被告有罪，或者甚至是说服被告放弃审判并作有罪答辩。据此，法律赋予的权力在每个阶段都是为了能合法解决问题而实施，不论这是不是通过警告、警示、辩解或者审判而进行的。

进行法律规定的探讨，作为正当程序和犯罪控制两者共有的特点，充斥了有关警务活动的论述。在各自逻辑中，谈到嫌疑人、警方对犯罪采取调查、羁押官批准羁押以便锁定证据都是有意义的。这一术语表明无论规则还是警方行为都是以法律价值作为支撑的。

这些作家，诸如派克、鲍德温、波特姆斯、麦卡林以及麦高伟等人，都曾经指出警察行为远离了正当程序的精神，有时也偏离了正当程序的字面意义。他们为此所作的解释是警察拒绝正当程序价值而欢迎犯罪控制的价值。在此分析中，警察被认为是违背了或歪曲了法律规则或者利用了这些规则的缺失，以便根据犯罪控制的规则或说法获取有罪指控。因此，麦高伟等人的论点是当警察提供证据时，他们就会如此做，以便把法律规定运用到能给他们提供理想结果的事实中去。警察会认为他们的行为会预期着皇家检察署的检察官的行为或律师的交叉盘诘。参考警方的犯罪控制理念常常能说明公正的丧失。警方忽视了对正当程序的保障或利用了法律规则的缺失以便保全、建立或伪造他们期望向法庭展示的、对警方来

① 出处同上。

说明显证明被告有罪的证据。[①] 因此,尽管诸如麦高伟等人强调的,案件的创建是一个中立的概念,但其还是认为在绝大多数的案件里,警察扮演了对抗的角色。他们的职责就是去提供对被告最有可能的指控。[②] 类似的有麦高伟和鲍德温,他们在其早期作品里写道:

> 警方的首要兴趣就是获得对被告的有罪指控。当然这不是说,对警方来说真相就无所谓。相反这意味着一旦某警察知道谁是有罪一方,他的主要关注点就很可能放在如何组装一个能在法庭站得住脚的案子……为了创建针对被告强有力的案子,警方就要获取最好的证据,如果他们希望在最短的时间内最高效地达到目的,采取这种做法也是可以理解的。[③]

基本上,这种方法将警察行为锁定在了犯罪控制的模式上。在此过程中,即使警察违背或歪曲了法律规则,他们也被认为在追求将罪行绳之以法的法律目的。认为警察为法律程序进行预备并准备案子的信念成就了警察追求法律目标的前提。因而警察如果逮捕某人则是因为警察认定其有罪,并且为了使案子能进入司法程序,最终做出有罪或无罪的正式判决。被中断的案件可以参考法律准则进行说明:警方或许最终认定没有足够的证据进行指控,或案件太微不足道,不值得在上面浪费时间和金钱。尽管麦高伟等人承认警方的决定有时可能受到非法律因素的影响,但他们对警察角色的分析还是局限于刑事程序中,不论该程序是现实的还是预期的。[④]

结论:超越法律模式

传统的说法是英美刑事程序规则包含了正当程序的价值,但这些规则受到了警方的颠覆。因为警察在其日常活动中替换进了自己的规则。这种说法是具挑战性的,而且其论点也一直围绕着规则实际上包含了怎样的价值而进行讨论。人们长期确信无疑的说法是警察行为是受犯罪控制模式引导的。

本书继承了这样的观点,即法律理性是犯罪控制和正当程序模式的基础,但其未能解释在警署终结的案件中,那些少数当事人的经历。[⑤] 在这样的案件里,警方没有想到刑事司法程序的全部意义,因为他们从未想指控相关人员犯罪。这里我并不关心那些由于证据不足

---

① Kennedy(1961); McConville(1984)。

② *Op. cit.*,第 181 页。

③ (1981:190)。

④ (1991:1,16)。

⑤ McConville 等人(1991:104),发现几乎一半的被捕者没有被起诉。

或无法满足公共利益而止步于警署的案件。相反,我关心的是从表面看被认为是警方案件而不是刑事案件的部分。在这些案件里,逮捕和羁押用以达成警方目的而不是法律目标,从表面上看警方视警署为案件的终结地而不是刑事程序的开始。受到逮捕的人员从概念上说并没有被纳入通用的法律范畴:他们是被拘留者而不是嫌疑人。这里,逮捕激活了警方的简易惩罚体系,其中警署变成了警方和特定人员、集团或阶层的持续冲突所在地。在此背景下,警署理应是司法程序的开始却从司法程序中剥离。逮捕和羁押对于这部分人员来说并不是走向最后裁决的起步或司法障碍场的第一阶段。相反它体现了警务体系的独立性,它在法律的掩盖下控制了那些被视为反警方、天生是罪犯的社会阶层。

警察体系具有麦高伟和米尔斯基观察到的,在纽约市州法院采用的进行有罪辩护的程序特点。他们描述了被他们贴上社会规训的司法模式标签的体系,其中警方集中关注贫困的城市居民,这些人常常因警方的集中清扫而大量被捕。初审法官通过让他们考察他人的情形第一次向其展示"如果他们不作有罪答辩就会被施以更严重的惩罚",强迫其在高压背景下作有罪辩护,并且"他们要在15秒内接受或拒绝有罪抗辩和当值法官的判决"。羁押中拒绝作有罪答辩的被告,"不顾在传讯期间已被释放的被告能够主动到庭的事实",都将被送至法庭。认罪的可允许假释,尽管他们目前被判有罪正有待判刑。麦高伟和米尔斯基发现,案件的真相对法官和律师产生不了什么影响,证人在听证和审判时都未被传唤到场,警务活动的适当性和警方证据的可靠性通常未受检验。①

因在警察体系缺少了对于案件的事实、证据、可靠性、法律的完善性等方面的探究中受挫,麦高伟和米尔斯基随后得出结论说该体系体现了"实质上是一种致力于为了秩序而监督控制城市下层社会的理性形式"。它所关心的是作用、有效性和结果,并参考所能看到的社会控制成果来证明自己的正确性。这与处于正当程序或犯罪模式中心的法律理性是完全不同的,因为其中缺少通过分析证据来证明案件真相或是否在法律上有罪。② 作者认为纽约市法院处理案件的方式建立了一套"完整的反馈回路",它"强化了警察和被告的行为和期望,从而激励了警方的清扫活动、拖网式搜索行为和其他非个别化的逮捕行动"。③

我所看到的警察制度也是社会规训性的,原因是它具有缺失对法律或实际罪责的兴趣的主要特征。它的关注点是维护权威、提倡顺从、重建社会控制和接受简易处罚之警方目标。犯罪控制和正当程序两者具有交互特点。正当程序与法律的关注点,个体的自主性、完整性和致力于维护对国家权力的密切控制相交互。犯罪控制传递的信息是对速度和效率的

---

① (1995:217,230)。

② 出处同上,第217页。

③ 出处同上,第229页。

希冀以及对警方及控方的信任。然而,尽管他们都具有信息传递的特点,但他们的目的却是镇压犯罪,这和社会规训模式形成了对比。警方在此模式下行动,其目的是可以理解的:他们的行为是为了向警务对象们传授知识。社会规训模式的存在对我们理解法律权威的本质、法律自由裁量的可能性以及法律改革的限制因素是有意义的。这些意义将会在结论章节予以讨论。

第三章

整顿渣滓

本章为该论点提供实证支持，如上章所概述的，警察的自由裁量权由某些警方目标而确立。这些目标来自于警方对犯罪及其社会地位的认知，来自于警方关于本身职责效用的理念。这些认知和理念导致了警务策略的选择。这些策略对确保一部分嫌疑人明显成为警署的常客，而事实上他们带进大量期望警方如何行动的信息并据此影响他们自己在警署的表现。换句话说，警方及其警务对象之间存在着长期的关系，警署内外的警察行为的目标就是重建关系准则。为了充分阐述这一论点，我们必须要识别谁是警务的对象，检验警方对待警务对象态度的立足点、解释警民冲突的动机。

定向警务

在我做研究的两个警署里，警察都重复说到他们一遍遍地处理“同样的混蛋”“同样的失败者”。这也从研究的结果中得到了证实：89%(71 人)的受访者认定他们都曾经是警察的嫌疑目标，大多数(65 人)曾被逮捕和拘留。事实上，在我做研究的较短期间内有些人不止一次地被捕。

警方认为出现以上情况的原因在于一个简单的事实，即那些被逮捕的是常犯，他们经常被带至警署是因为他们经常犯法。大量的研究结果表明该情形是比较复杂的：来自于社会某些阶层的人比其他人更容易被逮捕，是因为他们比他人有更多的违法行为，[①]但是因为他们是来自于社会的特定阶层就会面临更严厉的执法标准。由美国研究者首次发现的这一结果[②]已经得到该国大量实例的证明。

本研究所得到的结果证实了政策研究协会的发现，该协会在对大量的警务因素研究之后得出这样的结论：“和其他原因相比，警方活动的分量更多地施加在社会的较低阶层和其他警方欲与利用的人员身上。大量的警务活动成为对社会环境中琐碎案件的处理。”[③]

以下摘录的讯问展示了警务对象并不是没有意识到警务活动的目标本质，但结果是许多人对非正义有着很深的感受。

永远的嫌疑人

警察经常称某人是警方熟识的。这就是说那个人以前被定罪过或曾是嫌疑人，或者他与那些被判有罪以及涉嫌犯罪的人有关，也有可能是这些人的朋友。被警方熟识使得他们

---

① 无论他们是否确实如此频繁地触犯法律是很难从其他社会区域没有以同样方式开展警务的事实上予以断定的。

② Skolnick(1966:703)指出那些作为没有正常生活的人得到了差别对待……那样的人包括犹太社区居民、波西米亚人和流浪者，以及具有犯罪背景的人。

③ Smith 和 Gray(*PSI* 第四卷)(1983:166)。

经常在警署露面，因为警方策略本身使其成为拦截、搜查或逮捕的目标。① 被讯问的三分之一(26人)抱怨他们受到不断的拦截搜查，常因琐事被捕。就像以下访谈所表明的那样，这些人员一致认为，仅仅因为警方熟悉他们的脸，他们就会受到迫害。

案例 2/07/W/A/OAP

被告："如果我在街上被叫住，他们对我盘问并发现我有犯罪记录，无论我是还是不是，我也就是罪犯了……其中含有很大的歧视……无论你是否有罪，你就是有罪的。最终他们发现想要的是另外的人，但只要是他们有可能指控的人，他们就会满意。"

案例 2/25/W/A/POO

被告："一旦你留下记录什么的，他们就会老是试图找事情抓你。"并抱怨警察进行过多的拦截和搜查。

案例 1/48/B/A/POO

被告："你走在街上，是吧？警察就会问，'你从哪儿来的?''你为什么跑啊?''你跑到哪儿去呀?'然后他们就搜查你的口袋……这些他妈的警察对你吹毛求疵只是'因为他们想要晋升……一旦你是罪犯，啊，你就一切都别指望了!'"

案例 1/62/B/A/Dis.

被告："只要他们在街上发现我，就会直接走过来扒下我的夹克开始搜查，举止很粗鲁。他们还盘问我的伙伴，我曾经和谁在一起，发生了什么事——'你有什么可以交代?''你今天有什么需要交代?'这些就是他们说的话——'否则我们带你去警署'。你要是说你不知道或者你和他们说的那些人没有联系，他们是不会听的。"

案例 1/64/B/A/Dis.

被告："他们拦截搜查你只是为了愚蠢不堪的事情——仅仅因为他们知道你。"

在和警官交谈时这是通常的主题，即那些有前科的人更容易进警署，所以密切关注他们就是良好警务行为的要求。这些态度和麦高伟等人遇到的相似，有警官告诉麦高伟等人"当你对某个区域开始了解并在凌晨两点看到一个恶棍，你一定会拦截他并搞清楚他干什么"②。迪

---

① 出处同上，第 345 页。Skogan 发现以前与警察有过遭遇的人更容易受到拦截(1990：31)。想要评述有关差别警务的作品，可以参阅 Reiner(1985：124—136)以及 Sanders 和 Young [1994：40—44(Stop and Search)，96—98(arrest)]。

② (1991：24)。

克森等人发现贴在警署墙上的酗酒者的照片，附上的建议就是“很值得拦截搜查”。①

警务活动的方法就是首先锁定什么人在以前有过罪案记录或曾经涉嫌犯罪，而不是为了甄别罪犯而进行犯罪调查。任何落入此范畴的人员都冒着成为“永久的嫌疑人”的风险，成为即使离开警署后仍旧是不断审查的对象。有证据显示此种监管是来自于警方最高层面的决定：1983 年，当时的大都市警察厅长启动了一项计划，即“熟悉的罪犯”要由地区情报部门进行监管。②

此类目标锁定，无论其作为犯罪控制的作用如何，都使得有此经历的人们被隔离。几乎所有对此抱怨的人（22 人）都感觉总体上得不到公正的对待。

下层工人阶级

司可根在分析英国犯罪调查结果时发现针对失业者和贫困地区人们的拦截和搜查权不合比例。③ 莫甘恩特等人分析了 550 位被逮捕者，发现 55％的失业人员和三分之一的其他人都属于无技能者。④ 这些数据对早期由布罗格登⑤和 PSI（常设调查小组委员会）⑥进行的关于失业人员比那些有工作的更可能被拦截搜查的调查结果给予了支持。

本研究试图对那些被盘问住所、就业情况以及他们或许并不是作为嫌疑人曾经接触过法律或律师的人员的处所与社会阶层进行了估测。结果在意料之中：有些答案不是现成的，有些答案是模棱两可的。然而呈现的证据显示，绝大多数被捕者都来自于贫困阶层。

从高达 78％（被问及的 74 人中的 58 人）的失业率的事实非常明确地说明了这一点。超过 62％（77 个被问及人员中的 48 人）的人员在作为嫌疑人之外，从没有接触过警察或因任何事情寻求过法律帮助或进行法律咨询的事实，也进一步证明了这点。还有 3 名嫌疑人认定除了被捕之外，曾经接触到法律是因为债务，受到银行、商场或邮购公司的威胁要采取法律措施。此外，极少数人（10 人）表示他们是无家可归、流落街头或住夜间庇护所等没有固定住所的情况。

为什么穷人常常会成为嫌疑对象的原因之一就是无家可归以及那些付不起各种各样富人使用的室内设施的人更容易因为更多地利用了公共场所而受到警察的关注。⑦ 下面两个案例中无家可归的嫌疑人很清楚地意识到他们受到警察的关注不是因为他们做了什么而是

① （1989：194）。

② 《泰晤士报》1983 年 1 月 25 日第一期。

③ *Op. cit.*

④ （1990）。

⑤ （1981）。

⑥ *Op. cit.* 第 41 页。

⑦ Stinchcombe（1965）。

因为他们是什么人：

案例 2/09/W/A/Dis.

（访谈笔记）：被告说他理解警察要工作，但抱怨自己经常仅仅因为在大街上走就会受到拦截、搜查和盘问。他认为"在街上走"不应该引起警察的关注——他无家可归，除了在街上晃没有去处可以消磨时间，这不是他的过错。

案例 2/03/W/A/POO

（被告把自己说成是旅行者）："我没有很多次地被捕，但是受到很多次的恐吓，你知道吗，我见过很多防暴警察，受到推搡并被他们驱逐出露营地……我以前被捕就因为我在街上晃，他们把我带到这儿几个小时后警告我，并让我早晨五点的时候滚出去。"

对这些个体的警务方式，还有很多都和警察认为是否有价值有关，而不是与刑法有关。下面的调查摘要就是一个我经常从警察那儿听到的关于这一见解的实例：

实地调查笔记摘录 1（纳什福德）

一老人，衣衫褴褛、轻微醉酒，被一名警员带到监禁区。羁押官得知该人因在"公共场所酗酒"被捕。记录下此人的各种信息并对其进行搜查，然后将其送进囚禁室。但通过和警员的谈话发现，此人只是在公园的凳子上睡着了，警察叫醒他然后将其逮捕。我告诉羁押官该人被捕的情节，问他花公款处理这类小案子是否值得。他答道："当然是值得的！我的意思是，你看看他……他就像风景画中的一块污渍，他占用了公共场所中其他人可能要坐的公园凳子……你难道想在你偕妻子孩子去公园的时候看到这类人吗？"

这个例子里的羁押官表现出来的轻蔑态度并不仅仅针对该被捕人，而是这类人。类似的，格里姆斯顿的一位警官解释警察不能容忍任何街道乞讨者："如果每个人都行乞，我们怎么办？"他解释道，"最重要的是公众不应该受到这些人的威胁。"杨自己就是一名有三十多年警龄的警察，他做了一份关于警务对象的人种研究，认为对穷人和无依无靠之人的轻蔑是困扰警察队伍清廉的一个因素。他写道，失业和无家可归者被看成是社会的"浮尘"，对于警察来说就是要将其清除出公众视线。①

将整类人都认为是不良分子或具有犯罪意图，类似于将整个工人阶层看成是无法区域。

---

① （1991：13）。

兰伯特二十五年前的作品里就提到警察是渴求成为中产阶级并拥有相应生活的公民。他们的价值体系，特别是有关生活水平和居住区域方面，都使他们轻视自己职责应特别关注的区域。① 由麦高伟和谢飞德所作的警务研究显示，警察认为富人区对警务反响好、体贴而且有价值，而穷人所在的城中区，特别是那些大型政府安置房区域内，就包含反警因素、有犯罪基因的家庭以及社会人渣。② 杨的报告中称，警官们通常称那些产生大多数嫌疑人的地方为"丛林"或"非洲村庄"：这些"村庄"是郊区东部和市中心西部的住宅质量差的区域，那里居住着"小偷"（恶棍）和"肮脏的小偷后代"。"肮脏"一词再一次被用于对居住在"非洲村庄"里的敌人的老套表述中。③

对特定人群的负面态度导致了警务策略的攻击性和敌对性。司可根发现《英国犯罪调查》的公开数据显示：年轻、失业、社会地位低的人们事实上更容易受到不断的拦截盘问。很多此类人群以及非裔加勒比人更容易遭到搜查，也更不易得到礼遇。大多数对警务活动的抱怨都是有关粗鲁、傲慢、种族歧视、不公正的拦截盘问以及不正当地使用强制措施。④

不难想象这种警务行为可能产生的后果是：给地区贴标签使其成为犯罪化的做法设定了自我应验的预测，慢慢地积累成社会贫穷和无权阶层利益的无情牺牲。⑤

福斯特在她对于两个伦敦市中心区域的研究中发现，某些警察会认为既然整个地区无法无天，居住在那儿的人们永远不会被看成是完全清白的，这样他们就"不应该得到和受尊敬的人们相同的权利"⑥。因此，在此类区域巡逻的警察们采纳了一种对和谐关系不利的警务形式。一位警员告诉福斯特"你得要用他们彼此之间的谈话方式和某些人谈"⑦。麦高伟和谢飞德在对居民的调查中发现过分警务、粗暴侮辱、威胁以及具有攻击性之类的投诉频繁出现于居住在市中心的贫穷人群中。⑧

本研究中也碰到了类似的观点。两个警署的警官们都认为城市的某些区域是无法无天的，主要由"失败者"和"社保行乞者"居住，那些区域存在特别令人讨厌的憎恨警察的因素。

① (1970:183)。

② (1992:165)。

③ (1991:151)。

④ 他还发现在遭遇拦截时更易被搜查的那些群体中的人，他们得到被拦截的理由却是最少的。

⑤ Keith(1993:199)。

⑥ (1989:131)。

⑦ 出处同上，第 130 页。

⑧ *Op. cit.* 第 38—39 页。

在两个城市里这些都是贫穷区域，含有相当比例的非白人。他们告诉我，因为这类地区的某些地方是敏感区域（容易发生反警暴力），重要的是要大量进驻警察并展示武力。该论点认为任何其他的战略都会给警察人身安全带来危险。然而，这些区域的某些居民却认为警察增加了问题而不是解决了问题。

案例 2/19/W/J/Dis.

嫌疑人父亲说：“这里就像南非的情形。孩子们可以去工作，但他们不能夜里出去。他们只能待在镇上，而且防暴车四处开，防范他们走出本镇……无法说明他们为什么应该如此——这是他们的地方，他们想站哪儿就可以站哪儿，无他事可做。有个警察曾经对我说，‘你让他待在家里！’你说该怎么回答他呢？”①

高失业率和贫穷是所有这些在 20 世纪 80 年代经历反警暴动地区的共同特征②。然而有趣的是要注意纳什福德和格里姆斯顿两区域都没有大规模或长期的失业，也不存在普遍的贫困。③ 这可能表明，以上所述的偏见在那些没有陷入经济困境的城市里的情况和诸如汉兹沃思、布里克斯顿和特克斯泰斯等地一样尖锐。

警察类型学折射出了此类定向警务。尽管警察频繁表明他们的职责是服务公众，而克雷、谢尔林和雷纳等人的研究显示，④警察在那些应该保护的公众和那些应该予以控制、监管和惩罚的人群之间划了尖锐的分界线。克雷把后者称为“警察财产”：警方认为这些迥然不同的因素是他们服务公众任务的必要部分。雷纳认为，通过参考挑战警方或接受大多数警察崇尚的中产阶级价值观的“粗暴”“值得尊敬”这样的概念把两种公众进行了分界。⑤ 对警务史的简单回顾就足以证明警察总是将工人阶级所在的区域视为犯罪和犯罪嫌疑人的区域。这种观点受到法律实质的不断灌输，而且法规中大量表述模糊的公共秩序案件促成了对这些地区的警务行为。

20 世纪之所以要接受警察的基本理由是基于社会的统治阶层对秩序的担忧。穷人不

---

① 此案中警官的话令人想起大卫·麦克尼曾说过的话。他当时是大都市警察厅厅长，有记者问对于大量针对安全警察集团的投诉，他会采取什么行动，他答道：“如果你能避开街道，老实点，你就不会被安全警察集团困扰！”（Rawlings 在 1985 年再次提及。）

② Scarman（1981）。

③ 参考附录。

④ 分别是（1972），（1981）和（1985）。

⑤ 出处同上，第 94 页。

再受那些满足了18世纪的统治阶层的地主政治和家长制的控制，①但是控制对于新的统治阶级来说就像对于老统治阶级一样重要。19世纪的统治阶层担忧的是拥有大量失业和半失业人员的新贫民区会促使形成叛乱和刑事犯罪的避风港。② 更重要的是，他们需要惩戒穷人使其提供劳动力商品，并且这只能通过"整顿好他们利用的社会时空以便其不会阻碍工业发展之交通"③。

维多利亚时代因此创建了社会和法律体系，其中警察扮演的绝不是微乎其微的角色，其目标就在于宣传工业价值、服从、宗教以及消除流浪、酗酒、赌博和懒散。④ 街道秩序成为首要目标，这被看成是管理工人阶级生活的措施和方法。从而法律规则不再被看成是仅仅受到暴乱和叛乱的威胁，而是受到所有犯罪的威胁，不管这种犯罪是多么微乎其微。⑤ 其结果是导致了不断增多的刑事规范的创立，这些规范的目标都是用以规范工人阶级的闲暇时间并对充斥着大城市街道的流浪汉、妓女、病人、爱尔兰移民以及乞丐等不受欢迎者的控制。⑥ 大都市警察得到授权防止公路受阻，控制咖啡屋和公共场所，镇压赌博、斗鸡以及所有其他"懒散和久坐不动的游戏"，惩罚酗酒，禁止妓女招客。⑦ 对于前科犯的控制也制定了法规，目的在于加快刑事司法体系的通道。⑧ 琼斯曾经推测，除了对妓女招徕客人和乞讨人员的抓捕外，后半世纪有三分之一的大都市抓捕都是关于酗酒和其他妨碍治安行为的。⑨

而大多数的法规根本上是受新经济结构环境制约的，许多支持者们认为有必要控制"犯罪阶级"。下层的工人阶级中的犯罪被认为是基因所致，如果要防止工人阶级中有犯罪基因的人员传染值得尊敬的那些人的话，那么对该类人群的控制应该被认为是至高无上的目标。

---

① Hay(1975)。

② Stedman Jones(1971)。

③ Cohen(1979:120)。

④ Donajrodzki(1977:56)。

⑤ Gatrell(1990:254)。这种情绪在 *Fifth Report of the Royal Commission on the Criminal Law* 中清晰地得到体现。其中说道："很明显，所有保障人身和财产安全的特别法都将无效，除非实施这些法律的正当方式能通过对公共秩序的强制性破坏施加高效的限制来保护。"

⑥ Radzinowicz 和 Hood(1986)；Jones(1982)。

⑦ Brogden(1985)。参阅 10 Geo. IV c. 44 和 2 & 3 Vic. c. 94. 担心许可的场所导致比以往更严厉的措施。

⑧ *Habitual Criminals Act 1869*。围绕立法的话题由 Radzinowicz 和 Hood 详细讨论过(1986)第八章。

⑨ 出处同上，第129页。

警察承受了巨大压力，因为他们无法使用广泛权力和自由裁量[①]来针对“值得尊敬的人”，[②]就像戴维斯曾指出的，大都市警察在任何情况下都缺少人力在各个区域和社区施以同样程度的巡逻力度。[③] 那么，从一开始，警察的强制权就针对贫民区，因为人们往往认为那里是犯罪阶层的栖息之地。

少数民族

许多嫌疑人感觉到他们被警察选中是因为贫穷或因为他们在街上逗留大量时间，而有些受访者认为他们成为警察的目标是因为肤色。在 23 个非白人（11 个亚洲人和 12 个黑人）的受访组中，有 9 人（5 个亚洲人和 4 个黑人）均认为他们受到不公正的对待是因为警察是种族主义者。[④] 和白人相比，大部分的黑人和亚洲人都抱怨在街上受到过警察不公正的对待。与只有四分之一受羁押的白人做出这样的抱怨相比，有一半受羁押的亚洲人和黑人做出同样的抱怨。以下的访谈摘录是黑人和亚洲人在定罪时受到不同的警务行为的案例。

案例 1/47/A/A/OAP

（嫌疑人是一名出租车司机，报案称他要求两名男性白人乘客支付车费的时候受到他们的袭击。三星期后他却被传唤到警署，因重伤他人被逮捕并受讯问。）被告说：“你不用问我，你到火车站和我们社区看看，你就会有答案……我们是三等公民，我们得不到任何保护……这里的警察都针对我们。他们来到你身边告诉你做这做那，他们每天无数遍地检查你的轮胎。他们是老板，你得做他们叫你做的，否则他们就会找你麻烦。”

案例 1/54/B/A/POO

被告说：“我曾经因为两个朋友被捕来到警署，我在等待区等着，而另一个朋友试图找到一些有关他们的消息。这时警察走进来了，其中一个对我说，‘你新理了发我没认出你’，我这帽子戴错了，是吧？（嫌犯有一顶彩色的皮棒球帽）那话就是他对我说的，我以前从没见过

---

① 该自由裁量的例子包括 *Metropolitan Police Act 1829*，其中赋予警察逮捕“所有可能会扰乱治安或涉嫌任何邪恶图谋的懒散、无所事事的捣乱分子”的权力。*The Metropolitan Police Act 1839* 的第 54 条授予警察有权逮捕“任何采用威胁、谩骂或侮辱语言或行为的人，或者意图妨害治安或借以引起治安破坏的人”。这部分通过将逮捕权移植到早期诸如那些游移不定的法条中，增加了警察权。

② Jones(1982:35)。

③ (1989:70)。

④ 而且，一个白人嫌犯，爱尔兰人，指控警察歧视所有少数民族群体。他宣称他被带进警署时，有一个负责逮捕的警察将他推进门，说道：“我敢打赌你一定做了什么和爆炸有关的事，你这该死的爱尔兰混蛋。”（案例 1/69/W/A/OAP）

他！那件事真的伤到了我，你知道，我真的感觉受到冒犯，他妈的那么粗鲁！”（嫌犯说到他要求那名警察道歉，可所有警官都开始说他在那个问题上的反应过于激烈了，那名警察只是开个玩笑而已。嫌犯说尽管他不赞成自己将此看成是种族主义玩笑，但是他始终没有从那个警察处得到任何形式的道歉。）“他们永远都不会对有色人种道歉的。”

案例 1/57/A/J/Dis.

被告说：“只要警察认识了你，他们就不会让你自在，特别当你是黑人或亚洲人的时候……我被捕后每月做一次保证，保证……他们就是不喜欢我们这样的人或黑人……”

案例 1/58/A/A/Dis.

被告：（他对于他认为的公然的警察种族主义的事情非常生气，并说拦截搜身权被更频繁地用来针对黑人和亚洲人。他对一些来自于警察的种族主义言论进行了抱怨。）“某警员自己也是亚洲人，却对我们说：‘你们这些巴基佬为什么不滚回自己的国家。’我真想回敬他道，好啊！如果你想我们滚回自己的国家，为什么你不滚，你这个傻叉！”

案例 1/61/B/A/Dis.

被告：（非常肯定地相信警察以一种更具攻击性的方式对待非白人。非白人被拦截搜身逮捕的概率都要比白人高得多。）“如果一个人每天去赌场，那他幸运的机会就会比偶尔去一次的人来得多。如果他们老是把你和我这样的人带进警署，那么他们迟早都会为我们找到点什么。”

案例 1/76/A/J/Dis.

被告：“我老是被拦截搜身，他们让我滚回自己的国家。他们骂我们‘你们这些黑人都没有廉耻’‘你们所有人都是罪犯’等等。”

案例 1/49/B/A/OAP

被告：“这些穿制服的一定是脑子进水了，他们无缘无故地使用暴力且举止粗鲁。真的是这样，这是我自己在亲身经历以及朋友告诉我的情形中发现的——其实他们自己也不是白人。”

案例 1/52/A/A/OAP

被告：“无论我们这些亚洲人或黑人走到哪里都能被警察选中。他们不许我们住在镇上。甚至我们到镇上只是买点东西，他们都会上来问‘你干什么的？’‘你要去哪儿？’‘你偷啥了？’如果你晚上 8 点左右出去，他们就会上来搜查，如果你质疑他们的所作所为，他们就会立马逮捕你，而且还会找茬说你盗窃什么的。然后晾你 5 小时后说没找到证据，你可以走了。”

最后一名嫌疑人感到不仅仅是亚洲人和黑人被当作嫌疑人时，会受到恶劣对待，而且当非白人成为犯罪的受害人时，警察都满不在乎。嫌疑人说了这样一件事情，一位身材高大的苏格兰人开车撞到了他的车，于是他下车查看受损情况，苏格兰人用弹簧刀袭击了他，并企图杀他。该嫌疑人说他受了重伤，于是向警察报案，把苏格兰人的车号告诉了警察。几星期后他被传唤到警署，便衣警察威胁他说如果不撤案，他们就搞死他。“我吓得半死，我想算了吧，不值得。于是我就签了那份文件，说我同意撤案……我只能这么理解，嗯，一个白人对你们这些人来说，比我或你以及亚洲人更有价值。嗯，没错！”

这些黑人和亚洲嫌疑人的说法和其他研究里的相似。PSI 研究发现，五分之一的伦敦人感觉到少数民族受到了警方不公正的对待。① 由兰尼米德信托公司所做的全国性投票显示，48%的白人、75%的黑人和 45%的亚洲人认为，警察对待非白人要比对待白人方式更恶劣。② 杰斐逊和沃克在利兹市做了一个调查，发现三分之二的黑人和白人以及超过 40%的亚洲人认为警察在截停搜身方面歧视非白人。③

麦高伟和谢飞德在进行社区警务研究中碰到了同样的既有白人居民也有非白人居民指控警察歧视黑人的情况。34%的伦敦城里人和 39%的布里斯托尔市的城里人都抱怨针对黑人的不公正的拦截搜身和逮捕。正如一位白人说的“如果说存在对于人民的关注和信任的话，那么黑人似乎处于该信任度的最底端”④。

本研究中，黑人和亚裔嫌疑人的不满，也在针对该问题的大多数研究人员指出的警察队伍中的种族主义意识普遍存在的报道中得到证实。该类报告由兰伯特 1970 年首次记载，之后得到凯因、雷纳、索斯盖特、戈登、赫达维、一份 PSI 研究、福斯特以及麦高伟和谢飞德的佐证。⑤

史密斯和格雷是 PSI 研究的作者，曾报告说：“在和有大量少数民族人口地区的警察接触后的第一印象就是，种族主义语言和偏见很突出并具有普遍性的。”⑥他们还说尽管种族主义不像警察言语那样经常体现在行动中，但是随着他们研究的不断进展，这种第一印象或多或少地得到了证实。大都市警察称黑人为“外国佬”“黑熊”“黑鬼”等等，他们对这种称呼不足为奇，甚至认为很时尚。⑦ 尽管麦高伟和谢飞德并不曾想研究警察在种族关系上的态度，但他们还是得到这样的结果，即“三分之一的伦敦警察以及五分之二的埃文河地区和萨

---

① (1983：第一卷，第 243 页)。

② 《独立报》1991 年第 3 期，7 月 7 日星期六。

③ (1993：255)。

④ *Op. cit.*，第 173—175 页。

⑤ 分别是 1973 年，1978 年，1982 年，1983 年，1983 年，1983 年第四卷，1989 年和 1992 年。

⑥ Smith 和 Gray(1983 年第四卷)在第 109 页。

⑦ 出处同上，第 110 页。

默塞特郡的警察，在录音采访中流露了对黑人的负面看法”①。

正如麦高伟和谢飞德的研究一样，本研究没有针对警察对少数民族的态度进行直接的质疑。然而，当有时讨论到执法主要问题时，警察会说拥有大量印第安人的西部是“问题区”“到那儿去都必须要有后援”。这类说法在格里姆斯顿地区要比纳什福德频繁得多，但是这也可能是因为格里姆斯顿地区有更多的非白人居住。有人告诉我“大多数黑人”都涉及有组织犯罪和毒品交易并且有暴力倾向。下面的内容描述了这类说法。

实地调查笔记摘录 2(格里姆斯顿)

警员说:“西部印第安人的做法就是把白人女孩带出去炫耀，而将黑人女孩留在家里。这是因为他们要带女孩出去进行支票诈骗，有白人女孩在身边可以降低可疑度。我们手中的许多案子中，这些家伙被抓的时候女孩都正在被殴打。”

实地调查笔记摘录 3(格里姆斯顿)

警员说:“我们手里有许多家伙，但是我们从没抓住处在顶端那些重量级的。那些小混混胆小不敢说，我的意思是说因为重量级的家伙不是好惹的，小混混们害怕被打断腿等等。”

实地调查笔记摘录 4(格里姆斯顿)

羁押官有天晚上正讨论着早前发生的一件事情。事情是这样的，有一个黑人酒后驾车被捕，并攻击了抓他的警察。这时候负责会见的警察来把嫌犯带出了监禁室。该嫌疑人是个相当瘦小的老人。他刚被带过去准备接受问话，警员就对羁押官说:“我原以为他是个年轻的小伙子——你懂的，以为是一个大块头家伙。”据说那位警员后来对另一位警员解释道:“嗯，似乎他也就是有点野罢了，属于正常情况。”

史密斯和格雷在 1983 年为政策研究协会所作的研究中认为，负面的种族主义态度并不一定会污染到警察行为。然而，在警察的诸如拦截、搜查、逮捕和指控行为中带有种族主义的方式，可以得到大量的额外佐证。首先，警察在研究人员面前承认，他们同事的行为方式是带有歧视性的。② 第二，统计证据显示黑人比白人更容易受到拦截。③ PSI 研究发现，在缺乏具体原因实施拦截时，他们更倾向于选择黑人，原因是他们卷入犯罪的可能性更大。《警察和刑事证据法》中的研究也佐证了这个事实:在《警察和刑事证据法》出台之后所作的针对该问题的唯一研究中，诺里斯等人发现尽管黑人只占当地人口的 10%，但是被拦截的

---

① 出处同上，第 166 页。

② McConville 和 Shepherd(1992)。

③ Brogden(1981);Willis(1983);Skogan(1990);Norriset 等人(1992)。

比例却有28%。此外，诺里斯等人的数据还证实了黑人因特定原因被拦截的比例也高于白人。[①]

所有研究该问题的人员都持有的一个普遍性看法就是：针对黑人和白人导致被捕或被报道的案子的截停比例是一样的。[②] 这就使得史密斯断言说"对于非裔加勒比人较高拦截率的正确性从结果中得到证明，所以实际上并不是不平等的"[③]。

这个观点是错误的：对黑人和白人执行率相同的事实，并不能解释为什么警察觉得更频繁地拦截黑人是正常的。事实上，根据同样的出发点应该证明出拦截搜查白人比率是黑人的两倍之多才对。只有当黑人执行率要高的情况下，这才能给针对黑人的论点提供出发点。然而这类论点是难以站住脚的。由于存在法律条文对许多犯罪的模糊性以及合理怀疑的含糊背景，大量的黑人逮捕事件都容易作为高层次犯罪的歧视证据。事实上，研究人员证明只要存在大量的主观性标准就会有黑人更容易被捕的事情发生。[④]

一旦被拦截下来，黑人会比白人或亚洲人受到搜查的比率更高。[⑤] 沃丁顿曾经认为如果黑人在被拦截后更容易遭受正式行动的话，这并不因为警察是种族主义者而是因为黑人青年会更藐视警察权力从而促使警察进一步采取权力作为强化纪律的措施。[⑥] 然而，诺里斯等人的研究结果驳斥了这一论点。他们在报告中说"从统计上来说，接触处理期间，一个人的人种并不是重要的针对警察行为的预测因素。黑人和白人在接触对待警察时，同样可以保持淡定"。[⑦]

从以上的研究结果可以发现，研究总是显示出黑人在逮捕数字上所显示出的高比例是不足为奇的。[⑧] 尽管黑人在1986年只占伦敦人口的5%，但是被捕的比例却是17%。[⑨] 在其他地方也有类似的情形：在利兹市所做的一份研究表明，尽管黑人只占城市人口的3%，

---

① 出处同上，第215页。

② Smith(1983:116)，Fitzgerald(1993:16)，Norriset 等人(1992)的研究为此提供了唯一的例外，他们发现被拦截之后，黑人受到针对他们的官方行动的可能性只是比白人要略微大一些。在他们的研究样本中几乎没有什么逮捕案例，而且"官方行动"被定义成了包括制作车辆文档的要求、罚款单签发、犯罪记录填写、姓名和逮捕的正式记录。

③ (1994:1068)。

④ Stevens 和 Willis(1979)；Cain 和 Sadigh(1982)。

⑤ Skogan(1988:34)。

⑥ Waddington(1984)。

⑦ *Op. cit.*，第217页。

⑧ 然而应当注意的是由拦截搜查引起的逮捕仅占逮捕总量的极小部分。(参阅 Sanders 和 Young(1994)第59页。)

⑨ *Home Office Statistical Bulletin*(1989年5月)。

但黑人却占总逮捕量的7%。[①] 最后一点，研究还显示只要其他法律上相关的变量成为定数，黑人青少年比白人青少年更易受到指控与起诉。[②] 没有针对成人做过此类的研究。

史密斯将过高的黑人入狱率由不公正的警务活动引起的事实描述成“令人难以置信的”。他认为更难以置信的解释是，因为黑人的犯罪率高于白人。[③] 这是非常有争议的说法，雷纳曾将其描述为“犯罪政策、警务行为和社会控制方面最令人烦恼并引起热烈争议的棘手话题”[④]。这个时候去争论黑人是否比白人实施更多的犯罪不是我的目的。目前讨论的是警察歧视黑人并将其作为针对目标的问题。这是史密斯自己认识到的事实，他在对文献进行批判性评述后，总结道“程序的某些阶段能够证实针对黑人的实质性偏见”。[⑤]

类型学警务

观察员从当今英国的定向警务中看到，警察认为经常性的麻烦都是他们认为的“危险人物”所引起的。这可以用来解释先前的结论：就像羁押官向研究人员解释的，这些人具有“犯罪心理。不能相信他们，因为他们会说谎”。尽管警察认为某些社区活动场所具有“天然犯罪性”，从而对那些破败地区采取侵犯性的重点警务活动，但类型学警务的一个有趣的特点是它在犯罪控制方面几乎无所裨益。[⑥] 实施拦截搜查权对发现犯罪几乎无所裨益，[⑦]但这些随意性的权力却是警察对那些他们归类为犯罪分子或潜在的犯罪分子进行控制和施加权力的工具。[⑧] 皇家专门调查委员会试图通过未确定的“合理”怀疑标准来规范拦截搜查权，但未能成功。法律弹性许可了警察带有成见以及不协调的工作规则之盛行。[⑨]

警察并不是存在于社会真空里：对于犯罪分子住在什么区域的说法形成于广泛的政治

---

① Walker(1992:270)。

② Landau 和 Nathan(1983)。

③ Smith(1994)。

④ Reiner(1989:5)。争论主要存在于 Lee 与 Young(1982)和一些作家之间，Lee 与 Young 认为黑人的社会经济地位使得黑人确实比白人更可能犯罪，而作家们，例如 Gilroy(1982)，Bridges(1983) and Gutzmore(1983)认为黑人青年受到了种族主义刑事司法体系的歧视。Reiner (1994)自己选择了中间路线，认为犯罪数据中黑人占过大比例是警察歧视和导致年轻黑人过多犯罪的社会压力之间的复杂关系形成的结果。

⑤ Smith, *Op. cit.*, 1089 年。

⑥ 对历史上的街头的强制权的阐述证明了麻烦人群的社会控制，而不是犯罪控制，一直是英格兰和威尔士城市警察法律授权的首要特征：Brogden(1985:108)。

⑦ McConville(1983 年)。在英国犯罪调查中，仅有4%有被拦截记录的调查对象说他们被逮捕过，仅有3%的人说被起诉过。参阅司可根(1990:32)。

⑧ Egon Bittner 属于第一批展示警察把法律仅仅当作“资源”来使用以达到自己目标的人：Bittner(1967:710)。

⑨ Dixonet 等人(1989)；McConville 等人(1991:16)；Foster(1989:133)。

言语，①并反映了社会内在的经济差异。然而，双轨程序和现行的警务政策再生并确认了更宽泛的偏见。② 更重要的是，为了理解警察在与嫌犯的负面遭遇以及在逮捕行动中的态度，这些警务策略佐证了警察已经正确认同犯罪阶层的说法。③ 怀揣着认为犯罪行为是社会特定区域的人与生俱来行为的这类证据，警察认为定向警务是有其道理的："在所有市区存在大量不适合救助的少数民族。警察在这些地区唯一可以保护社会的方式就是直接对这些人进行干预。"④

值得注意的是，以上观点显而易见导致了大多警官对待他们的处理对象时，采取极其负面的态度。嫌疑人被称为"社会渣滓""失败者""烂货""令人讨厌的狗屎"等等。杨的报告说警察称自己是"清扫人类渣滓的垃圾收集工"⑤。令人惊讶的是就像这些贬低人的绰号所暗示的，这种轻视不是来自于警察认为嫌疑人的罪行令人憎恶，相反这产生于许多警察认为那些他们要处理的违法行为小得可怜。

在两个警署里，诸如扰乱治安、酗酒妨害治安、烂醉如泥、入店行窃、妨害公共秩序罪和少数刑事损害犯罪通常都被看作是"垃圾"，卷入此类案件的人员也被说成是"垃圾"。警察谈话中经常性的主题就是被逮到警署的那些人根本毫无价值。

我认为，理解法律权利无论是在街上还是在警署能多大程度地保证嫌疑人的正义性的中心环节就是警察针对"被关起来的人"的态度。通过观察警察在警署对嫌疑人的举止方式、警察对嫌疑人的谈论以及听取嫌疑人对自己经历的理解，几乎让人毫不怀疑地认为法律权利在大多数警察眼里只能被给予那些有价值的人。

实地调查笔记摘录5（纳什福德）

羁押官说："另一件让我生气的事情就是我们在这些上的花费，给这些……这些（轻蔑的语气）人请律师、医生、一日三餐，所有一切。"

应当注意的是这些警察提出的并不是我们熟悉的"犯罪控制"观点，即法律权利是犯罪的障碍。这种态度以及他们心目中"尊敬"的概念，更多地与相关权利的矛盾性有关、与那些他们看似毫无价值而予以蔑视的人们相关。杨提到警察在执行改进小偷命运的措施时也是

---

① Reiner(1978);Rawlings(1985)。

② Institute of Race Relations(1979)。

③ McConville 和 Shepherd(1992:202)。

④ Basil Griffiths 监察，在 1982 年的警察联盟会上如此说(Rawlings 于 1985 年转载)。

⑤ Young, *op. cit.*，第 141 页。

同样的不耐烦。

监狱看守咕哝抱怨着那些设施(毛毯提供)都是由温柔的社会改良家搞出来的。不人道的小偷从没被认为需要一条毛毯的原因就仅仅在于他是野外动物,动物是很少用毛毯的!他身上特征性的灰尘进一步说明他应当得到肮脏的毛毯……因为干净的毛毯几乎不是非洲村庄的特色……据说即使早饭是坚硬温吞的煎鸡蛋加一片白色"塑料"面包,这对他们来说也还是太好了。①

经常听到的观点是法律赋予嫌疑人过多的权利。拦截搜查、逮捕、连续羁押几小时——研究者们获悉的这些事情,可能让你和我感到难过,但是这却是他们的日常生活,而且无人理会。② 意义在于给予嫌疑人权利不能把无价值的失败者改变为有价值的公民。此种愤恨情绪清楚地呈现于以上访谈内容里,它足以证实在这个问题上嫌疑人自己和警察的观点是大相径庭的。

街道警务

20%(16 人)被问到的人抱怨他们被捕时都伴有不必要的暴力或暴力威胁。③ 39 个认为自己受到完全不公正待遇的人中几乎有 70%(27 人)说警署外的敌意对警署里的嫌疑人和警察双方都会产生直接影响。警署里,对不必要的警察暴力的抱怨在 6 个案子里得到体现,而每个案子里的逮捕行为都被称为是不公正的。比如有一个案子里的嫌疑人说他拒绝向羁押官察提供细节是因为抓捕他的警察使用了暴力,他感到很生气。他声称因为拒绝配合警察,警察就拒绝给他提供毛毯。而且在他抗议此事时,他还受到了羁押室里两名警察的袭击。

这些研究成果指出重要的一点是,要找出促使嫌疑人谴责的不公正警察行为的类型。要理解警察策略最好是在警察工作的文化背景之下进行。研究警察工作规范的人员发现了大量伦敦警察的亚文化。警察据说拥有对"任务"一词的深层理解——确信混乱和不法势力经常威胁着这个世界,而他们警察正在进行一场高尚但即将失败的战争。以往讨论警察文

---

① 出处同上,第 154—155 页。

② Bittner(1967)发现在美国巡逻人员中存在类似的态度:"难以高估贫困区域的巡逻人员在实施针对居民的强制性和规训性时的感觉,但这些行为在他们的生活中具有重要的传递意义。"

③ 大概有 34 人说他们的被捕时遭遇了不公正[也就是没有合适的理由(18 人)或伴有不必要的暴力或暴力威胁(16 人)]。

化其他特点的出发点是警察内部团结一致但被外部世界孤立。① 然而,当前收集到的研究数据显示,警察文化中的行动和权力最能解释许多警民冲突中的性质。

行动

警察认为社会受到彻底的不法威胁之观点使他们形成了这样的信念,即警务就应该是关于打击犯罪并且应当主动出击、追求刺激。② 机构内部闻名的集体追求的男子气概③加上警察才是关于合法使用武力问题的最终裁决人的事实,导致了警察队伍集体追求行动。结果是对于大多数警察来说,潜在的暴力行为是这份工作吸引人的积极方面。④

这解释了麦高伟和谢飞德的研究成果,即绝大多数的警察认为社区警务工作是"枯燥"的并且"少数民族总是与社会不协调或想让警察作出让步"。⑤ 正如有位警员所说:"你知道吧,大多数群架都会在周五晚上发生。那个时候你肝火就会旺起来,周五早晨就要四处查看。"⑥作者总结道,追求"刺激"使得大多数的救援警察"欲使警务的核心变为攻击性的,与公民冲突时以主动行动为主"。⑦ 与早前曼宁的研究一样,⑧他们发现"不要求采用强制措施解决问题,而采用谈判、调解以及交际方面的服务型技巧的工作范畴却作为'不幸'和'垃圾'被取消"⑨。

本研究指出,追求刺激导致某些警察不只是简单地想要发生侵犯性的冲突,而是极力地创造这种局面。几乎三分之一的受访者(28 人)指出他们自己或他们认识的人都曾经在大街上遭到某种程度上不必要或过度的警察暴力行为,或者遭到警察故意煽动他们做出暴力回击。28 人⑩中的 12 人提到了曾经的场景:

案例 1/33/W/A/POO

嫌疑人说他正在进行足球比赛的时候,他的一个朋友被逮捕了。警察为逮捕采用了

---

① Holdaway(1983:2,37); Reiner(1978:220—222 和 1985:87);McConville 和 Shepherd(1992:149)。

② Reiner(1985:89)。

③ Smith 和 Gray(1983:第四卷第 91 页)。

④ 我们发现暴力理念通常是警察在工作中的核心概念……许多警官将暴力看成是兴奋和魅力之源。(出处同上,第 87 页。)

⑤ 出处同上,第 186 页。

⑥ 出处同上,第 150 页。

⑦ 出处同上,第 149 页。

⑧ Manning(1977:313)。

⑨ *Op. cit.*,第 157 页。

⑩ 3 个黑人,8 个白人,1 个亚裔。

不必要的暴力和人数，当该嫌疑人和他朋友抗议逮捕方式时，一位警察说："要是你感觉无法忍受，可以出去……"他们就是想让我们采取行动，那么他们就会觉得很好玩，并让我们坐牢。

案例 Case 1/35/W/A/Drugs

嫌疑人说他当时正坐在朋友车的后座位上，车停在朋友家屋外，朋友进屋取东西去了。因为天冷，该嫌疑人想打开车上的暖风机。这时一辆路过的警车停下来，从其中走出一男一女两个警察。两位警察的行为在嫌疑人看来是"粗鲁"而且"具有侵犯性"：女警察走到车边，一上来就说我有一两天不能用车，要么我自己走出来要么挨揍后走出来。我只好心想，好吧。我下了车，她从背后推我，使我撞上了灯柱……

案例 1/49/B/A/OAP

被告说："我在街上受到 6 个警察的攻击……他们问我去哪儿。我带着拐棍。其中一个警察走向我，问我去哪儿。我心想没必要告诉他们，对吧？我只是要去办自己的事。于是他就很生气并且挡住我的路，说因为我带着危险的棍子或其他什么之类的，他要逮捕我。这时来了两辆警车和 5 个警察。当时的情况很麻烦，我被 6 个警察包围，所以我想逃跑。我跑了一段，但想这不是好办法，他们还是会追上我，所以我最好还是停下来。这时，一个警察带着警棍上来，他用警棍抵住我的脖子对着我的肚子就是一拳。不多一会儿，我就倒在地上了，一圈警察压住我。其中一个喊道：'弄断他手指，弄断他手指。'于是他们就开始折我的手指。一个警察上来踢了我。这还是在大白天！"

案例 1/61/B/A/Dis.

嫌疑人说他在从卫生与社会事务服务部回家的路上，从一辆小型警车上下来两个警察，向他走过来。其中一位抓住他胳膊问他到哪里去的，又准备去哪里。因为失业金的问题，该嫌疑人当时情绪不好，于是就对警察说他不觉得应该回答他们的问题。"我想这关他们什么事……我就说'别烦我，行不？'他们说'好吧，那你现在就去警署一趟。'我说我觉得他们没有逮捕我的理由，而他就一拳打向我下身，我推开了他……当时我无端地被羞辱，当着众多路人的面被击中下身，而我还得想办法为自己辩解。"他说他被捕后关在羁押室里数小时后被释放，未受指控。"那个家伙袭击了我却未承担责任。"

案例 1/62/B/A/Dis.

被告说："他们总是想让我成为某种大罪犯，他们把我扔向汽车、戴上手铐等等，试探我是否会反抗。"

遗憾的是样本太少，不能在考察该类行为是否会增加嫌疑人在以后遭遇警察时，产生负面评价的可能性上得出什么结果。12 位说他们以前在警署外遭到过警察过分行为的受访者中，有两位指出他们目前遭到逮捕也会伴有这类行为。剩下 10 人中的 7 人都说，总体上他们都遭到了不公正的对待。不过，随着人们对正义期望值的降低，对遭遇不合理的警察行为进行负面评价的可能性也会降低。因此，其中一位受访者认为这种警察暴力是不可避免的，而另一位似乎认为针对他的暴力行为是正当的。

案例 2/09/W/A/Dis.

嫌疑人说有一次他遭到抓捕警察的暴力袭击，尽管他根本就没有拒捕。他补充道："不过每个警署都养着一些动物，当时他们就放开一只朝我扑过来。"

案例 1/60/W/A/Dis.

嫌疑人说有一次警察抓他时他逃跑了。在追逐的过程中，他悬在了一座桥栏杆上。这时警察抓住了他，其中一个警察竟然用警棍打嫌疑人的手，他因一只手的神经受伤，抓不住栏杆，掉入河里。当嫌疑人最终上岸后，警察狠狠地打了他。他总结道："警察嘛，只要你对他公平，他也会对你公平。"

16 个人①(4 个黑人、9 个白人、3 个亚洲人：占被访者总人数的 20%)指出，他们当前的被捕都伴有不必要的警察暴力行为，或者说警察试图促使他们说或做一些事情让警察能够正当地使用暴力手段。

案例 2/05/B/A/Dis.

被告："我还在床上……他们冲进来……很粗鲁，不停地喊着'起床！你个小混蛋''小混蛋'……他们没有告诉我，我为什么会被逮捕……只是让我准备因毒品、走私、军火走私而受审——问我想被指控哪一项……"

案例 2/18/W/A/Drugs

被告："他们中有一两个，可以说是相当具有攻击性的，他们就在等我发火以便他们能……你懂的……但我没有做什么来回应他们，所以他们无法采取行动。"

案例 2/24/B/J/OAP

被告："我当时正在跟一个警察谈话，他还不错，说他要逮捕我……我表示配合，是吧？但

① 包括两个在那 12 个人的群体中抱怨以前遭遇过不必要的暴力或挑衅的人。

随后一车的警察出现了，骂骂咧咧地说：'把他塞进他妈的车里！'于是我说这好像没有必要吧？于是司机就说，'如果你不闭嘴就拷上你''你真把自己当什么啦'——开始威胁我之类的。"

案例 1/43/W/A/Dis.

被告说："我们看到很多警察来了。于是就躲进这个小密室……他们穿过门，举止粗暴，那种粗暴的样子我以前也遇到过。你看看我这胳膊、手腕……我根本没拒捕。警察命令我'躺倒！'结果我躺下后，他们就开始踢我的头……他们压住我，还骂我小王八蛋，用拳头砸我眼睛。"

案例 1/45/W/A/Dis. & Crim. Dam.

被告说："来了好多警察……把我拧按在地板上，并用膝盖压住我后背，狠狠地揍我……后来，警察还用脚把我的头压到地上。"

案例 1/50/W/A/Dis.

（嫌疑人说他正和女友在街上走的时候，上来两名警察。他问警察怎么回事，警察把他的胳膊反扭到背后，将他的脸抵在汽车的引擎盖上。）"他们用胳膊扭住我的头，手铐紧紧铐住我。我疼得都要哭了。"

案例 1/62/B/A/Dis.

被告（他被告知被逮捕了）："然后我说：'好吧，我们走吧。'他们什么也没说，看着我走到房间的另一边穿上夹克。过后，他们却吼道：'把它脱下来！'说穿上夹克他们不能搜身。我说不脱。于是其中 3 个人就扑向我，用膝盖抵住我的头和后背。"

如上所述，那些感觉自己被捕时受到不公正对待的人很可能是想说明他们自己的行为总体上也是不正确的。16 个说他们被捕时伴有不必要暴力或挑衅行为的人中，只有 3 位说是他们自己的方式是不对的。第 1 位因持有大麻被捕，完全属于"悠闲的嬉皮士"类型，声称用什么方法引诱咄咄逼人的警察都没有意义。第 2 个说他被处理过，但认为"幸运"的是他没有遭到他的同伴受到的那种殴打。第 3 个说，逮捕他的警官辱骂并威胁他，但他又表示，这和以前挨揍的情况相比已经有所改善了。

福斯特在其对伦敦两个市中心警区的巡逻警务研究中发现，警察创建案子是希望看到兴奋点。人们发现警察拦截、盘问和搜身的方式不文明而且令人生畏，存在明显的有罪推定意识。她访谈的其中一个警察用以下的内容解释了大多数警察的态度："不是简单的拦截搜查，他们是要把它变成别的东西，更多的东西，但不是暴力，而是具有潜在爆炸性的东西。我的意思是说，警察在街上找人麻烦是最容易的事……"福斯特举例说有警察拦截车辆并盘问车内人是希望发现车是偷来的。她写道，即使确认了车子的所有权没问题，警察的方式还是咄咄逼人而且口带嘲讽,希望年轻人会因激动上钩。①

从与警察谈话中显示,有些警察想当然地认为能够卷入暴力对抗是件令人欢快的事情。以下内容能显示出在研究过程中发现的某些态度:

实地调查笔记摘录 6(格里姆斯顿)

和一个羁押官(简称 CO)谈到警务问题以及警官们和研究人员谈到的暴力问题的时候,研究员曾说道:"这种对峙可能不好,对吧? 我的意思是它会增加警察面临的风险。"羁押官说:"哦,那他们可以试试! 真的可以! 他们不可能打倒我们,我们这里有一个最大的团队,里面有 3000 多人。"

实地调查笔记摘录 7(纳什福德)

羁押官说:"那些孩子是我们的团队。但他们不是什么坏事都不干。我的意思是如果我在街上,别人说什么,我不会在意。但这些孩子耐不住性子,他们会去问他们说什么,一旦套到什么的话,那些人就会被带到警署。"

以上内容里的羁押官指的是警察支援部队。这是一个警务体系,其中八九个警察一辆车,指挥官是警长或警务监察。被安排进这些车的警察都要授受专业治安培训。这些车辆在被警察认为是城市的问题区域巡逻或者作为常规巡逻的后援力量。这种形式的警务活动被形容为"准军事化"。②

麦高伟和谢飞德在对居民的调查中发现,那些生活在市中心的人觉得那些警车应该得到诅咒,谈到它们时都比较害怕。居民抱怨说,不仅车的样子令人恐惧,他们还经常看到车里的警察对路人进行挑衅。一些人报称他们看到警察涉嫌不正当的暴力行为,而针对这些行为却得不到什么救济补偿③。以下两个案例与嫌疑人的类似情绪有关。④

案例 2/12/W/A/POO

被告说:"他们(特别支援部队)总是开车到住宅区寻找偷盗斗殴之人。不会有其他原因,他们只是为了找人。"

---

① Foster(1989:133)。Skogan(1990)对于英国犯罪调查数据的分析显示,四分之一受过警察拦截的人认为,警察的行为有点或非常不礼貌。

② Jefferson(1990);参阅 Waddington(1993)。

③ (1992:40—41)。

④ 参考案例 2/19/W/J/Dis.,第 42 页。

案例 2/13/W/A/POO

嫌疑人承认，如果特别支援部队要求他们继续下一个程序时，警察肯定是抓住什么把柄了。警察曾抓住帮派中一个 16 岁的孩子，将其扔进了车。我的意思是，如果他能对警察造成威胁的话，这样的行为还算合理，但是这孩子太小了不足以对他们构成威胁……那些被抓进警车里的家伙只是非常反叛而已，我觉得他们根本不会干坏事。我的意思是，他在车里车外都挨揍了，即使他醉得不省人事，他们还是用脚踩住他的后背将其按在地上……我多么希望有人看到警察是怎样揍他的脸的，我认为警察不承担任何责任是不对的。他们的行为触犯刑法了。如果我在街上对他人那样做，那么我就会被起诉、罚款甚至受到体罚。但因为他们是警察，他们有能力逃避惩罚。从今晚开始我无法对他们怀有敬意了。

警察希望找到兴奋点以及渴望参与他们认为的真正打击犯罪的情形的愿望，不断受挫于现实中枯燥世俗的事务。① 为了避免无聊，某些警察就采取主动警务方式。② 这是由机制上强调数字——每名警察实施的逮捕量来刺激的。③ 麦高伟和谢飞德发现逮捕在所有警务目标中处于优先地位，漂亮的逮捕量是赢得同事尊重的必要因素，大多数警察认为这对于职位晋升极其重要。尽管杨似乎表明，对逮捕和侦查数据的关注对于刑事调查局是独有的，④但麦高伟和谢飞德在报告中指出，竭力追求结果的现象太普遍了，甚至连社区巡逻人员都感受至深。⑤

本研究中的研究者常常听警察说，有质量的逮捕尽管是重要的，但关心关心切身利益的事也同样重要。听说警察们会这么调侃那些一段时间没有逮捕量的人：“要不是你谨慎的话，很快就被刑事调查局猎到了。”有几次看到两名警察在实施逮捕时，讨论的主题竟是谁该得到表彰（这次是你，下次是我）。警署总的逮捕量被看成是集体成就的标志和某警署警务能力的证明。

实地调查笔记摘录 8（格里姆斯顿）

某羁押官问我是否在其他警署做过观察。我说已经在纳什福德观察过一段时间。他问

---

① Cain（1973）。

② McConville 和 Shepherd（1992：156）；Foster（1989：134）。

③ Dixonet 等人（1989：190）。

④ *Op. cit.*，（1991：255）。

⑤ 我发现如果我有一小时或几小时的话，我或许可以到大街上去找人闲聊或走进人家，我不能那样做是因为我有压力……你得思考“我今天预先约定什么人”或“我两三天还没有约好人，我得出去找人”这些事。

我是否曾经注意到两警署之间的差异。我回答说两者的程序都是非常标准的，但格里姆斯顿肯定是要忙些。听到这个，那名警察的胸都挺了起来，说："你说得没错。这是全国最繁忙的警署之一。在我们这里进出的人头甚至比伦敦的一些大型警署还要多。某某警署脸皮真厚。你知道，年底我们收集了些数据，而那些家伙显然认为他们会比我们有更多的人头。这时候电话响了，这家伙拿起电话就问："你们多少？"当我告诉他数字后，他竟把电话挂了！他们甚至没和我们在同一个档次上！

不幸的是，既要缓解枯燥又要满足逮捕量的需求，导致一些警察从事了被公民看成不仅是不必要的而且还带有随意性、压迫性的警务活动。以下案例提供了当公民成为警察抓捕对象时，所感到的愤怒和困惑。

案例 2/25/W/A/POO

嫌疑犯说他和朋友逛购物区时，"在相互围拥打盹的时候，我用卷起来的杂志砸了其他几个的后脑勺"，在整个打斗的过程中，其中一个开玩笑地让另一个"滚蛋"。两名站立在一旁的警察将他们逮捕了，原因是在公共场合使用了"威胁、攻击性的语言"。当嫌疑人抱怨逮捕不合理时，一个警察答道："这是我们觉得最合适的做法了。"嫌疑人说那次逮捕是"他们可能只想给我们一个警告之类的"，嗯，就像"小伙子，你能说话干净点吗"，或只是"小点声"等类似的话。

案例 1/33/W/A/POO

嫌疑人当时正在观看足球赛，格里姆斯顿球队正在主场迎战赫尔队。中场休息时大多数支持者喊起了口号。他们喊"滚蛋！格里姆斯顿的蠢货！"在半场休息时我们喊"滚蛋！赫尔的蠢驴！"就在那时，一个警察向一个人示意，当他走过去时，警察问他刚才喊的是什么。带着些许惊讶，嫌疑人告诉了他。警察就说："没错，你们被捕了。"我说："你说什么？"他说："我告诉你，你被捕了。"我于是说："为什么呀？"他说："骂人。"我简直无法相信！我只是想渲染渲染比赛气氛而已。该嫌疑人和我说他无法理解"威胁和辱骂"的指控，因为在他看来，如果不被骂，赫尔队的支持者会失望的。"这是比赛的一部分，是不是？这是比赛场上的一部分。"

案例 2/06/A/A/Dis.

嫌疑犯的抱怨都是在警察无法确定其犯罪的情况下发生的。嫌疑人当时提着一个烧烤架从公寓到他父母家去。两个警察走上来问他什么时间从哪里带来的烧烤架，当时又要往哪儿去。嫌疑人解释道，烧烤架是他几个月前带到伯明翰的，现在正要带到父母家去，他们准备烧烤。警察说他们认为烧烤架是偷来的。于是嫌犯就被逮捕了。他说警察没有对为什么确定他偷了烧烤架作任何说明。在等待进一步警察盘问之际，嫌疑人被予以释放。

案例 1/55/W/A/Dis.

嫌疑犯在开车的时候被拦截下来，和车里的朋友们一起被盘问。警察对车辆进行了搜查。“他们查了三遍车，我对其中一人说：‘你们是下定决心要找到什么吧？’他说：‘是的，我一般都能。’但我们只是开开车，没有违反任何规定，是完全清白的，但他们却上来就指控我们在赃车里意图盗窃。”该嫌疑人和朋友都因涉嫌机动车盗窃而被捕。但之后被予以释放并未受到指控。警察没有解释为什么认定车是偷来的。据推测，这种仅仅为了避免无聊就逮捕人来增加逮捕量的态度，有时能被直接观察得到。

实地调查笔记摘录 9（纳什福德）

一名警员走进羁押区对另一警员说：“有两名老女人在圣·加仑的皮制品店外发传单，抗议皮毛制品，告诉人们不应该购买。我要去抓她们，可找个什么理由呢？我想到妨害治安，还有别的什么吗？”两人简单讨论起来，因为那两个女人没有站在路上发传单，所以不可能用妨碍交通的罪名来逮捕她们。她们也没有使用辱骂的语言或其他令人讨厌的方式。讨论到最后那位警员说：“好吧，我就以妨害治安罪把她们带走。”大概半小时后，他带来一名中年妇女，告诉羁押官说是以妨害治安的名义逮捕的。那个羁押官对该警员说他无法同意该项指控，因为不存在证据。

权威

采访数据显示，一些警察显然觉得有必要定期确认公众对他们权威的尊重。这一点在比特纳①、兰伯特②、曼宁③、李④、史密斯和格雷⑤、福斯特⑥以及麦高伟和谢飞德⑦的研究结果中，都得到了印证。福斯特写道，尽管缺乏任何法律要求公民尊重警察，但警察明确告诉她，他们期望尊重即将到来，并且不会容许对他们的权威进行任何挑战。这被认为是导致一些警察要求服从的口吻和立场的原因。或许，毫不奇怪，有时候这将导致怨恨并激发那些令警察恼怒

① (1967)。

② “尊重的重要性，”他写道，“对于涉及警察和社会公众的大多数场合都是可以延伸的。警察对于人们对他们的态度很敏感——有时候我甚至认为是过度敏感。”(1970:192)

③ (1977)。

④ (1981)。

⑤ 对于大多数警察来说，这份工作的核心意义就是权力的实施。(1983 年，第四卷第 87 页)

⑥ (1989)。

⑦ (1992)。

的挑战。①

有位警察向麦高伟和谢飞德描述这类场景是如何产生、如何发展的。一些警察，他解释道，当人们与他们打交道的时候，倾向于期望人们给予其多一点的服从。但无法说明为什么人们应该是顺从的，特别是当他们的处理方式是侵犯性的时候……他们激起人们的敌对情绪，最终再将其逮捕，而如果警察的态度是正确的话，这些人就不会被逮捕。②

这种频繁出现并由内政部数据加以支撑的事情显示：起始于警察拦截搜查行为的、相当大的逮捕量与最初的怀疑并不相关，却来自于公民对那些被看成是警察负面态度的反应。③本研究也揭示了这样的证据，即某些警察倾向于增加他们的权威，要么要求他人毫不质疑地遵守他们的信息要求，要么简单地即兴草率地对待他人。这使得一些嫌疑人感到无力和羞辱。

案例 2/19/W/J/Dis.

被告抱怨他在无数的场合被拦截搜查。他说他不能理解为什么他会遇到这么多的“麻烦”——他经常被叫嚣和威胁，并说他“害怕”警察。起初，他试图挑战警察的行为，索要搜查令，但这毫无益处。有一次警察回答道：“你想去警署取吗，小子?”还有一次，警察扬言要捏造一个针对他的假指控。

案例 1/66/W/A/Drugs.

嫌疑犯说他出去散步时看见一女警官骑着自行车。他感觉相当新鲜，于是笑着向她打招呼。“她甩掉自行车就贴上我，一副咄咄逼人的样子，说：‘我是警察，所以你得回答我的问题。’”

案例 1/69/W/A/Dis.

（嫌疑人说，警察不公正地威胁要逮捕他的朋友。）：“我想既然法律允许我问他们的姓名和号码，于是我就问了。他们让我离开，不要干涉。我说，我有权利知道他们是谁。他们说如果我不离开就逮捕我。我骂他们是十足的混蛋，他们要逮捕我。我不肯，我有权利拒绝，

---

① Foster 写道，当警察抱怨得不到尊重的时候，“挑衅常常来源于警察自己对对抗态度和姿态的设定”(134 页)。

② *Op. cit.*，第 178 页。

③ 大约 10%的逮捕由拦截和搜查导致，而逮捕的理由是“其他”。对于这些“其他理由”的逮捕分析显示，其中 5%到 10%的人明显由于被捕时的搜查或搜查后的行为而被捕的。内务部一直没有提供后者的统计数字。参考内务部统计数字公报：*The Police and Criminal Evidence Act of 1984* 之下行使某些警察权的统计数字，还有 1986 年(公报 24)，1993 年(公报 21)，1994 年(公报 15)，1995 年(公报 16)以及 1996 年(公报 12)。

我也这样做了。于是他们就把我推进了车，把我带到警署，还指控我拒捕和袭警。”

实地调查笔记摘录 10(纳什福德)

3 个年轻人(2 个白人和 1 个亚洲人)在市中心的一个公共汽车站因某事件被逮捕。负责逮捕他们的警察的一个同事告诉我，就在其中一个年轻人被逮捕的时候，来了第 4 个青年，他是西部印第安人，与先前的案子并没有关系，他对负责逮捕的警察说了句：“他妈的，把他放开。”结果他也被带到警署。我发现在青年和警察之间充满了太多的敌意和紧张。问他叫什么，该青年答道，希尔康特。

当羁押官做记录的时候，年轻人说：“那简直就是一个冷笑话，伙计。”然后他就被带走并投入囚禁室。那位警察的同事在警长办公室讲了当时逮捕的情景。某羁押官问：“他被捕的原因就是骂某警员‘他妈的’?”“嗯，是这么回事。”羁押官说：“那么，这位警官想干什么呀?”负责逮捕的警官的同事说：“我想因为他是名警官，所以怒火中烧了。”最后那青年被指控“针对某某采用侮辱谩骂语言，导致其担心自己的人身安全。某某是中南溪谷警署的警员”。他还被指控“在某某警员执勤时对其发起袭击”。

案例 1/71/W/A/Dis. 与 TWOC.

嫌疑人抱怨说警察在街上见到他时，用威胁恐吓的眼神盯着他。嫌疑人说他一直是要么低头、要么看着别处——他的一个朋友就因与警察对视被捕了。①

案例 1/48/B/A/POO

被告说：“我说：‘不，不要铐我。请别这样。我不想我的儿子看到这些。’”可警察说，他只能这么做，这是法律规定的。

案例 1/54/B/A/POO

警察拿走了嫌疑人的手表，并让他去警署取。他说他几乎每两周要去一趟警署，一次次被告知回去或给那个可能和他联系处理此事的人留下信息。这一次他再次被告知，以后再来找某女警官，她晚上 11 点值班的时候会从物品室取出手表。嫌疑犯试图说明他不仅听过这个说法，而且他无法理解他的表怎么可能在晚上 11 点取出，因为物品室是晚上 10 点锁门。前台警官说没时间和他争论这事。这时，嫌疑人失控了，整个情况使他非常沮丧。他大骂一通并要求见负责人。前台警官说：“你这样他不想见，赶快离开。”嫌疑人说事情不解决他不走。这时，从台后出来两名警察将其推出了警署。“于是我就说‘放开手，我走就是了’，我推开他们的手，像这样——明白吧?(他做了一个拒绝的动作)他们把我抵到墙上，将我的

---

① Manning(1977)写道，这份工作教会警察“只要他想，就有权盯着某个人。这种凝视……反映了警察有能力和制裁权去侵犯私人事务……”(238 页)

手反拽到身后带到这里……得了，他们没有告知我任何权利，也没有告知我为什么被捕……我就被推下楼梯——他们一路都推着我。”

在讨论上述事件时，一名负责逮捕的警官对警察的行为辩称：“那里的人（前台人员），没人付钱让他们在那儿听那样的话。我们不会让人进来，我们要避免这种事情。”

下面两段实地调查笔记摘要进一步例证了警察维护自己权威的重要性。

实地调查笔记摘录 11（格里姆斯顿）

一名警官声称针对格里姆斯顿警方的投诉要比其他任何地方多。他说在他看来，这是因为警察在格里姆斯顿的行为非常恰当，他们不相信那种“柔和的”方法。他宣称任何藐视警察“权威”的个人或团体都很快会被根除。

实地调查笔记摘录 12（格里姆斯顿）

研究人员在与一名警务监察讨论，负责治安秩序立法的警察作用时认为，许多嫌疑人似乎都违反了 1986 年治安秩序法第 4 或第 5 条，因小事被捕。警官认为最好的方法就是多数时候要远离“咒骂”。他接着说，如果有人咒骂警官就应该被逮捕。“因为那有点过分，我的意思是我们应该想到这么一点：让我们尊重一下这身制服吧。我们不应该忍受，也不会忍受。”

有些讨论警察渴望行动的案例也证实了警察想要加强其权威的说法。在案件 1/49 与 1/61 中，主要是因为嫌疑人挑战了警察权去索要信息而被捕，案件 1/33 中的嫌疑人因为想要挑战警察逮捕他人行为的合法性而激怒了警察。就像比特纳在对美国警务研究中发现的，任何挑战警察的观点，即有权了解一个人的背景、事务或想法……特别增加了该人因某种小事而被捕的机会。① 指控攻击、妨碍警察执行公务或违反公共秩序法是警察可以用来达到由其定义的创建和维护比特纳所称的“运行控制”的目的。

结论

本研究的结果与其他调查现行警务策略的研究结合起来，得出的结论是警察将其警务目标定位于社会边缘人员。这就解释了某些人频繁被逮捕或者经常发现自己会在街上被拦截搜查。因此，警察和其警务对象之间的冲突不能被视为孤立的事件。为了充分理解每一

① （1967：708）。

次的冲突,必须意识到这个过程是持续互动的。那些主流社会的人可能会与警察发生奇奇怪怪的摩擦,但那些被我贴上"被警务者"标签的人会长期处于这样的状态中。这种关系是由警察强加的:它由警察的工作规范和态度构成。其根本的出发点是寻求尊重,并通过威胁,有时甚至施加人身暴力来维持。某些警察使用暴力是因为施加暴力是可以用来教育公民,警察权力不容挑战的最终手段。而且身体上的对抗为警察提供了兴奋点并被视为这份工作的魅力所在。正是在这种关系中不断退化的人性说明了,那些人尽管被官方描述为犯罪分子,却常常遭受了与犯罪受害者相同的羞辱和非正义。本章中描述的警察态度以及警务战略不仅引起人们对可以信赖警察能遵守规则、甄别无辜的说法产生质疑,而且也会对他们总是追求犯罪控制计划的前提产生质疑。本章所展示的数据证实了警察行为有时候受到一些因素的驱使,比如需要教育那些"渣滓们"应该怎么做,提醒他们谁在受控制,并要求将警务活动塑造成警察们想要的激动人心、内容丰富的工作。

第四章

落案室秩序

前一章提出的论点是，社会上的某些组织和个人从警察那儿比从其他地方得到的关注更多。就如在第三章的采访摘要中所证明的，有些人，事实上是整个团体和社区，发现自己长期与警察打交道。因为在大多数时间里，警察将警务等同于通过施加警察纪律来控制这些常客。当警察处理到那些有名的“垃圾”或遇到被归为目标范畴的人时，他们就不会和这些人以一种目的为确认或消除对刑事违法行为之合理怀疑的方式打交道。警察要么认定这些人一直从事犯罪活动(因为这就是“渣滓们”总做的)，要么对法律上的有罪问题无动于衷。案子里的这些遭遇，受到重申警察权威和迫使警务对象认识自己无能为力之目标的激励。本章通过描述嫌疑人和警察在警署内的互动本质，来进一步说明这个观点。一旦进入警署，嫌疑人就会被迫经受这样的过程，即被从独立的个体转换成一个个的人头，因此不得不重新调整他们“自我”的概念。这些过程的特点是，警方努力获得对嫌疑犯言行的绝对控制。就像杨从自己从警30年的经历中认识到的，警署基本上就是一座大城市的中心，在那里街道层面的紊乱秩序和权力冲突都能得以解决。它既是小偷和警察之间的冲突所在，也是实施逮捕的街道事件的迅速反应机制。警署使用对空间上的限制、对有关罪犯行为的严重性以及他或她在警察和小偷的世界里所处位置作了非言语的陈述。①

本章将要展示警署是警察强化自己、向嫌疑人灌输知识的平台，而且它也是警官强化他们面对“渣滓”时身份的平台。重要的是既要理解警察控制的程度和本质，也要理解嫌疑人处理受到诸多羞辱时的策略，因为在没有理解实施这些权利的背景下，嫌疑人权利的作用(此点将是第六章的主题)是无法评估的。

通常程序

在纳什福德和格里姆斯顿，嫌疑人都被带到警察所说的“拘留室”(落案室)。在两地警署内，落案室都是一个长约20英尺、宽约15英尺的长方形房间。格里姆斯顿警署的落案室是一间地下室，而纳什福德的落案室位于二楼。两地的落案室都有两个入口。其中一个入口用于带进嫌疑人。在纳什福德，嫌疑犯是用位于“货车停靠点”的起降机带入的。起降机被分隔成两部分，专门为嫌疑人在后部设了一个“笼子”。在格里姆斯顿，我始终都没有使用过那个用来带嫌疑人的入口，但是我透过小网格的玻璃面板看过。我注意到，在地下货车停靠点的另一边，灯光昏暗。两地警署内，没有带嫌疑人的警察都是通过另一个入口进入落案室的。两地警署内通往落案室的门始终都是锁着的。落案室的进出由羁押官通过位于前台

---

① (1991:125)。

后面的自动装置进行控制。

两地警署的落案室除了那个前台就再没有其他摆设了。前台是羁押官操作装置的地方，一张一端被固定在墙上的凳子是嫌疑人被指令坐下的地方，嫌疑人将坐在那儿等待登记。房间没有窗户，墙是白的，照明用的是条状灯。格里姆斯顿的落案室地板用的是一种肮脏的混凝土式的材料，据我观察，地板不是特别干净。相比之下，纳什福德的地板是一种发光的石材，房间很干净。走廊把落案室和羁押室、指纹室、医务室、搜查室、厨房和咨询室连接起来。两地警署都有记载每个囚犯姓名、被捕原因、执行逮捕的警察的姓名、囚禁室的编号以及下次羁押审核截止时间的展板。

两地的羁押区域都是繁忙地带，大多数时间都有五六个警察在。羁押官带着一两个巡逻的狱卒，其中一个是女警员，该团队统称为"羁押人员"。在那里通常会有警官向羁押官交接嫌疑人，还有其他人在等待交接，有些警察进出落案室只是为了聊聊天、吃点点心或用一下电话。除了警官之外，有时也会有一些"局外人"，包括医生、律师、社会工作者和翻译人员。

两地警署正常的程序都是嫌疑人一到就开始"登记"。执行逮捕的警察把嫌疑人带到羁押官面前，简单告知逮捕的理由(比如"妨害治安")。羁押官就开始问嫌疑人："你知道为什么会到这儿来吗?"然后要嫌疑人提供他的"详情"(姓名、住址、职业、年龄和身高)。羁押官告知嫌疑人他有哪些权利以及他会被带到囚禁室等待负责案件调查的警官和他"面谈"(询问他)。

如果是成年人，他随后会被搜查，财物都被取走(包括手表、皮带、鞋)后，被关进单人囚禁室。青少年则被关进拘留室。囚禁室里有一个不锈钢卫生间和格架金属门。我去过的两地警署的许多囚禁室都不干净，有些到处是涂鸦，大多数都有尿液和洗涤剂的气味。拘留室有一扇木门但没有格架，也没有卫生间。囚禁室和拘留室都配有蜂鸣器允许嫌疑人在需要的时候求助。如果嫌疑人按了蜂鸣器，落案室面板上的灯就会亮，这就说明囚禁室里需要帮助。因为两警署的羁押人员都将蜂鸣器关闭了，所以两地蜂鸣器都不响。纳什福德的嫌疑人通常是由负责逮捕的警官讯问的，该逮捕的警察会告知羁押官他已准备好讯问，并请羁押官或狱卒将嫌疑人从囚禁室带出来。格里姆斯顿在模式上有些差异，那里的嫌疑人通常但不总是由"囚犯接待部门"(刑事调查局官员)的"训练有素的访谈者"进行讯问。嫌疑人大多数是由羁押官或狱卒带出囚禁室。

警察一旦完成了询问就会做出处置决定，嫌疑人要么受指控，要么被保释。被指控和送回羁押室的第二天上午要出庭，被保释回警署的等待进一步的讯问、提醒、非正式警告或"被拒绝交费保释"。这个决定有时是在讯问完成后相当长的时间内才做出，并由羁押官或狱卒传递给嫌疑人。如果嫌疑人被指控，警方要询问其是否理解或是否还有要陈述的事情。

创建控制

如果研究人员只准备花短暂的时间观察以上的程序，他或她很有可能形成这样的观点，即警署内的情况和发生在公民和其他政府部门，诸如地方政务委员会或医院门诊部官员那里的情况没有什么差别。在警察和嫌疑人之间没有明显的对立：即使警察有点严厉但还是有礼貌的，嫌疑人并不抵制那些例行程序。有权力的人（警察）放松而自信，而另外的人（嫌疑人）尽管有些许的焦虑，但还是在轻松地接受给他们的解释。各项事情均在有效而平稳地运行。谈到被"登记""落案室"里的等待、由"接待部门"接待、被"谈话"，所有这些都有助于塑造福利机构的形象。然而这种印象具有完全的误导性，其背后的事实只有在长期的观察后才能被反映出来。

警署是警察的领地，在那里嫌疑人被有违意志地带入、被迫接受警察对他们身体的绝对控制。警察信心满满，心情轻松地实施着一切，因为他们知道自己对于程序的控制这一点是不能被挑战的。警察只要将嫌疑人带入警署就从道德上锁定了对嫌疑人的胜利：警察所显示的是他们有权将嫌疑人带离住所、家庭以及朋友，并将其孤立在警方的领地上。

案例 1/32/W/A/Dis.

嫌疑人在警署的前门厅被捕时，其母亲到场了。嫌疑人问能否让他母亲和他一起去落案室。警察说"不行"。研究人员问："你或你的母亲有没有问他为什么不行？"被告答："问了，他只是说警长不喜欢。"

警察清晰地懂得警署羁押会导致精神衰弱，这就是他们为什么无论犯罪严重与否，均使用逮捕而不是传唤作为通用策略的原因之一。① 嫌疑人必须接受失去自由的状态，这是嫌疑人到达警署不得不做的诸多让步中的第一点。

嫌疑人尽力应对丧失所有支持机制的同时，其对手——负责逮捕的警察，正进入其期待的、能从同事处得到不容置疑支持的环境。在绝大多数的案件里，力量的不均衡非常明显且

---

① 麦高伟等人的研究(1991)显示，自从 PACE 颁布后，警察明显增加了逮捕的使用：其研究样本中 98.2%的成人和 90.8%的青少年被捕过。在研究人员的某些进一步的研究中发现，所有嫌疑人，包括成人和青少年都被捕过。（第 39 页）

无须赘言。前景就是，嫌疑人会朝着“符合警察感觉合适的方向”而去，会有“顺从、平静、符合落案室搜查讯问要求及镇静”。① 就像杨所解释的，大多数被带入警署的人早已认识到他们应该怎么做了。

任何人没发话之前，嫌疑人就掏出所有财物放到落案桌旁的台子上以便列清单，下意识地要求保留香烟并毫无疑问地被拒绝，这显然是熟悉不过的事情。令人惊讶的是看到“小偷们”在受束缚的情况下仍如此配合警察。他们简直是为了我们的目的而做这一切的。②

警方称嫌疑人是“囚犯”或“人犯”，标志着他们坚信，一旦来到警察的领地，独立之人就成了他们的“所属物”。警察的控制或统治地位成为主体内容，几乎没有人有勇气去藐视警察的意志。大多数的嫌疑人只好无能为力地接受羞辱。

案例 1/54/B/A/POO

被告说：“他们以前待我还不错，因为我从不给他们添麻烦，所以他们对我蛮好……因为我到这儿的时候觉得没什么大事，于是就在那儿一个劲地说：‘是的，警官，是的，警官。’于是他们就把我投入囚禁室，他们想什么时候让我走就什么时候让我走。”

案例 1/78/B/A/Dis.

被告说：“我被捕的时候，就只管低着头不闹事，想着尽早离开。他们想要怎么样就怎么样。”

案例 1/44/B/A/OAP

被告说：“我被暴揍过，也看到其他人被暴揍。我并没有被揍得非常厉害。我的意思是，我还是相当幸运的……但是我看到其他兄弟被揍得很厉害……你没法赢的，你要是揍他们，你就会因此被指控并被暴揍。”

案例 2/02/W/A/Dis.

被告说：“我说我不想录指纹，警察就说他们可以强迫我做，他们不需要得到我的同意。于是我想没必要为此争论，或许按照他们说的去做，会被早点放出去。”

这些被羁押者的失败主义观念或许并非是不正确的。一位受访者说他会去投诉，因为他曾经受到错误逮捕和得到不必要的处理。第二天，我问了一个执行逮捕的警官，那个人是否真的投诉了。警官回答说：“我不知道，我可以说并不是很在乎。他可以做他想做的事情，

---

① Holdaway(1983：27)。

② (1991：140)。

我们总是被他这种人投诉——这毫无意义。”

在两地警署里，那些顺从于警察的人被认定为“乖孩子”，而那些不予顺从的被称为“讨厌鬼”。在大多数情况下，犯罪嫌疑人以前都经历过这一过程，并且都知道赢得“乖孩子”勋章的好处。然而就像本章和下一章的案例所展示的，嫌疑人受到的此种待遇并不总是由那些人去警署后的言行决定的。有些人会和警察保持一种持续性的公开敌对关系。因此他们一走进警署大门就被贴上了“讨厌鬼”的标签。还有一些人受到责难则是因为其来自于特定的家庭或社区。正如杨所指出的，在警署里“快速定义一个人并为此人及其行为定位，变得尤其重要，这几乎在犯罪分子到达警署的几秒钟内就做出了”①。

以下内容将解释诸多导致嫌疑人缺少勇气抵抗警察控制的因素。我所说的警察如何应对嫌疑人挑战警察控制的许多特定事件是非典型性的。警察对非常细微之挑战的激烈反应证明了在实践中已成惯例的真正的服从程度。

隐蔽性

霍德威在 20 世纪 80 年代早期著书讨论警察行为，他的论点是嫌疑人之所以受到恐吓来自于警署不开放的性质。警察热衷于保证警署里的事情只有警察自己看到，囚犯无从知晓，或当有律师或医生在场时，其行为就会做很大的改变。②

每次走进警署，只有在落案室报告我已到达后，我才被允许经过前台。研究发现，很明显我出现在落案室会偶尔引起警官们的惊讶，更不用说一些不自在了。大多数的警察相当友好，但有一个羁押官对我的出现表露出明显的不满。他对我的努力无动于衷并且不招呼我喝咖啡。他对我说：“听着，在我看来，你就是我羁押区域的另一个麻烦。你在这里有相当大的特权，可以看着这里发生的一切。我的意思是说并不是有很多人可以在警署里自由察看的。”

最近，狄克逊鉴于《警察和刑事证据法》的“进入权”条款发表了观点，认为警署作为封闭性领地的概念要被重新考虑。警察不能拒绝律师的进入，如果警察想要盘问青少年或精神障碍者的话，他们应该承担召唤“适当成年人”的职责，警察如果要盘问英语不好的人还必须联系翻译人员。③“向囚室、落案室和讯问室增加非警察人员的进入”，狄克逊写道，这意味着“对这些具有特别意义的场所的控制受到了挑战”。④

尽管律师、社会工作者、适当的成年人和翻译人员进入警署的机会比《警察和刑事证据

---

① (1991:125)。

② (1983:28—29)。

③ PACE 第 58 条以及 Code C 第 11.4 和 13.2 段。

④ (1992:529)。

法》颁布之前要多，是一个事实，但是这并不意味着他们能挑战警察在此领域的控制权和主导权。不仅只有嫌疑人受命于警察，警察指示律师什么时间、在什么地点等待，哪里可以站，什么时间可以坐。那些去警署作为适当成年人的社会工作者、父母、亲友都是如此。警察做好盘问的准备后，会叫来律师。如果警察想要改变计划，律师就被告知延后再来。麦高伟和霍奇森在关于羁押的法律意见的研究里发现，许多律师感觉他们在警署里就和自己所代理的嫌疑人一样，像个囚犯。“你处于他们的控制中。由他们决定让你进、把你关起来，你什么时候做、做什么。这是他们的地盘——他们在控制着”“在警署你会有相当大的压力。那确实是人类的天性；每个人都想要变得讨喜，甚至包括辩护律师”。[①]“挑战”会受到惩罚，无论这种挑战是来自被羁押者还是律师。

实地调查笔记摘录 13（纳什福德）

羁押官对狱警说：“有一个从 Gutts and Co. 来的律师问我，为什么某些刑事调查局的官员朝囚禁区走去。老脸皮厚的混蛋！该死的，我绝不会让律师到这儿来挖苦我那样的问题。我说没他什么事。他从此别想让我合作——除非他向我道歉。”

实际上有一次我看到某人很可能是因为批评了警署里发生的事情而感到担忧。

实地调查笔记摘录 14（纳什福德）

某年轻的社会工作者从少年司法处离开不久后，一位警长走到羁押官面前说：“看到那个刚从少年司法处出去的家伙了吗？他是个左翼共产党！就是我在街上看到宣传共产主义的家伙。”“他是一个共产党！”那位羁押官笑了，看看我，回头看着那位警长说：“好吧，我、我真的觉得这不是我评价他政治观点的时候。”那位警长答道：“我想说的就是，我们不用像他这样的人来关心青少年问题。我跟你说，我们必须提防那家伙。”

警察定义了警署里的局外人角色，而那些局外人都要遵循警察的指导尽可能以不引人注意的方式履行他们的法律责任。警察在绝对控制嫌疑人的合法性方面是有相当自信的，他们相信其他在场的人也会认可，警察心中认为落案室的常态应由哪些因素构成的观点。如此，局外人就是警察用来证明自己在该常态中被非理智的嫌疑人挑战时，会具备怎样的控制能力的观众。唯有这样才能解释为什么警察会以某些我即将描述的方式来对待公民，而

---

① (1993:35)。

无视我正在调查处理的公正性这一众所周知的事情。事实上，在某些场合，羁押官和其他警官在将嫌疑人带至囚禁室后会对我说："嘿，你怎么处理这些人？""现在你该懂得我们得忍受什么了吧！"之类的话。

很难评价法律顾问和社会工作者接受羁押区内，警察和嫌疑人的关系方面的常态和合理性的程度是多少。我只访问了几位法律顾问，但是其中一位对我说，警署是处理嫌疑人的最佳场所，因为警察都谙熟于《警察和刑事证据法》。受访于我的一位青少年工作者表示，他从没有设想过青少年案子能有其他可选择的处理方式。

实地调查笔记摘录 15（格里姆斯顿）

在和一名青少年工作者谈话时，我问她是否认为青少年在警署受到的待遇是公正的。她说，总体上警察是非常公正的，而且整套体系运行得也不错。就她所知，如果有需要的话，警察都会叫来家长或社会工作者，也会与律师取得联系。我问她是否认为青少年仅仅因为像商店偷盗、小型的损毁或预谋性欺骗等等行为，就被逮捕、带进警署关上数小时，这样的行为是公正的或必要的。我暗示说，或许对青少年的幸福感兴趣的人应该鼓励警察根本不要带青少年去警署或使用传唤的方式进行下一步程序。她答道："是的，我认为这不是真正……的好地方，而且警察确实有时会让他们在这儿心情沮丧好久……是的，我以前从没有像那样考虑过这事。但是，我的意思是他们有固定的程序，而且他们是遵守程序的。我想我不能说我已经真正思考过这事。"有关封闭的警署性质以及其赋予嫌疑人压力的最后一点就是无论关于进入许可的法律规定是什么，警察最终都能简单地忽视嫌疑人对律师的需求。这方面的例子将在第六章阐述。尽管警察很少使用这种非法行为，但是重要的是这令嫌疑人确信自己与外界隔离了。

案例 1/54/B/A/POO

被告说："底线是他们有权，是吧？就像他们中曾有人对我说：'你在这儿要闭嘴，因为这里我们可以对你想怎么样就怎么样。'这就是所有的归结点。"

案例 1/68/W/A/Dis.

被告说："这完全取决于警察……但我知道的一件事，就是警察怎么做都可以不受惩罚。"

搜查

飞利浦委员会在其报告里曾说，搜查的程序可能会"令人羞辱和感到不安"，因此它不应该成为例行行为。[1] 该委员会还建议除非特殊情况，嫌疑人不应被取走手表。《警察与刑事证据法》赋予羁押官完整记录嫌疑人的财产并为此目的对嫌疑人予以搜查的权力。[2]

我发现，所有嫌疑人在被关起来之前都依照惯例，被迫上交了所有财物，包括珠宝、手表、鞋子和腰带。警察认为，任何物件都会成为嫌疑人伤害自己的工具，因此搜查所有嫌疑人并例行没收其一切财物是首要事务。或许从安全的角度考虑，例行没收是正确的，但是同时该程序也毫无疑问剥夺了嫌疑人的人格身份，并使其失去对自己世界的控制。而且犹如杨指出的，警察完全了解搜查和没收之用处是为体现警察的不可战胜。

只是偶尔使其（小偷）丧失人格的需求，随着警察试图维持对某些东西的控制时，达至过分的程度，甚至引发争斗。我通常会愿意放弃在皮肤上的固着东西。我很不情愿做出这种决定，并提醒受控的“小偷”在看守们眼里就是弱势群体……[3]听说一些嫌疑犯请求允许保留他们的手表，而另外一些人则抗议囚禁室地板的肮脏，他们应该被允许保留鞋子。警察通常不向嫌疑人解释这是为了搜查的目的。（对《警察与刑事证据法》第 54 条的违背。）而且实际上，通过他们的语气和言谈举止明确表示这个程序没有可商洽的余地。不出意料的是嫌疑人认为程序是羞辱性的，从而对之憎恨不已。

案例 1/59/W/A/Dis.

被告说：“警察说他们要取走我所有的东西，说连我的婚戒都得被取走。我不让——我告诉他们戒指取不下来，他们说他们会强制取……我的意思是它下不来，所以他们没法取走戒指，但如果他们尽力取的话，我准会踢他们……”

事实上，当该嫌疑人被搜查时，我在场。警察真的去拽嫌疑人的婚戒，但没成功。该嫌疑人很沮丧，当然没有做出要“踢人”的动作。他声称离开羁押室后他会努力奋斗以重塑其尊严感和完整性。

辱骂、恐吓与羞辱

那些公开违抗警察权威的人被大声训斥、威胁甚至辱骂，这些是警察用来进行恐吓并羞辱这类讨厌鬼的行为。

---

① 第 3.117 段。
② PACE 第 54 条。
③ （1991：136）。

实地调查笔记摘录 16(格里姆斯顿)

一个少年因企图偷盗摩托车被带进警署。态度可以被描述成"冷漠"。他一直没把手从口袋里拿出来,警察叫他走到台前,他慢悠悠地站起来,并不立刻提供具体信息。警察认为此行为太傲慢,于是羁押官严厉地对他吼道:"站直了!""跟你说话的时候,眼睛看着我!""正确回答问题!"警察递给他一份书面的权利告知单却被推了回去,该少年咕哝道:"不识字。"负责逮捕的警官骂他"厚脸皮"。被告被带走后,那个羁押官告诉我,该被告是一个真正的小阿尔·卡彭,是个疯子,并认为他在演戏。他以后肯定是个小流氓……

实地调查笔记摘录 17(格里姆斯顿)

嫌疑人在被带进看守所时极其沮丧。我之后从和他的谈话中得知,在他看来,负责逮捕的警官们当着其女友和孩子的面对他采用了不必要且过分的暴力。羁押官让他提供详细信息时,他拒绝回答并且没有正视羁押官或负责逮捕的警官。于是,羁押官和负责逮捕的警察就大声训斥他:"耗子,快点,不要装傻 X!"当他还是没有配合时,羁押官就嚷道:"好吧!那我们换个难点的方式。把他关进单人间,让他待到决定配合为止!"

案例 1/73/W/A/POO

在登记环节的搜查中,警察对我说,该嫌疑人仇恨警察,是个讨厌鬼,应该被关起来。当我与其面谈时,嫌疑人说警察有一次曾试图开车撞死他。他谴责警察嘲笑戏弄他:"他们让我一会儿向左,一会儿向右,一会儿又站中间,他们还让我打滚……"

对于最后一篇摘要显示的戏剧性情况在落案室是常有的特色,因为警察和嫌疑人的互动来自于过去的经历和挑战。正如杨所说的:"嫌疑人被抓入的时候,警署里都会出现一阵欣喜,嫌疑人在此容易被嘲弄被诋毁……事实上他总会是警察认识的某个人,因为他或他的亲人以前曾经到过警署……"①警察有时候会嘲笑威胁那些并没有挑战他们权威的人。这暗示着其背后的动机是为了强调自己的不可战胜性而相应地强调嫌疑人的无能为力。

案例 1/54/B/A/POO

嫌疑人投诉警察在对他采用不必要的人为措施时,撕坏了他的夹克:"警察取走我的财物时,我对他说:'你干嘛这么撕扯我的夹克?看看,都撕坏了。'你知道警察怎么说?他说:'去找修补匠。'他竟然说这话,你能相信吗?!"

案例 1/52/A/A/OAP

嫌疑人说他呆的囚禁室到处是垃圾。"那个女人(女狱警)走过来对我说:'那个,给我捡

---

① (1991:148)。

起来!'我说不是我搞的,垃圾原来就有的。她就说:'你的意思是你不打算捡起来?'然后开始说警长会怎么对付我。于是我想最好还是捡了吧。"

实地调查笔记摘要 18(格里姆斯顿)

警官带进一位被捕人。当羁押官想要登记的时候,他让该嫌疑人走上前来。羁押官对负责逮捕的警官说:"琼斯警官,这人你怎么称呼的?"警官说:"我怎么称呼他?我叫他贼!"说完,立刻是哄堂大笑,其中还包括两名正在落案室的律师。唯一没笑的就是那位嫌疑人。

在指控某人犯罪却没有证据支撑的时候,也能产生类似的结果。这是一种对权力的滥用,但是警察们并不这样认为。他们坚信那些被他们带进警署的人都是毫无价值的人,他们当然不可能对他们产生侮辱。①

案例 1/44/B/A/OAP

嫌疑人说他被搜查时,警察问他是否在工作。他答说没在,并说希望圣诞节快点来到。"那家伙就说:'那你现在在干什么?你就偷自行车偷衣服,然后拿去卖,是吧?'我想,嗯,这有什么意义呢?他们就是在激我,然后我就什么都不说了。"

案例 1/60/W/A/Dis.

该嫌疑人因涉嫌入店盗窃被捕。"在去得克萨斯的时候,我带着一个中心冲头,因为当时我们正在修车。这时,警察上来夺走我的冲头,开始问我做了什么,说我用它砸窗子撬锁什么的。"

格里姆斯顿的羁押人员采用一套简单而有效的"贬损"策略。警署的地板上有一条离前台大概一英尺的白线。不是所有的嫌疑人都能站在白线上提供信息的——大多数的情况下是站得靠近那条线,而警察眼中的"乖孩子"甚至可以倚在台子上。然而,任何表情冷漠的或看上去、听起来会挑战警察权威的人都必须站在线上。一句单调的"站到线上,行吗"就完了,有时会在嫌疑人遵照执行后加上一句"对了"。很难描述警察通常用来贬低嫌疑人的口吻和表情。例如,可以看到警察总是对嫌疑人直呼其名,甚至在嫌疑人已经五十大几或更大,而警察才刚刚二十来岁的时候。有一点是清楚的,即大多数嫌疑人或许表面上是顺从的,但其实他们心里满含怨恨。

---

① Bittner(1967);Foster(1989)。

案例 1/66/W/A/Drugs

被告说:“我觉得他们并不想这么咄咄逼人,但实际上这方面很严重。比如他们感觉你没有权力对他们所说的、所做的进行质疑……”

案例 1/55/W/A/Dis.

被告说:“我觉得他们和你谈话的样子就好像你是个罪犯,就好似你真的已经犯罪了……在这里最简单的事情他们也会死咬你。如果他们能放松点,和人谈话的时候把对方当成普通人而不是罪犯的话,他们的工作会容易很多。”

暴力

毫无疑问,大多数嫌疑人都知道,在羁押期间的任何时刻,他们都可能遭受痛苦,更重要的是,遭受暴力带来的屈辱。这一认识或许来自于过去的个人经历,或许来自于看见过的或听说过的其他人,这些人曾在落案室或牢房里遭到殴打。基于这种认识,我在警署与这些人进行了交流。以下内容摘自观察日志中记录的我亲眼看见的暴力事件。

实地调查笔记摘录 19(纳什福德)

两名警察将犯罪嫌疑人,一个 16 岁的少年,带进落案室。两人各自抓住嫌疑人的一只手臂,将他的手腕向上抬、肘部向下压,迫使被告快步向前走。被告的眼眶发青,鼻子流着血,嘴唇厚厚的。他喝醉了,反复喊道:“是我的错,好吧,是我的错好了吧!”他接着对警察说,他们正在对他造成伤害,并恳求他们放他走。警察对他的话置之不理。他又恳求羁押官,羁押官也不理他。然后羁押官开始向被告了解他的详细资料,被告显得非常痛苦,无法集中精力。他继续尖叫,恳求羁押官让那两位警察放开他的手臂,并大声说着他会合作。两名警察更用力地压着被告的手腕和肩膀,命令他合作、回答问题,并且要站直了。被告明显疼痛不已,尖叫着说,他无法站直,除非他们把他的手腕松开。警察最终放开他,但只是因为他们需要完成搜查程序。被告戴着一条细细的金项链,不想让警察拿走。他用手护着脖子,哀求道:“不,不要拿我的项链。请,请让我戴着我的项链!它对于我真的很特别,这条链子……”警察和之前一样控制了他的手腕和肩胛,此时,另外一名警察取下了他的项链。被告开始喊道,他们可以拿走这条项链,并恳求他们释放他。他的话无人理睬,手臂仍被夹住,并被带离了我的视线。

实地调查笔记摘录 20(纳什福德)

犯罪嫌疑人(约 17~18 岁)此前一直在喝酒,显得心烦意乱。女狱警要求他走上前来按要求提供自己的详细资料。在叙述的过程中,他向女狱警投诉自己在街上遭到负责逮捕的警察的不恰当对待，其中有许多含糊不清的脏话。女狱警说了些对他的投诉不感兴趣之类的话，对此被告回答说："如果你是一个男人，我会让你滚你妈的蛋。"两名警察立即扑向他，一个锁臂式将其胳膊扭到身后，将他拖出了我的视线。从囚禁区传出的噪音，让人感觉到被告似乎在被殴打。他的尖叫声持续了一段时间。犯罪嫌疑人最初是因妨害治安而被逮捕，但拖走被告的一名警察毅然走进羁押室，将牌子上的涉嫌罪名"妨害治安"擦去，改为"袭击"。大约四五个小时后，被告获得释放并被指控袭击罪名。

实地调查笔记摘录 21（纳什福德）案例 2/14/W/A/POO

电梯门打开时，犯罪嫌疑人是坐在地上的。警察拽着他的下臂或者手铐，拖着他在地板上走，他不时地高声喊道，"让我站起来好吗?"两名警察将他带到前台，抬起他的手解开手铐，扭着他的胳膊。被告看起来一点也不暴力，也并没喝得酩酊大醉。他要求警察让他走，没得到回应，之后他又请求羁押官让警察放他走，羁押官对他的话也是置之不理。他再次恳求负责逮捕的警察，才最终得以释放。之后他对羁押官说："警察在电梯里完全违反规则。我跟他们讲我想站起来，他们不愿意让我起来。"他（指着其中的一名警察）对我说："这真是他妈的混蛋。"羁押官让被告闭嘴，并让他以后再发表意见。被告回答说："好的，有道理。"他提供了详情，接着对羁押官说，这次逮捕是非法的和不公正的，被告自始至终头脑清晰。羁押官让其闭嘴，当被告说他只是在解释事情的经过时，他再次被两名警察反扭双臂，另一名警察开始搜查他的口袋。被告开始挣扎并大声喊道，只有他的律师赶到时，他们才能搜身，并要求见律师。他被强行搜查，遭受了更多的痛苦，之后仍被夹住手臂拖走。

实地调查笔记摘录 22（纳什福德）

嫌疑人被带进来时，情绪相当激动，必须克制住。不论如何，他平静了下来，开始提供他的详细情况。与他一起被捕的人被关在邻近的房间，房门紧闭。被告朝他的朋友喊了一声，问他因何被逮捕。警察叫他保持安静。被告说："我只是和我的同伴说说话。如果我想这么做我就可以做。"警察说："你不能这样做。闭嘴!"被告不予理会，再次问他的朋友因何被捕。一名警察一拳打在嫌疑人的胸部并将其向后推，恼怒地喊着："在这里，你敢！在这里!"被告推开警察的手臂，就在这时，3 名警察立刻上来把他扔到地板上，坐在其身上，又将他拎起来，夹住其手臂把他拖走。我听到他之后叫喊了一段时间。

实地调查笔记摘录 23（格里姆斯顿）

接到通知，一个人涉嫌企图入室盗窃而被逮捕，他还袭击了一名逮捕他的警察。清理了办公桌上的空茶杯，羁押官和狱警的姿态正式起来，4 名警员被召到落案室。嫌疑人在两名警察的陪同下进入房间，其中的一名年轻警员的鼻子上有点流血。被告一进落案室就被命令站在白线上提供其详细情况。他拒绝了，什么也不说。羁押官大声地严厉训斥道："如果你想这样玩，我们就能陪你玩！我们会把你关在囚禁室，直到我们弄清楚你是谁。花的时间越长，你在这里待得就越久！“被告转过身，走到房间的另一端坐了下来。狱警大喊：“站起来！警长还没有和你讲完呢。让你坐下时，你才能坐下！”被告站了起来，走回桌边，但断然拒绝站在那条线上，而是倚在警长的工作台上。当警长再次试图让被告提供详情时，被告就是不予理睬。被告在争吵的过程中点了一支香烟抽了起来，并被警察搜了身。然后，他被下令带进囚禁室。当他被带走时，羁押官吼道：“把烟灭掉！”被告把烟蒂扔在地板上，用脚踩灭。

羁押官：“不要扔在地板上！把它捡起来！”

被告没有回答，只是盯着羁押官看。

羁押官：“我说，把它捡起来！”

被告还是没有反应。

（两名警员将被告包围起来。）

警员 1 低声威胁道：“你听到警长的话了，把它捡起来。”

被告：“滚你妈的蛋。”

警员 2：“把它捡起来，快点！”

被告：“滚你妈的蛋。”

羁押官：“算了，把他带走！”

此时，3 名警员向被告扑过来，两人将他的手臂扭到身后，嫌疑人疼得直叫，第 3 个人抓住他的头发，将他推下走廊向囚禁室走去。我虽然看不到被告，但依然能听到他的叫喊声。警察们过了三至五分钟后从囚禁室走出来。其中一个人走到那位在街上被袭击的警察面前说：“你会很高兴地知道，他现在有点儿受罪。”那位年轻的警员离开了房间，羁押官向事件发生中途进入房间的两名警察解释了案件的细节。被袭击的警员成了被嘲笑的对象，因为该羁押官和那两位警察一致认为，他本该在街上“将比分扳平”的。

这些场合的暴力行为都是警方对犯罪嫌疑人实施的。这些嫌疑人中没有一个人会对在场的任何人构成身体上的威胁，他们所有人做的只是对“一般程序”的挑战：挑战将他们视为无生命物品的警察权。其中一人想向羁押官解释他本人对事件的看法，一人认为警方没必要拿走他所有的私人物品，一人使用强烈的语言表达在受到虐待时的不满，一人想与他的朋友交谈，一人决定不屈服于警方对他的刻意轻视。警方根本不可能允许这些挑战成功。正如杨所写，落案室是警方必须对罪犯实施支配的地方，罪犯必须接受“指令”：被囚禁，被分类，却无能为力。杨接着陈述道：“作反方向的支配……是不能想象的。这就等同于混乱和社会灾难……并暗示这是一个对于可逆转世界不受欢迎的视角。任何对'警察'的攻击，不论是口头的还是身体上的，都是对法纪标志的一次挑战。"①

警方将"法纪"等同于自己的身份——"渣滓们"必须不断地证明，他们毫无保留地接受警察权威和主导地位的神圣不可侵犯性。在上述例子中，人人对做这件事都表现出了明显的不情愿，在警察心目中，这等同于拒绝在警察和被监管人之间建立起的关系规范。允许犯罪嫌疑人在这样的情形下取得"胜利"，不仅会使把他带到警署的目的落空（实际上，在一些案例中，这往往是唯一的目的），而且通常会威胁到警察对被监管人的管制。

6个受访者声称，他们在警署的时候遭到了警察的殴打，虽然我没有亲眼目睹这些谈及的事件。

案例 1/62/B/A/Dis.

嫌疑人拒绝提供他的详细资料（参阅实地调查笔记摘录17，第75页）。他说囚禁室内很冷，他按了蜂鸣器，想要他的外套。女狱警后来终于过来看看他想要什么东西，当他解释说他觉得冷，想要他的外套时，她说她不可能给他，然后锁上门离开了。被告说，他很生气，开始踢囚禁室的门。两名警察走进了他的囚禁室。"一人抓住我的头发，把我的脸抵到墙上，还说，如果我继续不听话、不安静、不合作，他们就会踢死我。"

案例 2/14/W/A/POO

（参阅上述实地调查笔记摘录21，第78页）。当我和犯罪嫌疑人讲话时，他非常沮丧、愤怒，而且还有点困惑。他说，警察们不允许他在电梯里站起来，其中一人用脚踩他的胸口。在囚禁室事件发生时，他说："他们根本不想知道我必须说的东西……他们只是想打架之类的……我想要的是一个律师。我不想被搜查，他们便凶相毕露——为什么？我没有做过任何事情。"

案例 1/54/B/A/POO

被告："我是被扔下楼梯的——在我走的过程中，他们不停地推搡我，为了能站稳，我不得不做了很多事情。"嫌疑人受到威胁说，如果他不闭嘴就会遭受进一步的暴力。案例2/15中的犯罪嫌疑人说，他向一个经过他囚禁室门口的警察要一根烟："他说了'是的'之类的话，你知道，那就是'嗯，没问题'的意思。可是，当我把手放在羁押室门的格子上时，他却用硬棍子打我的手指。那样做是没有必要的。案例1/45中的犯罪嫌疑人，他有一次曾在落案室里被警察踢过，而且他们在拉他去囚禁室的过程中，故意把他的头往墙壁和门框上撞。四分之

---

① （1991:131）。

一的受访者(20 人)表示,他们过去都曾经在警署被警察殴打过,或者说,他们看到过别人遭到殴打。

案例 1/51/W/A/Dis.

被告:“你知道,在接见室里,警察真的打你。他们打你的耳光,用带子将你捆起来等等……我经历过这种事——我的手都被弄断了。”

案例 2/20/W/A/Dis.

被告说,他因实际人身伤害罪被捕。他被押进一辆警车开往警署,后面跟着一辆警察巡逻车。嫌疑人说,他坐在刑事调查局的警车里一直向外看,看到刑事调查局的一名警察给了他一个粗鲁的手势。嫌疑人说他也做了一个同样的手势回应:“当我们到达警署后,面包车倒车到电梯所在的位置——面包车甚至还没有完全停好——刑事调查局的那名警察绕到面包车的后面,打开门后的第一件事就是打我——恰好打在我的脸上——打了我好几次。”

案例 1/30/W/A/Dis.

被告:“有一次,两个警察来到我的牢房猛击我的头部。”

案例 2/24/B/J/OAP

被告说,以前有一次,当警察试图逮捕他时,他逃跑了。警方追赶他,他被抓住了。他说当警察抓住他时,他没有奋力反抗,但是显然警察非常生气。在警署,他按照通常程序受到处理,并被关在一间囚禁室内。一个小时后,3 名警察进入囚禁室殴打他,叫嚷着必须得好好教育教育他“让他停下来,他就得停下来”。

案例 1/52/A/A/OAP

嫌疑人说,他曾看到有人在囚禁室遭受虐待,还是青少年:“好吧,他们可能偷了汽车,这当然很糟糕,但没有任何理由能用拳头揍他们,像他们那样对待嫌疑人。”

案例 1/76/A/J/Dis.

被告说,以前有一次,他和朋友一起被捕。他被关在一间囚禁室里,当他的朋友被领着经过这间囚禁室时,犯罪嫌疑人喊出了他朋友的姓名。“逮捕我的一个家伙走进囚禁室说,‘你知道,一旦你待在这里了,你他妈的就别跟你的朋友谈话。’我说我不知道,他卡住我的脖子,开始掌掴我的脸。”

监禁

我让嫌疑人描述一下他们被关在囚禁室的感觉,78 个被监禁者中有 72 人作了回答。我将答案分为三类:即“无法忍受”“令人痛苦”和“满不在乎”。四分之一的犯罪嫌疑人(24%)表示,他们对这样的经历并不感到痛苦(“满不在乎”)。有些人说,这是因为他们曾在监狱服刑，对此已习惯了，而其他人解释说，他们由于酗酒、吸毒或疲惫不堪已经睡着了。然而，五分之一的答案都是“无法忍受”。

案例 2/27/W/A/Crim. Dam.

嫌疑人说，他过去曾被关在一个精神病院里。在那里，他经历了很长时间的单独监禁。由于经历过这些，他发现自己很难应付被监禁在一个密闭空间里的情况。“有一次，我在那里渴得要死，我必须得喝水，于是一遍又一遍地按响蜂鸣器，但没有人来。我不得不喝厕所的水……”

案例 1/58/A/A/Dis.

被告：“他们就想折磨你，把你逼疯，他们把你监禁在一间狭小的囚室里几小时……这太可怕了！”

案例 1/69/W/A/OAP

被告：“在牢里是令人绝望的，我的生活中从来没有过这样的感觉……我以前从来没有坐过牢，以前我的生活从来没有与警察有过纠葛。”

案例 2/07/W/A/OAP

犯罪嫌疑人把监禁描述为一种“精神虐待”，并表示，警方从来没有对蜂鸣器作出过回应：“在全国任何地方，不管是哪里的警署，你都被剥夺了喝水的权力。我是一个喝酒成瘾的人，我很容易脱水，但却从来没有喝到水……”大约57％回答问题的嫌疑人认为囚禁室的监禁生活是“令人痛苦的”，他们提到了“受困”“无能为力”和“愤怒”这样的感觉。我注意到警察对蜂鸣器（或者更精确地讲，是囚禁室门板上的灯，因为两警署的蜂鸣器实际上是关闭的）的反应很懒散，犯罪嫌疑人经常抱怨警方的这个错误。许多人认为囚禁室的条件非常恶劣。

案例 2/04/W/A/Dis.

被告：“床垫脏兮兮的，我是说你不会想躺在上面……我以为可以倚靠在墙上，但墙上有血，呃呃，你知道，像鼻涕那样的东西到处都是。”犯罪嫌疑人说。在监禁期间的11个小时里，他要么在地上走来走去，要么坐在地上。

案例 2/24/B/J/OAP

被告：“我的意思是看看他们的服务台，看看那片区域是如何的干净，有手机和数码相机之类的东西。再看看牢房……在证明有罪之前你应该是无辜的，但是当他们把你关进牢房，对待你的方式就好像说你是有罪之人……这是惩罚，我是这么看的……看看这个，这完全是卑鄙下流的——有人在墙壁上到处写着狗屎之类的字。”

案例 1/30/W/A/Dis.

被告:“我不喜欢监禁生活,一点都不喜欢。到处是尖叫声、撞门声,因为谁都不喜欢被关起来,所以他们就乒乒乓乓撞门。于是就能听到警察们从走廊下来,给他们戴上塑料手铐,并且用力掮他们耳光,命令他们闭嘴。他们不会在你的脸上留下痕迹——尽管部分警察确实是这样,但有些人根本不在乎会不会在你脸上留下痕迹……”

案例 1/61/B/A/Dis.

被告:“我觉得这确实令人很痛苦,似乎得了幽闭恐惧症……这是件非常猥琐的事情。我的意思是,当我第一次进来时,有一个家伙躺在了长凳上,所以我只有拿一条毯子,使自己比较舒适地坐在地板上。这个地方让人不愉快,睁开你的眼睛,盯着那儿看(他指着羁押室的一个角落,那里极度肮脏,似乎沾着呕吐物)。如果被监禁是情非得已,不得不做的话,我不明白为什么监禁的环境还必须如此的恶劣。”

服从制度

暴力和虐待是确保控制嫌疑人并使他们丧失挑战和抵制勇气的最明显的方法。此外,警方在嫌疑人身上还实施了奖励和惩罚制度:对“表现乖顺的行为”进行奖励,对决心要“令人厌恶的”那些人或长期处于“令人讨厌的”状态的那些人实施惩罚,因为他们以往一直不太恭顺。

警方对以下这些事情行使权力,例如是否要搜查被羁押人的处所,是否要脱衣搜查被羁押人,以什么速度去处理被羁押人的案件,是否要进行起诉,是否要给予警方保释,当嫌疑人出庭时是否建议还押候审。如果警方有意的话,他们可以拒绝让被羁押人锻炼、抽烟,不给他们毯子、食品和饮料。

警方对其中一些事情的自由裁量权不是绝对的,并根据相关法律规定、每宗个案的情况,情况也会有所不同。这种说法不是因为警察在这些事情上的自由裁量权范围太广,而是因为在很大程度上限制警察权力得不到被羁押人的欣赏。许多受访者认为,警方会利用手中的权力决定监禁期限、起诉和保释等事项,以使事情变得对他们更糟,除非他们遵从警方的意愿。

监禁期限

布朗在为内政部作的研究中发现,未经起诉的羁押时间平均为 5 小时 10 分钟。[①] 同样,博顿利等发现,大部分犯罪嫌疑人在前 6 个小时的审查结束前得到释放。[②] 迪克森认为,强

---

① (1989:61)。

② (1991)。

调这些统计数据是很重要的，并已严厉谴责了《警察与刑事证据法》的批评者们，因其提议羁押的最长期限应根据实践来定。[①] 这些统计数据和基于此的观点并未领会监禁的中心要点。

当某个嫌疑人被带至警署时，他并不知道犯罪嫌疑人被羁押的平均时间为 5 小时 10 分钟。即使他的确知道这一点，他也无法知道他将被羁押的实际时间。犯罪嫌疑人的压力来自于不确定性——他们不知道他们将被监禁多久。

案例 1/41/W/A/Dis.

被告："那个囚禁室能把人逼疯……我觉得它设计的目的就在此……你坐在那里，每次听到脚步声过来，你认为他们是来找你的，隧道的尽头就是光明。"

然而，嫌疑人都知道，是警方决定他们被羁押多久，然而这是有助于强化警察控制的另一个因素。

案例 1/59/W/A/Dis.

嫌疑人说，他不想被人讯问。在这种情况下，我问他为什么回答警察的问题。他答道："我想说的是，我如何看待这件事，如果你不和他们谈，他们不会让你走，他们就会让你留在那儿整整 48 小时等等，诸如此类的事……"

案例 1/71 中的嫌疑人说，有时否认警方的指控不值得，因为一个人最终会花更多的时间在囚禁室受监禁。以前有一次，他否认了罪行，被告知他将被重新关进去，同时接受进一步的讯问。他要求第 2 次访谈，并承诺他会供认："我只是想出去。我最后被罚 30 英镑了事。"案例 1/43 中的嫌疑人说起大约三四年前的一次，警察将他羁押了 3 天，因为他拒绝承认他没有犯下的罪行。案例 1/69 中的嫌疑人宣称，目前有人告诉他，他将继续被羁押，直到他认罪。

警方保释

案例 1/45 中的嫌疑人因涉嫌闯入实验室并对存放于此的设备造成重大损害，和另外 3 人一起被逮捕。对他们的指控是"严重盗窃"罪。嫌疑人说，讯问人员来到他的囚禁室告诉他，他被拒绝保释，因为和他已获保释的同伙不同，他只承认了入室盗窃。有人告诉他，如果他承认刑事损害，将会考虑准予他保释。案例 1/62 中的嫌疑人声称，讯问期间他一直受到拒绝保释的威胁。

---

① Dixon(1991:529)。

案例 1/49 中的嫌疑人因所谓殴打其女友而受到逮捕。他被拒绝保释，理由是他把原告的居住地说成了他的地址。嫌疑人说这只是一个借口。如果警察告诉他，他不可能回到该地址，他可以向他们提供其他地址。他告诉我，拒绝保释的真正原因是他拒绝回答警方的问题。①

在大多数情况下，警方根本不说任何关于保释的事情。嫌疑人从过去的个人经历或从别人那儿已经“知道”，不合作需要冒着被拒绝保释的风险。案例 2/02 中的嫌疑人说，他过去因拒绝回答问题，而被拒绝保释。而案例 1/34 中的嫌疑人告诉我：“遵从他们说的话，不然的话，他们不会给你保释。”这是很重要的。在这个意义上，警方是否利用保释作为一种战术策略，对嫌疑人施加压力，让他配合警方的愿望并不重要。对嫌疑人施加这种压力，只是由于他们知道，警方对这个问题有一定程度的自由裁量权。

指控和还押

交谈过的两个嫌疑人说，他们以前因不合作受到了还押候审的惩罚。第 1 个嫌疑人说，警方曾向法官请求还押，纯粹是因为他拒绝回答问题。第 2 个说，他已逃脱了警方的拘捕，当警察抓到他时，他被指控犯系列入室盗窃罪，尽管他们知道他并没有入室盗窃。警察要求对他实施还押候审。3 个月后，当该案被提交法庭审判时，控方决定不提供证据。

案例 1/50 中的嫌疑人说，目前警方告诉他，法庭将对他还押候审，除非他供出所谓共犯的姓名。案例 2/20 中的嫌疑人说，他被指控的唯一原因是他拒绝告诉警察他朋友的名字，警方知道那人是真正的罪魁祸首。案例 1/65 中的嫌疑人说，他本应该因盗窃罪被指控，而不是入室盗窃罪。他被指控后一项罪名的唯一原因就是他拒绝考虑一系列的罪行。案例 2/05 中的嫌疑人说，他拒绝回答警方的问题，警方以他们知道他并没有犯的一种罪行指控他：“他们告诉我，他们知道我没有犯第一种罪，但他们说，有人必须受到惩罚，那不如就是你吧。”

搜查处所

与我交谈过的 5 个嫌疑人抱怨说，警方没有提供任何搜查的理由却搜查了他们的住所。

5 个嫌疑人中有两人因入店行窃被捕。在讯问过程中，他们拒绝承认罪行，被多次谴责说谎。他们声称，作为对他们不认罪的惩罚，警方进行了搜查。剩下的 3 人宣称，每次他们被逮捕，警方就会例行公事地搜查其处所。我从警方处了解到有关这 3 名嫌疑人各自的情况。警方说他们是“令人厌恶的”，很显然，他们经常被拘捕。此次，第 1 人涉嫌停牌期间驾驶，第 2 人，一个失业的海洛因成瘾者，涉嫌试图使用一张 50 英镑的假钞而被逮

---

① 事实上，约克郡电视台拍摄到警察威胁犯罪嫌疑人的画面，除非他们供认，否则他们将被拒绝保释：参阅 McConville(1992)。

捕,第 3 人是因入店行窃被捕。

案例 1/30/W/A/Dis.

被告:“他们去搜查我的房子,他们每次逮捕你都会这么做……这让人压力很大,你知道,这种行为让和你一起生活的人面临很大的压力……我想说,警方目中无人,他们不尊重你的东西,不尊重屋子里的其他人,不尊重可能正在屋里的孩子。”

案例 1/59/W/A/Dis.

被告:“一名警察说,他们要去搜查我的房子。我认为这是不对的,是根本不对的,因为我不是从家中被捕的,我是在外面街道上的一间店铺外被捕(嫌疑人因为入店行窃已被逮捕)。我不明白为什么他们要回去搜查我的个人物品……警察对我说,他们要搜查我的房子,如果他们发现了什么,我会因此被关押等等。”

脱衣搜查和物质利益的剥夺

《实务守则》授权羁押官,如果他认为有必要除去被羁押者不允许保留的某件物品,他可以责令嫌疑人脱去衣服(守则 C 附件 A 第 10 段)。在一群警员面前,强制一个不服从的嫌疑人褪去他所有的衣服,可能是警方对他造成的极限屈辱。以下事实会使情况更为糟糕:嫌疑人在即将被捕时或许已与负责逮捕其的警察发生过冲突,很可能在他们面前被强行要求脱去衣服。对嫌疑人来说,要想结束自己的失败最有效的做法就是开车回家。

案例 1/62/B/A/Dis.

被告:“在警署里,如果我决定不去做他们叫我做的事情,他们采取的做法是对我进行脱衣搜查:他们会把我所有的衣服脱掉……打遍我的全身。”①

这是唯一提及一直被迫忍受以脱衣搜身作为惩罚的嫌疑人。② 在我观察期间,我看到警方有一次使用了这一权力。

实地调查笔记摘录 24(格里姆斯顿)

一名女警察走进落案室宣布:“马上轮到你了。”清理干净办公桌,羁押官和狱警越发正式起来。嫌疑人戴着手铐被两名警员带进来,他们告诉羁押官,嫌疑人因扰乱缓刑办公室的秩序而被捕。嫌疑人喝醉了,正在哭泣,显出愤怒的样子。他被推到长凳上,大喊着“把手拿

---

① McConville(1992)也提供案例说明警察利用脱衣搜身作为惩罚。(第 544 页)

② 关于脱衣搜身的发生率没有官方统计数字。Brown(1989)发现,在他的样本中不到 1%的案例(5500 起中有 59 起)发生了这样的搜身。(第 53 页)

开,没必要推我,我知道如何坐下。”狱警厉声喝道:“闭嘴,叫你怎么做你就怎么做!”负责逮捕的一个警察被要求将嫌疑人带到办公桌前,他命令嫌疑人站在白线上。

羁押官(喊道):“你知道为什么会在这里?你知道为什么被捕?”

被告:“不,我真的不知道,我不知道为什么会在这里。”

狱警:“你因为妨害治安到了这里!”

被告:“我没有妨害治安。”

狱警:“这不是由你而是由我们来决定的,你明白吗?你要留在这儿,直到我们决定你不可能再次妨害治安为止。不要用这么熟悉的口吻跟我说话!”

嫌疑人被要求提供地址,但他拒绝提供详细地址。于是,他立刻遭到了羁押官和狱警的攻击。

狱警:“我问的问题,你要直接回答!”

羁押官:“如果你不好好表现,那么我们就去查地址,你呢,就进囚禁室!”

接着羁押官转身对负责逮捕的警察说:“我相信警员说的,你有一个请求。”负责逮捕的警察回答说:“是的,我想对嫌疑人进行脱衣搜身。”

被告:“你们不能那样做……你们为什么要这样做。”

羁押官:“我们知道你过去吸过毒,我们要确保你现在没有再吸。”

被告:“你们凭什么认定我现在带着毒品?”

狱警:“听着,凯文,不要再顽固不化了!如果你继续让自己出丑,我们会做得更有力一点儿。我们有权力,我们会使用这个权力。因此,你就帮帮你自己吧。”

嫌疑人被脱衣搜身,结果什么也没有找到。

据一些嫌疑人讲,警方有时会对他们不喜欢的人拒绝给予物质利益。有个人说,以前有几次,他被拒绝给予食物和饮料,5个受访者表示,他们目前就已经被剥夺了物质利益。案例1/53中的嫌疑人说,当他要求喝水时,负责逮捕的警察告诉他,如果他开始实话实说,他们可能会“考虑这件事”。案例1/55中的嫌疑人抱怨说,羁押人员拒绝让他到院子里抽烟。该嫌疑人被拒绝保释,我在他的羁押室采访了他。当我请狱警带我去羁押室时,他告诉我:“你不要和他说话,萨特,他就是个令人讨厌的东西。”

两名嫌疑人说,他们曾被拒绝提供毯子。其中一人声称,这是因为他拒绝提供详细资料。案例1/76中的嫌疑人表示,无论是在讯问室里还是外面,审讯人员都向他施加了压力,逼他承认持有一份偷来的护照。他说,他拒绝承认,因此警方不肯给他毯子,也不理会他要茶和食品的请求。

在格里姆斯顿可以查阅到案件材料，但它的可取性取决于警方是否将讨论中的嫌疑人视为“讨厌的”或“乖顺的”。因此，案例 1/73 中的那个警方所谓“讨厌的”嫌疑人对我说，当他要求阅读一些书报以使监禁变得容易忍受些时，狱警却告诉他：“我们没有时间。”

结论

大多数嫌疑人被带到警署时，把自己的行为交由警方控制。警方要求他们坐在何处，何时坐下，何时站立，站立在哪个准确的位置，何时说话，何时保持沉默。嫌疑人例行公事地被迫向警方交出所有的物品，并被禁闭在大多数人(72 人中有 55 人)称之为“无法忍受”或“极其痛苦”的环境里。抗拒警方控制会导致其被殴打、威胁、侮辱、拒绝保释以及被指控更严重的罪行的风险，或被拒绝提供毛毯和水，被禁止运动或吸烟，这对于警务对象们是常识。毫不奇怪的是，很少有嫌疑人试图挑战警察对待他们的方式。①

警署的环境是可操控的，因为嫌疑人被迫参与到一个奖惩体系中。警察和嫌疑人之间的关系已经被描述为“可协商的”，因为警察对诸如保释、向法院或隐或现的提议、指控的严重程度等事项上均拥有自由裁量权，从而允许双方进行谈判。“可协商性”和“谈判”这样的术语并不意味着双方之间存在某种程度的平等，强调这一点是很重要的。嫌疑人很少会得到一个“谈判”的机会，因为他被迫在强制的环境下对其“筹码”的价值作出判断，他同时知道，如果他不“玩”，警方可以让这种环境和他未来的情况更不愉快。

在警方的言论中，对于犯罪控制的关注证明了警署羁押嫌疑人的权力是正当的：人们必须受到监禁，以防止直接造成的混乱，并确保他们出庭，保护证人，阻止对证据的破坏和通过询问获取证据。显然，警署能满足所有这些目的。然而，本研究收集到的证据表明，警署同时是司法上犯罪控制模式以外的一个具有巨大象征意义的地点。它是社会规训下控制模式的一个不可或缺的组成部分。

对人实施逮捕并使他们经历上述过程的权力赋予警方所需的对警务对象行使权力的武器。向警方拥有的拦截、搜查、讯问、威胁或虐待的“权利”进行挑战的那些人，可以被带进“惩罚区”，遭受简易监禁。② 无论法庭上发生什么，警方会向嫌疑人表明，那些不如其期望表示顺从的嫌疑人身上会发生什么。事实上，有时候警方没有任何指控的意图，在这些情况下，警署羁押就是制裁程序的终止。

---

① 这一事件发生时，我在场。羁押官也亲眼看见。

② McConville 等人(1991:61)。

第五章

嫌疑人叙述

本章的重点是警方的讯问程序及其规则，并提出了3个论点。第一部分论证了法律通过部署各种有说服力的战术和语言策略，允许警方提取或建立口供，这些口供与施加给警务对象的环境压力相结合，可能产生不可靠的口供。第二部分对如果要成功发现、调查和起诉犯罪，讯问是必不可少的说法作了批判性的评述。此部分还会论证，作为犯罪控制策略，讯问的效用至少是被夸大了。最后一部分提出了以下论点——因为讯问对于犯罪控制目的而言并不总是首要的，它受到警方重视的部分原因是它为惩戒和统治作为警务对象的个人和社区提供了另一种途径，这一点至少看起来是合理的。

虽然我没有观察到任何讯问或接触到该类录音盒带，但我确实向警方有关人员询问过谈话的方式和他们对谈话的重视程度。我也询问过所有受过讯问的人，问他们警方对他们说了什么以及他们是否获得过公平的机会以提出自己的陈述。如此收集到的资料与研究人员实际观察到的警方讯问的研究资料相辅相成。

提取和建立口供

按照首章所论证的，法院对警察讯问的限制逐步放宽，因为他们越来越相信，警方是中立的侦查员，可以信任他们去发现真相。同时，随着允许嫌疑人为讯问目的而被羁押，《法官准则》通过宣称唯有可靠的供述可用于审判，试图将现成口供的使用合法化。为此，如果能够表明供述是主动做出的，即在未受威胁、利诱或“压迫”的情况下做出，供述即被视作可信。①

关于监禁和审讯对人产生的心理影响，以及侦查员为得到口供采用的方法，欧文和希尔根多夫向飞利浦委员会提供了对大量文献资料的综述。他们认为，《法官准则》的前提是对决策心理学有粗略的了解。他们只处理功利性的得失，而有关讯问心理学的文献表明，警方可以通过情境控制、表达社会认可或不认可、信息的提供与操作来影响决策。② 欧文在调查警方的做法后，向委员会报告了“从心理学文献评述中预测出的各种技术实际上正在被使用”，而且“大部分正被广泛使用”。③

情境因素

对监禁的研究表明，被监禁的主体很快就会变得焦躁不安、疲劳、迷惘、焦虑和抑郁。④

---

① *Ibrahim*[1914] AC 599；HO 31/1964。

② Irving 和 Hilgendorf(1980)。

③ (1981：150—151)。

④ Sells(1973)。

欧文从他讯问实践的研究中发现，嫌疑人在接受谈话之前，平均有4个多小时被关在囚禁室里。欧文的报告中说，在这个时候，他们不得不忍受一场几乎不间断的喧嚣，“有节奏的重击或锤击，喊叫和咒骂、呻吟、尖叫和哭泣”①。在本研究中，被关押在囚禁室的绝大多数嫌疑人(72人中有55人)把他们的经历描述为“无法忍受的”或非常“令人痛苦的”。以下事实进一步强化了情境控制的效力，即许多被羁押者处于一种“反常”状态。欧文发现他的样本中有一半的嫌疑人出现了与药物、疾病或恐惧相关的反常。② 这样的反常，轻到严重的人身伤害，重到嫌疑人因情绪困扰而自杀的程度。③

一个人对环境失去控制可能会变得非常虚弱，被监禁的主体可能变得沉迷于茶点、休息和厕所设施这样世俗的东西。保证提供这样的食物和饮料，甚至在任何时候供应给他们，都无助于缓解焦虑。这是因为焦虑的来源永远是对将来供应品的控制。欧文的观察说明了这一点，虽然警方总是准许索要茶点或使用厕所设施的请求，他们无一例外地向嫌疑人暗示这是一种“恩惠”。事实上，欧文确认，监禁条件的“积极”利用是警察诱骗口供使用的5种策略之一。事例包括：告诉嫌疑人他要回到囚禁室去“仔细考虑考虑”，不允许他吸烟，或命令他把衣服脱掉检查。

与我交谈的两名嫌疑人抱怨说，警方曾使用监禁条件的控制权施加压力，逼他们招供。案例1/53中的嫌疑人涉嫌偷了一辆车被逮捕，并在落案室当我的面受到讯问。他显然吓坏了，要了一杯水。他被告知，除非讲真话，要不然别想喝水。案例1/76中的嫌疑人说，警方对他施加压力，让他承认他持有偷来的护照。他说他顶住了这样的压力，但是当他返回到囚禁室时，警察决心不给他毛毯，对他对于食品和饮料的要求不予理睬。

这项研究发现，由情境压力引起的压力一定可以说服嫌疑人参与警方的谈话。我问嫌疑人是否愿意被警方谈话，75个回答者中，有47人的答案是他们愿意。然而，当我请他们解释原因时，10名嫌疑人说，他们想接受谈话，因为它是暂时离开囚禁室的一种方法，或是因为谈话使他们距离释放更近了。

案例1/68/W/A/Dis.

被告：“一旦你被谈话，他们决定你是否将获得保释，或者是否继续留在这里。”

案例1/41/W/A/Dis.

被告：“我知道一旦谈话结束，我就可以离开了。我会被起诉或者被警告，然后一切都会

---

① (1981:122)。

② 出处同上，第136页。

③ 出处同上，第101页。

结束。”

案例 1/55/W/A/Dis.

被告:“是的,我想是这样。他们越早审问你,就越早让你走。”①

案例 1/71/W/A/Dis.

被告:“啊,刚刚离开牢房一会儿。”

最近更多的研究证实了欧文有关施加给嫌疑人情境压力的调查结果,以及许多嫌疑人身体和精神的不良状态。麦高伟和霍奇森发现,所有的审讯室缺乏听觉的或视觉的刺激物,嫌疑人的椅子通常被固定在地板上,面对他的是主讯问官,而在副讯问官所站的位置可以使他观察到嫌疑人,并与他的同事有眼神交会。讯问官可以来回走动,可以经常逼近嫌疑人。② 古德琼森等人发现,尽管警方更不情愿讯问受酒精或毒品影响的人,由训练有素的心理学家进行的一个简短的临床谈话发现,样本中 35%的嫌疑人由于极度痛苦、精神紊乱或受毒品的影响,心理状态已不正常。③

功利的损益

尽管《法官准则》指出,通过威胁或利诱获得的口供会被视为非自愿的和不予认可的,欧文发现警察经常采取这样的策略,他将它们归类到“警察自由裁量权的使用”这一标题下。他注意到,嫌疑人被告知,如果合作会使其更快地从警署释放,或受到不太严重的指控,或该罪行将被合并控罪而不是单独起诉。嫌疑人得到承诺,合作会使他们过上“无忧无虑”的生活,这意味着朋友和家人不会被逮捕或盘问,处所也不会被搜查。

正如前面的章节中所讨论的,本研究中的许多嫌疑人抱怨警方对诸如监禁期限、保释和指控等事项使用自由裁量权的做法。警察在这些情况下的行为是受到多种因素的影响的,包括惩罚“令人厌恶的”嫌疑人的渴望。然而,受到警方讯问的 66 名嫌疑人中有 9 人宣称,警方使用自由裁量权,目的在于对他们施加压力,以使他们向警方坦白或提供信息。

案例 1/45 中嫌疑人说,警方拒绝给予他保释,因为他只承认入室盗窃,而不是按警方要求承认严重盗窃。他说,他被明确告之,如果他承认后一项指控的话,警方可能会重新考虑他的保释问题。案例 1/65 的嫌疑人说,他正面临着偷窃的指控,而警察要他“考虑”④多项

① 出处同上,第 123 页。

② (1993:68)。

③ (1993:15)。

④ “考虑”即承认一系列罪行。该理论对于被告有两点好处:第一,它消除了将来被起诉的风险;第二,无论法院对这些罪行如何判决,同时采用对嫌疑人“主要”罪行进行的判决。

罪行。当他拒绝这样做时,他们给他增加了一项入室盗窃的指控。2/05 案例中的嫌疑人因一次入室盗窃被逮捕。他说,当他拒绝承认时,他被指控不仅犯有被捕的罪行,而且犯有另一宗入室盗窃罪。他声称,警方告诉他,他们知道他没有犯第二宗罪。3 名嫌疑人声称,拒绝认罪就会导致警方对其处所进行搜查,无论所犯何种罪行、搜查有无必要,这是他们和警方关系中的潜规则。和过去一样,当他们拒绝认罪时,其处所会被搜查。1/69 案例中的嫌疑人说,他被告知,他将继续受到监禁,直到他认罪。“我只好认罪了,因为警察告诉我,我辩解得越多,试图把我的观点解释得越多,我留在这里的时间会越长。”

社会支持和反对

警方可能不诉诸威胁和利诱,向嫌疑人施加巨大的压力促其供认。事实上,心理学研究表明,应用社会压力比使用酷刑或剥夺物品能更有效地确保供认。① 因此,举例来说,《警察手册》指导审讯者,通过告诉嫌疑人,他的行为是可以理解的、灵巧的,甚至是英勇的,以劝诱其招供。② 心理学家们警告说,这种类型的操作可能会产生令人相信却又是虚假的供述。③

欧文在他的实地考察期间,对此类策略进行了观察。他的报告中称,一些人被告知该罪行是微不足道的,不值得烦恼。其他人以一种同情的方式被告知,他们所做的事是无可厚非的,并会得到家人和朋友的理解,当供认被看作不仅合理而且优雅的时候,他们再拒绝一切就显得愚蠢了。④

信息的提供和操作

《审讯手册》建议警察应该始终以简化讯问者任务的方式提供信息。欧文发现,警方利用了两种方式对信息进行控制。首先,警察把自己作为刑事审判制度的专家。⑤ 例如,他们对嫌疑人说他们如何能减少嫌疑人被还押候审的机会,或增加他们获得从轻发落的机会。其次,警察试图劝导嫌疑人他们不需要做什么决定——不利于他们的证据(从取证、同谋犯、独立证人或计算机获取的)是压倒性的,定罪是确定的。欧文指出,警方很乐意提供虚假资料,以使嫌疑人确信定罪的必然性。与我交谈过的一名嫌疑人指出,警方告诉他法院会如何回应他不愿意合作一事,试图影响他的决定。⑥

---

① Biderman(1960)。

② Goodsall(1974); Firth(1975); Walkley(1987)。

③ Gudjonsson 和 MacKelth(1988)。

④ *Op. cit.*,第 142 页。

⑤ Irving 称之是“专家知识”范畴(出处同上,第 140—141 页)。

⑥ 出处同上,第 145 页。

案例 1/50/W/A/Dis.

被告："我很不高兴他们设法强迫我告发别人的做法……他们试图告诉我，因为我拒绝告发他人，我将不会得到保释而被还押候审。"

7 名受审者说，他们被告知其罪行是显而易见的，警方拥有的证据足以在法庭上证明他们有罪。

案例 2/07/W/J/Crim. Dam.

被告："他们只是不停地说，他们知道这是我们做的，他们有所有的证据，我最好还是告诉他们，别为难自己。"

案例 1/39/W/A/Dis.

嫌疑人被告知，有人看见他从已被盗并遭到破坏的车库逃离："他们告诉我，那个证据足够打垮我……"

案例 1/70/W/A/Dis.

被告："他们告诉我，如果我不承认，他们就让这些看到过我的人进来，他们会说'是啊，就是他'，他们就是要试图吓唬我说点什么。"

麦高伟和霍奇森在他们有关监禁的法律意见的研究中发现，警察们非常热衷于将他们掌握什么样的信息向嫌疑人和他的顾问隐瞒，从而力图成为"主导说服者"。隐瞒信息并逐步公开，是警察使用的一种策略，目的是动摇不合作的嫌疑人，并强调他们在诉讼程序上的优势。① 埃文斯在有关警察与未成年人谈话的研究中发现，超过 38%的案件中，嫌疑人"没有意义……被准确告知他们为什么被谈话或者他们为什么被逮捕"。他指出，"一些谈话的主要目的不仅是为了获得口供，而且是为了决定这个少年应以何种罪行被指控"②。

在本研究中，受到警方讯问的 66 名被调查人中有 10 人抱怨说，对于他们因何种罪名被捕，警方未给予足够的信息。一些人声称，警方甚至要到实际开始讯问时，才告诉他们总的罪行类别。

案例 2/05/B/A/Dis.

被告："当你被逮捕时，很多时候你根本不确定为什么被捕。他们只是把你囚禁好几个

---

① *Op. cit.*，第 57 页。还可参阅 Holdaway(1983:104)。

② (1993:27—28)。

小时，有时你在那儿待上大约8个小时，才会有人下来告诉你。”

案例 1/44/B/A/OAP

被告(因盗窃山地自行车被捕)：“起初没什么问题。我想他们要跟我谈脚踏车，那个时候他们一直喋喋不休地讲脚踏车。但当我们接受谈话时，他们把指控的罪名转向入室盗窃。他们说出我的名字并录下来，然后说‘抢劫案’。我的律师说，‘我想这是关于自行车’……”

案例 1/52/A/A/OAP

被告因实际人身伤害罪被捕。嫌疑人说，所有的警察告诉他有人投诉了他。他说，警方开始在警车里问及他的罪行，当他试图自己问一些问题，以便对情况有更全面的了解，警方对他说：“闭嘴！你回答我们的问题，我们不是在这里回答你的问题。”

我访谈的人中有3人明确承认，不知道自己被捕的原因使他们感到不安，他们可能会因不置可否而当他们在被谈话时压力倍增。

案例 1/30/W/A/Dis.

被告：“我想搞清楚为什么把我关到那里的所有详情。”

案例 1/59/W/A/Dis.

被告：“我想弄清楚是怎么回事？只是听到他们必须说的。当时，你看，我真的不知道发生了什么事情。”

如果指控足够模糊，信息库又在不断地调整，为嫌疑人提供一个具有说服力的无罪解释就变得非常困难了。在与一个少年嫌疑人的父亲谈话中，这一点变得很明显。该父亲说，他很惊讶于警察会使用“信息匮乏”的策略。他作为反欺诈调查员的经验提醒自己，警察试图做的事情的全部后果，并帮助他决定如何处理这一现状。

案例 2/19/W/J/Dis.

嫌疑人的父亲说：“我们和律师一起决定，最好是在谈话时什么也不说，因为警方对于他们所知道的以及他们打算做的事情，根本没有向我们提供任何信息。因此，我们认为，如果我们什么也不说，他们将被迫告诉我们更多的东西。我的意思是，他们在问一些愚蠢的问题，比如，‘支票簿是什么时候被盗的？’我的意思是，如果你不知道它被盗，他们不准备告诉你时间，那么你实际上回答不出这个问题，是不是？……他们一方面逮捕了他并得到了被盗的支票簿，但事实上，他们试图让他陷入另一项指控，即闯入一辆汽车内盗走支票簿或企图盗窃车辆。这就是他们不泄露任何资料的原因……他们想表明,他们有更多的信息……不公平的谈话……这是他们的谈话,所有的内容都是片面的……当然,问题(第一次谈话时什么也不说)是听磁带的人会认为你正在杜撰某个故事,这就是为什么第一次时你什么也不说。实际上原因是说任何事情都没有意义,除非你知道下面会怎样继续。"

欧文于 1979 年开展研究,他发现上述 5 种策略使用广泛,报告说,他观察到除了 16 次讯问外,其他所有的讯问都使用一种或多种策略。① 作为旨在评估警方遵守《警察与刑事证据法》规定到何种程度的考察活动的一部分,欧文和麦肯齐在 1986 年和 1987 年观察了一些讯问过程,以测算警方运用上述 5 种劝诱策略的频率。尽管《警察与刑事证据法》还未寻求到任何方法阻止上述大部分策略的使用,但是他们将欧文的早期研究与他们的研究结果做了比较,发现在讯问实践上有过戏剧性和意想不到的变化。②

根据其 1986 年的研究结果,作者总结道,当时做笔记的方法或多或少地消除了劝诱讯问策略的使用,警方不再把讯问简单地视作固定口供的方法。③ 虽然劝诱策略的使用从 1986 年到 1987 年已有小幅度上升,作者推断,该法案对于减少强加给嫌疑人的压力已产生了重大的影响。④ 这些研究结果后来受到了桑德斯等、莫斯顿等、麦高伟和霍奇森的驳斥。⑤

桑德斯等发现,在他们观察到的大多数的讯问中,警方的主要目的是说服嫌疑人认罪。作者认为,这是为什么警察敌视那些保持沉默的嫌疑人、为什么警方通过阻止法律咨询请求努力规避律师在场的原因。⑥ 莫斯顿等发现,参与讯问的警官专注于获取口供。在许多案例中,嫌疑人一认罪,讯问便结束,即使恰当的做法应该是进一步讯问以引出全部细节。

麦高伟和霍奇森在 1991 至 1992 年进行的一项研究中测算了警方使用欧文确定的 5 类劝诱策略的频率。他们的结论是,《警察与刑事证据法》并未阻止警方对保释和控告等事宜使用自由裁量权以操纵嫌疑人做出决定。虽然《实务守则》禁止使用这类策略,⑦作者发现,

---

① *Op. cit.*,第 147 卷。

② Irving 和 McKenzie(1989:103)。

③ 出处同上第 118、98、194 页。

④ Irving 和 McKenzie(1989b)。

⑤ Sanders 等人(1989),Moston 等人(1992)和 McConville、Hodgson(1993)都使用了比 Irving 和 McKenzie 多得多的样本。后者于 1986 年和 1987 年,在一个警署观察了 68 次警方审讯;Sanders 等人观察了 10 个警署的 527 次审讯;Moston 等人分析了 1067 个谈话录音;McConville 和 Hodgson 在分布于全国的若干个警署观察了 157 次审讯。

⑥ 出处同上,第 134 页。

⑦ Code C,第 11.3 段。

11%的案例仍然在使用,是1979年测算出的比率的一半。① 他们写道,在某些案例中,警方公然违反守则就控告和保释等事宜与律师进行公开交涉。② 与我交谈过的一些警察坚决认为这类违规是合理的,因为它并未损害嫌疑人的利益。

实地调查笔记摘录25(纳什福德)

刑事调查局人员:"虽然很多时候我们依照这本书做事情,但是有时一些案例是可以与律师协商的。我的意思是,这样做没有什么错,只是因为我们有时能找到一个对所有人有利的解决方案。我是说,嫌疑人有他的律师,显然他在为其当事人尽其所能。"

欧文和麦肯齐在其1987年的调查报告中说,在15%的案件中,警方试图影响嫌疑人对合作与不合作后果的评估。麦高伟和霍奇森在27%的案件中注意到警方有这样的企图。他们还发现警方在运用"没有要做的决定"策略方面,从1979年起,整体增加了7%。麦高伟和霍奇森的调查结果得到了埃文斯调查结果的支持,他研究的是警方与未成年人的谈话情况。他发现,尽管绝大多数的未成年人(76.8%)立即认罪,然而警方仍然在其样本67%的案例中采用诱供策略。28%的嫌疑人被告知没有要做的决定,7%的案例中,警方使用了更多的强制手段,包括进一步羁押的威胁,或告诉嫌疑人坦白是避免警察实施再次逮捕并讯问他们的一种方法。③ 埃文斯暗示,针对罪行相对较轻的青少年,这些方法可能意味着它们经常被用来对付成年人。④

麦高伟和霍奇森在欧文的5种劝诱策略中增加了另外两类:警察使用的谴责和虐待以及告诉嫌疑人讯问提供的是最好的解释机会的策略。前者旨在恐吓和威胁嫌疑人坦白,而后者意味着,除非嫌疑人愿意立即讲话,否则他将失去某种不确定的利益。作者观察到,超过三分之一的嫌疑人受到虐待和谴责,16%的嫌疑人被告知,讯问提供了最合适的自我辩解的机会。⑤ 一些警察告诉我,谈话是一个让嫌疑人自我辩解的机会,有人甚至表示它是嫌疑人的一项"权利"。

---

① *Op. cit.*,在130页。

② 出处同上,第121页。

③ Evans(1993:32—34)。

④ 出处同上,第7页。

⑤ *Op. cit.*第128—130页。作者提出了有关这些统计资料的3个重要的方法要点。首先,样本只是由律师在场时的审问构成的。其次,这些数字只包括对这些策略的公开使用情况,并没有将犯罪嫌疑人对于正式审问外警方对他们说的话进行辩解的考虑。最后,作者认为有"研究人员效应"的存在,因为警方在研究期间尽量减少了他们对这些策略的使用。

实地调查笔记摘录 26(格里姆斯顿)

研究人员:告诉我,按照你所说的,有足够的证据来定罪,为什么你还要讯问呢?我想说,有时案件是明确的,像入店盗窃案中,你已经或多或少确定了视频里作案的人,你仍然进行讯问。这是为什么?

警察:《警察与刑事证据法》里有这一条,不是吗?该法案说,嫌疑人有权被询问。我的意思是让他们尽快做出解释,那样他们就无法否认他们得到了一个自己叙述事情经过的机会,这样才公平。

然而,和我交谈过的大多数警察没有将讯问简单地描述为嫌疑人提出自己陈述的一个机会。嫌疑人被谈话,以便警方可以确保起诉时所需的证据。

实地调查笔记摘录 27(格里姆斯顿)

警长:“这不是谈话,我们还是面对现实吧。我的意思是,大多数人不想被询问,这是一件令人不愉快的事情。我们知道从中我们想要什么。这是讯问,就是那么回事,我们只是不使用这个词,因为它不好听。”

关于进行询问的目的,有趣的是,我们注意到 14 个未受审的人中,11 人已经因妨害公共秩序罪被捕。当我与这 11 人交谈时,他们抱怨说,他们没有获得机会对于那些事件提出自己的解释。

案例 2/10/W/A/POO

被告:“我从来没有机会说什么……我愿意有这个机会,也许一直以来,花销、将人激怒和官僚作风应该是可以避免的。”

案例 2/13/W/A/POO

被告:“最初我没请律师,但是当我发现我没有经过谈话就要被起诉时,我请求找律师,这样我就可以说说我对这件事的立场……”

公共秩序违法行为很少引发故意或鲁莽的复杂问题,只是要求控方证明,例如,嫌疑人正在实施危险行为,或在公共场所使用了污秽和攻击性的语言。在这些案例中,询问将起不到任何作用,除了促使嫌疑人提出反对理由:他的行为并没有不合理,或事实上他的行为是被负责逮捕的警察挑起的。在这些案例中缺少讯问支持了这一说法，即警方进行询问，不是为了查清楚逮捕的详情，而是要说服嫌疑人接受警方关于“发生了什么事”的说法。

我问了所有那些被询问的人，他们是否认为询问他们的警察给了他们充分的机会对事情进行解释，表明自己的立场。答案几乎平分秋色：64 人中有 33 人回答说，他们得到过这样的机会，但 31 人表示，谈话并没有给他们提供一个充分说出对事件看法的平台。后一类中有些人解释说，尽管他们曾得到一个讲话的机会，但他们觉得这些警察不听他们说的或是不相信他们。

案例 1/50/W/A/Dis.

被告：“我正试着说说我的事情，但他们让我感觉他们不相信我……这真的让我很沮丧。”

案例 1/66/W/A/Drugs

被告：“我有机会解释，但他们不听，他们不感兴趣。当我说话的时候，他们会关掉录音机。”

案例 1/77/W/A/Dis.

被告：“他们对我要说的话不感兴趣，只对他们想听的感兴趣。”

其他人则抱怨说，警方使他们难以解释。

案例 2/52/A/A/OAP

被告：“他们不停地说，‘我们对此不感兴趣’，或者，‘我们不关心这个，我们想知道的是这个’。”

案例 1/61/B/A/Dis.

被告：“你正设法向他们解释你的问题是什么，当偶尔有什么事情掠过你的大脑，他们会转过身去，并且说：‘噢，快点！你真的希望我们相信吗？我的意思是你知道 X 和 Y，你怎么可能真的思考 Z 呢？’一段时间后，这一切有点让人吃不消了……他们给你一个公平的机会说出你想说的话，但后来他们想总结一下你说过的话——你懂我的意思吗？”

31 人中有部分人声称，警方使得解释非常困难，他们的任何尝试都没有意义。

案例 2/05/B/A/Dis.

被告：“这一切都太片面了。他们没有给你任何信息，他们不听你的，他们已经决定了。

如果他们打算告诉你，不管是什么，你都会知道。”

案例 1/62/B/A/Dis.

被告：“你一言不发是没有意义的，因为他们处处歪曲事实。

最后，一些人抱怨说，他们根本没有机会做出自己的陈述。

案例 1/39/W/A/ Crim. Dam.

被告：“我不能插嘴。”

案例 1/63/A/A/ Crim. Dam.

被告：“他们不会让我解释一下，我想说话，他不会让我说。”

一共 13 名嫌疑人，几乎是受警方讯问的那些人中的五分之一，明确指出，进行讯问的警察使他们处于极端的精神压力下。有些人被一再要求说出朋友的名字，而其他人被施压要“认真考虑”罪行。大多数人只是抱怨，讯问让人非常难以应付，尤其当警察试图提出“诱导性”的问题。

案例 2/07/W/A/OAP

被告：“两名警察连续向我提问，这是警方的老把戏。一人问你一些问题，另一人问你一个不同的问题——我的意思是你应该回答哪一个问题？我觉得他们试图把我推到一种境地，当你恐惧时，当你受到两个人的连续提问时，很多人陷入这样的境地。在这种情况下你很害怕，你只是想，那就说‘是’，只是为了讨好那个家伙，说任何事情来阻止压力……”

案例 1/39/W/A/Crim. Dam.

被告：“他们让我头疼，他们真的让我头疼，问我愚蠢的问题、不相干的事情。”嫌疑人说，警方试图扭曲他所说的一切。举例来说，他设法解释说，他获得附条件释放，因此他会做的最后一件事就是去撞毁别人的处所：“所以我说，这种事情，两年前我可能会这样做，但不是现在，我不可能做的。可那老头（警察）转身对我说，哦，那么你会这么做吗？他们设法让我说出一些事情，试图有点儿让我出错的意思。”

案例 1/79/W/A/Dis.

被告：“他们试图把东西塞在我的嘴里……说，我应该说我帮助他在自行车上刻痕……他们告诉我，他们只是想知道真相，所以我告诉他们真相，但他们不接受我说的真相。他们开始告诉我，我应该说什么……你想告诉他们发生了什么，但他们想告诉你发生了什么，这一切开始变得混乱。他们不停地说,'一切都会更快解决''事情最终会有一个令你满意的结果',使你只想转身就说:'是啊,是这样,这是事情的真相。'"

案例 1/70/W/A/Dis.

嫌疑人说,警察问他"诱导性"问题:"比如我坐在那儿什么也不说,他们说,'好吧,从那里回来时你做了什么?'我不得不说,'我在闲逛,我从来没有说过我在那里!'"

案例 1/59/W/A/Dis.

被告:"他对我说:'我们已经和你的朋友谈过,他已经承认。现在讲讲你做了什么。'我说:'我做了什么? 我没有参与!'"被告说,这类问题是"诱导性"问题,他觉得它们不公正。

麦高伟和霍奇森发现,警方有时会虐待和谴责嫌疑人,本研究也找到了一些证据来支持这一调查结果。66 名受访的嫌疑人中有 11 人宣称,警方冲着他们大声叫喊,称他们为"骗子",或一再谴责他们是罪犯。

案例 1/71/W/A/Dis.

被告:"他们只是不停地对我说,我是个骗子,我在撒谎……事情都乱套了,因为他们不知道我是否在说谎,但他们说反正我说谎了。"

案例 1/32/W/A/TWOC

被告:"他们不停地告诉我,我在说谎,说我是骗子……他不停地说,'如果不是你,那是谁?'"

案例 2/24/B/J/OAP

被告:"他们就不停地说,'继续,我们知道你做了,为什么你不告诉我们!'他们在说我看起来有罪,因为我不讲话。可是我想说什么也不说是我的权利。"

案例 1/63/A/A/Crim. Dam.

被告:"他们咄咄逼人,不是身体上,而只是他们的说话方式……他们直接说:'快点,你做了,告诉我们……'"

5 名受访的嫌疑人,虽然没有宣称受到虐待和谴责,但他们说警方确实企图通过语调或举止恐吓他们。

案例 2/08/W/A/OAP

被告:"他们不停地盯着我——他们打算走过场,他们对我说话、盯着我的样子……"

案例 2/06/A/A/Dis.

被告:“他们试图让我改变我的叙述,他们看我的那种样子,你懂吗?”

案例 1/62/B/A/Dis.

被告:“难道这就是他们看我的样子,他们的表情?他们说他们可能会和我一样,还说我不会赢的。”

被迫供述者

以上列出的劝诱策略有可能产生心理学家称之为“强迫顺从型”的供述。[1] 嫌疑人知道供述是虚假的,但供认是为了逃避讯问者向他施加的压力。因此,举例来说,他可能拼命想逃离监禁的压力,或者被警方“无论他做什么,他将被判有罪”的说法说服。

麦高伟等人认为一旦了解讯问双方互动的真正本质,显而易见,警方就可以创建不可靠的口供,而不诉诸上述劝诱策略。他们对问题格式提出批评,他们认为问题格式可能会导致嫌疑人不理解已被认可的双方互动的真正本质而采用“坦白形式”。在这种情况下,嫌疑人可能要么简单相信警方坚持他们犯罪的说法,将供述“内化”,要么简单地采用相当于认罪的话语,甚至没有感觉到他们已经认了罪。[2] 他们称之为“被迫供述”,并确定了 4 种通常被警方用于构建这种类型口供的问题格式。

1. 主导问题——这些问题力图说服嫌疑人,通过排斥其他可能的答案,给出一个特定的答案(例如:“你知道这本书不属于你吗?”)。

2. 陈述问题——这是伪装成问题的一个陈述。常用的格式是由警察陈述发生了什么事,藐视嫌疑人提出的异议(例如:“你原本只是拿刀吓唬吓唬他,但是当他试图要打你时,你惊慌失措,向前扑来,刀刺进了他的身体,是不是?”)。

3. 法律封堵问题——他们似乎只是为了吸引嫌疑人提供信息的同时,实际上,他们试图迫使嫌疑人采用一个词,这个词将他的行动纳入具有法律意义的范畴。在绝大多数的刑事案件中,如果控方能够证明嫌疑人在犯下不法行为时具有一个特定的精神状态,只能确定其有罪。许多嫌疑人不知道的是,诸如“不计后果”“故意”和“明知”等词在这方面是非常重要的。

4. 不完善的三段论问题——嫌疑人被说服接受一个无可争辩的命题的真相。一旦他接受了它,他被说服接受一个有争议或错误的命题的真相,因为他被告知它源自于接受第一

---

① Gudjonsson 和 MacKeith(1990)。

② (1991:68)。

个(无可争辩的)命题。这类问题的一个例子是由埃文斯在其关于警察与未成年人访谈的研究中提供的:

女警员:"嗯,如果它们是属于学校的财产,你为什么把它们拿走呢?
那么,你为什么把它们拿走呢?"

嫌疑人:"拿走玩玩。"

女警员:"你知道是与非之间的区别吗?"

嫌疑人:"知道。"

女警员:"拿走属于别人的财产是正确的还是错误的?"

嫌疑人:"是错误的。"

女警员:"那么,你拿走属于别人的财产相当于偷窃,同意这话吗?"

嫌疑人:"同意。"①

麦高伟等人接着提出理由,证明这些类型的问题旨在引出嫌疑人自己的叙述,"几乎从未遵循'中立的'讯问原则。事实上,这些问题在以下的背景下使用,即警方作出努力明确地去抑制嫌疑人将申辩材料引进讯问的做法"②。麦高伟和霍奇森的结论是:

相比于欧文(1980年)的研究结果与欧文和麦肯齐(1989年)的研究结果,我们对警务策略和问题格式的检查表明,它们在向更具对抗性的讯问风格转变;更加强调通过让嫌疑人采取警方的表述方式或同意警方的报告来获取口供(而不是信息或证据)。③

格里姆斯顿刑事调查局官员的行事方式支持了以下说法:警方讯问不是一个开放式的交流,不允许嫌疑人采用他或她认为可能相关的任何材料。为了确保着装,警察将大部分时间花在巡逻上,警署实行了一个制度,根据这一制度,大多数嫌疑人由刑事调查局官员而不是由负责逮捕的警官(他们被称为"囚徒接收单位")进行讯问。他们明确地告诉我,他们参加讯问是为了寻找确保案件恰好符合理想的法律范畴的材料。

实地调查笔记摘录28(格里姆斯顿)

侦探警官1:"我们是你们所称的专家。我们受指派学习过一些讯问技能的专门课程,其他人没有学习过……我们受到教导要设法找到说谎的迹象,如出汗、坐立不安、神经颤

---

① (1993:37)。

② *Op. cit.*,第70页。

③ *Op. cit.*,第140页。

动……这些都是非常重要的，当有人在说谎时，你可以辨别。”①

研究人员：“那么，你是如何着手安排讯问的？我的意思是，你和负责逮捕的警官交谈过吗？他们给了你一份文件或其他什么东西没有？”

侦探警官 2：“嗯，我是说，我们将与办案人员聊一聊，问他们看到了什么，他们已经得到了什么信息或证据，接着我们自己再谈一谈，然后我们进去。”

研究人员：“在讯问时你想寻找什么？你如何着手组织讯问。”

侦探警官 1：“好吧，我们知道，带来这里的人 99.9%是有罪的。大多数警察，因为自己的亲身经历，会告诉你这一点。在任何情况下，我们认定我们面前的人有罪而理所当然地进行讯问——这是我们拿薪水做的事情，我的意思是，我们不能假定他们是无辜的，我们从没有做到这一点。当然，那只是获得这一罪行所有要件的问题：我的意思是，你知道，你不得不通过盗窃获得挪占的财产；其次，它必须是属于另一人的财产；第三，嫌疑人不诚实地打算永久地剥夺另一人的财产。”

埃文斯声称，他的调查结果挑战了麦高伟等人以及麦高伟和霍奇森关于警方系统地使用有问题的提问模式的观点。他报告说，主导问题被用于 19.5%的案例中，法律封堵问题被用于 12.2%的案例中。② 这些数字，如果准确的话，表明了在相当数量的案例中使用这种类型的问题。然而，最重要的一点是，这些百分数揭示了一些现象，但也同样掩盖了一些现象。这是因为埃文斯发现，超过 76%的案例中，嫌疑人立即认罪，从而使警察没有理由诉诸棘手的提问模式。由此可见，根据埃文斯自己的数据，令人关注的问题类型被用于几乎所有的剩余案例中。此外，埃文斯认为，在这些嫌疑人立即供述的讯问中，“在正式讯问前，一定在嫌疑人和负责询问或逮捕的警察之间进行过一些讨论”③。这使得麦高伟和霍奇森已表示关注的许多提问模式，在由埃文斯监测的正式讯问前，被使用的可能性悬而未决。

排除不可靠的口供

欧文和希尔根多夫在给飞利浦委员会的报告中写道，按照“普利斯特里和普拉格案”中所陈述的，④“压制”的法律定义未能保护那些从心理学上讲没有自愿做出陈述的嫌疑人：

---

① 警方重视的是这些说谎的征兆，这一点在警察培训课程使用的手册中显而易见：*Guardian*19 June 1990：4. 有证据表明依靠这类的“大众心理学”实际上是极其危险的：参阅 Kaye (1991)与 Moston 和 Moston(1991)。

② *Op. cit.*，第 36 页。

③ 出处同上，第 28 页。

④ 分别在(1967)51 Cr App R 1 和[1972] 1 WLR 260。

“这些陈述的大意(在‘祭司和普拉格案’中)不建议关注对决策的操纵,但随着大脑机制的某种更极端的崩溃,紧接着是决策或其他类型的熟练性能严重受损。”

委员们清楚地认识到这些研究结果的全部意义。他们写道:“我们的研究表明的是,从心理学上讲,羁押本身和羁押期间的讯问向许多嫌疑人施加了影响力……影响了他们的思想,致使他们的意志崩溃,在他们想要保持沉默的时候说了话。这些影响力并不属于某些使得口供非自愿因而不可靠的法律规定……法律和心理的‘自愿’不匹配。”①

该委员会不是利用调查策略去保护嫌疑人免受例行的操纵,而是针对这些结果声明规定警察讯问的性质是不可行的也是不被看好的。他们建议“自愿”作为容许性标准应该被取消,而且供述可靠与否的问题应该是由陪审团决定的事情。该委员会认为,自动排除只适合在警察沦落到使用完全无法接受的方法的那些案例中,如暴力、暴力威胁、酷刑或不人道、有辱人格的待遇。②

政府决定不接受这一建议。《警察与刑事证据法》规定,利用压迫手段获取的口供必须由法官予以排除。③ 然而,根据该法,上诉法院重新界定“压制”的含义,确保只有使用最应受谴责的警察行为才可能导致供述被排除。在富林的案例中,④法院裁定,“在英语中没有其他词像‘oppression’一词一样可表达这种可憎的邪恶”。因此,坦白不应该因为受到压迫而被排除在外,除非警方有不正当的行为,即以一种严酷和不公正的方式施加不公正的负担和不当行使职权。

《警察与刑事证据法》没有提到“自愿”,但规定,如果获得的口供是可能导致被告人的供述不可靠的任何语言或行为的结果,它必须由法官排除。⑤ “不可靠性”是一个相当宽泛的概念,法院已经排除了在各种“不可靠”情况下获得的口供。因此,例如在杜兰案中,⑥供述被排除,因为警方未能告诫嫌疑人或遵守采访录音的规定;在特拉斯勒案中,⑦因为警方没有给嫌疑人《实务守则》规定的休息时间;在埃弗雷特案中,⑧因为警方并没有确保智力低下的嫌疑人旁有一个合适的成年人在场;在哈维案中,⑨因为被告人坦白的起因有可能是为了

---

① (1981:第4.75段)。

② 第4.132段。

③ PACE第76条第(2)a款。

④ [1987]2All ER 65。

⑤ PACE第76条第(2)b款。

⑥ [1988] Crim. LR 747。

⑦ [1988] Crim. LR 446。

⑧ [1988] Crim. LR 826。

⑨ [1988] Crim. LR 241。

保护她的爱人；以及在德莱尼斯案中，[①]因为警察告诉一名智力低下的嫌疑人，如果他认罪，他会得到治疗，而不是受惩罚。

基于这些案例，可以这样说，法院已经给“不可靠”相当广泛的意义，因此，应该确保获得的不可靠的口供不作为证据。然而，这样的说法带点自满的味道。

首先，这些案例表明，口供只有在严重违反《守则》有关休息和茶点提供规定的案例中，才会被排除。[②] 然而，警察羁押的常规做法足以向一些嫌疑人施压使其认罪，这一点已得到显示。在《警察与刑事证据法》之前的雷尼案[③]表明，法院很可能不愿意看到这些观点的诸多优点。在那起案例中，被告声称，他认罪是因为他有精神问题，包括幽闭恐惧症。辩方宣布，他们将找来精神病医生证实此事。审判法官表示，如果他最终形成的观点，即这样的证据是不必要的或不相关的，他会拒绝批准使用法律援助基金支付请精神病医生所需的费用。在上诉程序中，莱恩大法官裁定，如果供述仅仅为了获得提前释放而作，就不能认定为非自愿性的。他认为，这样的规则会导致“几乎每一次供述都不予采纳”。

其次，虽然威胁或利诱显然符合致使口供不可靠的条件，[④]有证据表明，这样的策略在少数案例中继续使用。换句话说，存在一个确保符合法律规定的问题。尽管通过这样的手段获取的口供可能会被法院否决，但是不知道有多少被告继续作有罪辩护，事先认罪对于在法庭上质疑案件没有意义。

第三，正如桑德斯和杨所指出的，有关形成“压迫”的法律，或者会不会致使口供不可靠的法律，足以模糊地让警方“遵照他们非正式的犯罪控制工作规则执行，并限制法律顾问干预讯问”。[⑤] 例如，很可能是警方可以合法地采取“监禁条件的主动使用”或“谴责和虐待”到某种不确定的程度。这种缺乏清晰度而产生的危险在臭名昭著的加的夫三案例[⑥]中做出了明确的解释。该案中，即使米勒否认罪行三百多次，警察还是继续讯问他。他最终认罪，被判决与另外两人一起谋杀一名女性的罪名成立，但上诉法院宣布判决无效。首席大法官表示：“米勒受到了威胁和恐吓。警察们……为了得到他们想要他说的话，不是对他进行讯问，而是对他大声训斥……该案中，警察讯问时的语速、力度和威胁无法在打印的材料中体现出来。”

---

① (1989) 88 Cr App R 338。

② Trussler(在前面所引书中)。

③ [1982]1 All ER 385。

④ Code C 第 11.3 段。

⑤ (1994:169)。还可参阅 Baldwin(1994:71)。

⑥ Re Paris, Abdullahi 和 Miller(《卫报》,1992 年 12 月 17 日)。

尽管警方使用的方法最终遭到谴责，但值得注意的是，审判法官和两名高等法院法官并不认为警方在该案中使用的讯问技巧有什么明显的错误。

同样，如果在法院没有将欺骗行为认定为“压制性的”或可能引起不可靠的口供的情况下，警方可以用对嫌疑人不利的证据欺骗他，但对于欺骗到何种程度、在何种情形下欺骗这些问题，一直存在分歧。① 正如我在上述案例中所证明的，警察选择性披露信息的策略，可以置嫌疑人于巨大的压力之下，然而无论是《警察与刑事证据法》还是法院，均未赋予警方任何职责应积极向嫌疑人或其顾问全面披露信息。

最后，法律对于警方可以使用的提问模式的类型提供了指导。因此，警方通过向嫌疑人加压使其认可事实上是被警方“创建”的供述，继续利用他们的优势控制诉讼。

创建假口供这种令人不安的案例继续被曝光，这给《警察与刑事证据法》中不鼓励警方采取更道德的讯问技巧这一论点提供了实例支持。1988年，报纸以很大的篇幅报道了科林·皮奇福克案，他是第一个因为遗传的指纹识别被诱捕、定罪的强奸犯和杀人犯。② 极少提及的事实是警方早前逮捕和审讯了理查德·巴克兰，他供认谋杀和强奸了其中一名受害者。只有当法医有证据表明他不可能是罪犯时，才放弃了对他的诉讼。当中央电视台的《中央周末》节目问及他为什么认罪时，他回答说，警察不停地打他，最终他只好屈服。

警察讯问做法的改变

1992年，内政部与警方合作，开始检讨警察讯问的做法。这导致了两份通告的发布以宣传和解释新的讯问模式为目的。③ 这种标有“调查性询问”的新方法是由一个警察、律师和心理学家团队共同设计的。解释如何获得调查性询问技巧的小册子已经被分发给所有的警务人员，警察机关派出询问人员进行对小册子中知识的课程学习。④

几乎毫无疑问，这项工作由莫斯顿等人⑤和鲍德温⑥的调查结果引起的。他们在报告中说，很多警察不适合做讯问者。经常发现警察们紧张、忐忑、缺乏信心和不知所措。他们的弱点包括不懂《警察与刑事证据法》和《实务守则》，不知道如何处理第三方介入，变得具有攻击性或专横，并在讯问中具有失控的倾向。因此，新的培训方案试图教育相关人员准备和规划的重要性，认识到依法定罪之前需要被证明的方方面面，以及如何评估或评价证据。

---

① Mason [1987] 3 All ER 481; Beales [1991] Crim. LR 118。

② 1988年1月23日《时代》第三期。

③ HO 22/1992 和 7/1993。

④ 这些小册子名为 *The Interviewers Rule Book* (1992a) 和 *A Guide To Interviewing* (1992b)。

⑤ (1990)。

⑥ (1992)。

警方代表认为，除了提高警方作为询问人员的实效性，新的培训方案“旨在为警察在询问嫌疑人时提供伦理基础”。① 它谴责了威胁和引诱的做法，并试图说服警察他们的任务是寻找真相，而不一定要得到供述。它是一种强调诚信和礼貌、建议警察增加开放式问题的方法，如此，嫌疑人被允许自由地展开和表达自己的陈述。小册子提醒警察，嫌疑人可能是无罪的。小册子反对粗言秽语、大喊大叫、过于随便、不必要地打断嫌疑人或重复询问。② 因为这种新做法未能给予警务足够的认可，一些参与开发这套培训方案的警察们对舆论界给予了严厉的斥责。③

调查性询问最显著的特点是对于告诫警察不要做什么几乎没有什么新意。法律一直敦促警方要公正，以前通过《法官准则》，现在通过《警察与刑事证据法》和《实务守则》，以避免威胁、引诱以及压制性行为。再多的谈论警方中立的调查真相的角色，也掩盖不了他们是嫌疑人对手的事实，因此，这套培训方案继续强调对嫌疑人行使警察权：即使嫌疑人希望保持沉默，他们也有权提问，他们有权以适合他们的方式隐瞒和披露信息，他们有权去质疑被认为说谎的那些人，他们有权拒绝干扰询问程序的顾问。

有证据表明，一些警察机关，在公开支持调查性讯问的同时，向对精通防御理念实施攻击的警察提供指导。肯特警署制作了一本小册子告诉警察，那些建议当事人保持沉默、然后提供经过深思熟虑的一份陈述的法律顾问，阻挠制定沉默权新规则的意图，正因为如此，负责讯问的警察应毫不犹豫地挑战这样的策略。④ 小册子强调应该“以一种自信而礼貌的方式面对那些过分自信的顾问们”，如果他们无理地阻挠适当的询问，应该将他们排除在讯问之外。它提醒警察，他们应当只告诉法律顾问，嫌疑人因何种罪行被指控，而不是他们为什么受到这项指控，也不是证据的范围或其来源。⑤

鉴于这些警察机关内部的紧张关系，关于调查性讯问关键的问题必须是服从的问题：一线警察被说服放弃在前面章节中讨论到的策略了吗？大量的研究证据表明，警方的工作实践对改变具有很强的抵制力，相比那些从法律文本或培训手册上获得的“规则”，操作人员对在工作中学到的“规则”更加尊重。⑥ 正如谢飞德指出的，在财政紧缩的情况下运行且讯问前调查质量往往很差的警察机关里，讯问将继续被看作是一种便捷的、可以克服调查工作和

---

① Williamson(1994)。

② 参阅 *Guide* 第 2、3、10、15、29 和 43 页；*Rule Book* 第 30 页。

③ Shaw(1996)。

④ *Managing the Encounter with Defence Solicitors and Legal Advisers*(1996)在 Langdon-Down 中引述。

⑤ Langdon Down(1996)。

⑥ McConville 等人(1991：196—8)。

证据不足的方式。① 迄今为止，没有任何观察性研究系统考察了警方是否减少使用如上所述的7个劝诱策略，或警方是否放弃使用有问题的提问模式。② 因此，陪审团仍在进行调查采访。

犯罪控制模式中的讯问

在本次研究期间，与我交谈的警察不断强调讯问的必要性，告诉我将嫌疑人带到警署的首要原因是使他们能够接受讯问。我被告知，讯问是“所有通道的终点”“坚不可摧的部分”“证据很重要，讯问是我们获取证据的方式”。正如已经指出的，我的样本中超过80%的人(66人)被讯问过。

如第一章所述，警方总是认为，讯问的权力对于有效执法和高效执法是至关重要的。③最近，在他们成功废除嫌疑人沉默权的运动中，他们都依赖于这种说法。④ 讯问作为一种犯罪控制手段的效用已经被飞利浦委员会所接受，该委员会写道：“对于其他国家的了解以及我们的研究结果都导致我们得出结论，即在调查中，最终在起诉犯罪的过程中，没有适当的替代品取代警方讯问。”⑤这些关于讯问的必要性和实用性的说法如今受到了大量的研究证据的质疑。

讯问可以在四种方式中的一种或多种上具有潜在用途。它能警示警方这样的事实，即犯罪发生后，讯问可以有助于确定被指控的罪犯，可以使他招供；它也可以提醒警方可能会在审判中提出的辩护，并给他们提供了调查的机会。

警方自己发现了小部分犯罪记录，特别是有更少比例的犯罪是通过警方讯问得以发现的。柏德礼和科尔曼发现，86%的罪行是被公众和非警务机构发现的，⑥詹德将这一数字提高至90%。⑦ 斯蒂尔在为飞利浦委员会所做的研究报告中说，在他的样本中只有14%的罪行是在警方实施逮捕后发现的。占总数一半的罪行由多起犯罪行为构成，由于嫌疑人要求

---

① Shepherd(1996:15)。

② McGurk等人(1984)已调查是否参加培训课的学习可提高警官们的访谈技能。然而，他们的研究未提供任何关于具体劝诱战术或语言策略的数据和使用情况。

③ Mark(1973)。

④ ACPO(1993)。

⑤ 第4.1.段。

⑥ (1976)。

⑦ (1979)。

警方对它们合并控罪，从而引起了警方的关注。① 其余罪行是在搜查嫌疑人或者其处所时，进入警方的视线的。

同样，讯问在确定罪犯方面发挥的作用之大也是罕见的。詹德发现，在五分之四的案件中，警方在一开始或被告当场被捕或在附近被捕时，便得知了被告的姓名。这一发现后来获得了多项研究的支持。斯蒂尔发现，12%的被告人通过警方讯问所谓的共犯被认定，麦高伟和鲍德温的报告说，在勉强超过7%的案例中，②通过警方讯问确定了被告人。麦高伟发现，被共犯们指认的被告人数在5%到12%之间不等。③ 切不可因此推断，如果没有讯问，5%至12%的被告人的身份将无法确认。这是因为警方根据罪行逮捕了一人后，在大多数案例中，他们通过先验知识，能够确定可能的共犯。

据估计，在皇家法庭受审的所有被告中，多达四分之三的人向警方作出某种形式的归罪陈述，在大多数这样的案例中，需要一种完整的供认形式。这导致了没有认罪证据，控方将无法将大量的案件定罪的假设。④ 然而，飞利浦委员会研究发现，只有在少数的案例中，这样的证据才是至关重要的。据统计，缺少这样的证据，20%的认罪案件会失败，还有10%的案例因缺乏供认从而无法定罪。⑤ 自从该项研究进行以来，供述证据的重要性已经进一步削弱。警方在提交给皇家刑事司法委员会的报告说，在过去的10年中，嫌疑人的供述对于定罪的重要性已显著降低……情况已变化到这一地步，即那些认罪的大部分人都知道有大量不利于他们的证据。麦高伟的研究支持这样的观点：他发现64%的认罪案件中，已经存在不利于嫌疑人的有力证据。⑥

人们有时说，即使嫌疑人不认罪，讯问也可以迫使他透露其抗辩内容。于是这使得警察有机会质疑虚假的抗辩。然而，冷的研究证明了警方通过讯问质疑辩词收效甚微。他发现，314件案例在讯问中提出抗辩内容。虽然在其中94%的案例中，警方试图破坏抗辩，但成功率只有5%。这是因为所提出的抗辩通常是不能预测的（反驳没有逻辑基础），或者证据是压倒性的，警方没有竭尽全力破坏抗辩，或是因为警方正在追求某一目标而不是起诉。此

---

① （1980）。合并控罪的问题根本不会引起争议——有证据表明，犯罪嫌疑人有时被迫接受它们，他们甚至可能会虚构罪行以取悦讯问人员。（参阅 McConville 和 Baldwin 1982 年的著作，第168页。）

② （1981）。

③ （1993）。

④ Devlin 勋爵（1960年）曾经写道："英国法律需要有价值的证据，若没有被告自己的陈述，控方常常是不可能获得的。"（第48页）

⑤ Baldwin 和 McConville（1980）。

⑥ （1993：32）。

外，警方对于讯问中提出的辩护进行调查的能力和倾向已经被夸大了。302起案件中提出抗辩而取得成功的案件只有65起，嫌疑人在接受讯问时说了一些警方可以调查的事情。但警方只在45起这样的案件中，抓住了机会。①

作为社会规训的讯问

有丰富的证据表明，警方尽最大努力确保嫌疑人招供，试图（即使失败）在讯问中破坏答辩。与此同时，有证据表明，在绝大多数情况下，口供对于确保定罪是多余的，警方并不十分擅长调查或质疑抗辩内容。鉴于存在一些引人注目的起诉案件，加上在讯问中动摇嫌疑人解释的概率低，至于警方为什么例行公事地继续讯问的问题就出现了。

基本上，参考对犯罪控制模式的担忧，警方这方面的行为是可以解释的。正如麦高伟和鲍德温所观察到的，供述的存在意味着被告很可能不会对法庭争讼进行挑战。② 因此，我们有理由认为，警方很重视供述，因为这有助于使他们消除疑虑，从事实上推断出案情，从而减轻因不确定而产生的压力，无须进一步投入资源。③ 此外，警察们可能会担心，如果没有来自于被告的说明材料，法院可能会发现难以理解被告的行为。因此，讯问"使其余的证据连成一体，理解可能出现的非理性或莫名其妙的行为"④。因此可以看出讯问提高成本效益，降低以后在程序中存在挑战的可能性，这两者都是犯罪控制模式所重视的收益。

但是，参考与犯罪控制模式无关的担忧，认为警方对于讯问的痴迷至少在一定程度上是可以解释的，这一观点至少看起来是合理的。麦高伟和鲍德温把这样两种不同的担忧等同起来，因为它们都与警察的心理需求有关。首先，他们写道，从客观来看，即使起诉案件足够强大，几乎可以有把握定罪，警察心中可能仍存有疑问。如果嫌疑人供认的话，这样的疑问可以消除。但是因为在讯问中存在讯问者的行为、嫌疑人的敏感性或讯问发生的情形等因素，那么嫌疑人提出的解释就会或真实或虚假，其可靠性也是值得商榷的。⑤

其次，他们立足于帕宾克斯的理论，主张讯问是一种仪式，通过它，警方显示并维护作为个人和作为一个群体的一个稳定身份……确切地说，通过把警察塑造成社会规范的追随者

---

① Leng(1993:62—64)。

② Baldwin和McConville(1980年)发现，向警方供述的那些人中75%至88%的人承认有罪。

③ (1982:170)。

④ 出处同上。

⑤ (1982:170)。

和拥护者，供述和讯问过程逐渐起到创立和稳定这种身份的作用。① 帕宾克斯解释说，警察被要求维持法律秩序，而法律秩序的价值经常是模糊和不明确的，这种社会共识的缺乏，动摇了他们的二元世界观。是讯问使警方从这种不确定性中解脱出来：它是一种手段，他们以此迫使罪犯无可争辩地接受范围之外的事实，从而为他们自己作为“反常规”人格化的对抗群体，短暂地确保一个安全的身份。

麦高伟和鲍德温通过参考“当时由警方做的讯问笔记”，力图支持这一理论。这些笔记表明，嫌疑人经常被迫为自己的行为表达悔意，通常采用的方式是低声下气地道歉，提及他们品德中的许多弱点。通过对比嫌疑人的“道德沦丧”与警察的“品行端正”，可以把嫌疑人和警察区分开来。因此，讯问笔录的构建方式旨在把嫌疑人刻画成满嘴脏话、精通犯罪黑话、易激动、暴力、粗暴无礼和不合作的样子，而把警察描绘成正直、坚定、聪明、通过努力查明真相、履行职责的形象。通过这个过程警方能够确定那些违反社会接受的道德规范的行为（说脏话、靠社会保险生活、狡猾奸诈），并证明嫌疑人身上体现了这样的行为。

在麦高伟和鲍德温写作的时候，警方已几乎完全控制了对讯问笔录的制作。现在情况不再如此，因为大多数讯问被记录在磁带上。显然，这使得警方在建立任何令他们满意的，无论是嫌疑人的还是他们自己的形象上，显得愈发困难。然而，磁带记录不影响以下的论点，即招供，尤其是伴随着悔恨的招供，有助于使警察恢复信心，相信自己在坚持法律方面具有正确性。

麦高伟和鲍德温的说法被认为无疑是有说服力的，相比于增强警察在自身角色的公正或构建社会现实方面的信心，讯问起到的作用要直接得多。警察重视他们的讯问权，因为这一权力使他们能够攻击作为一个独立个体的嫌疑人的意图和想法。强迫嫌疑人进行对话，被戈夫曼描述为对那些“在公民社会里能够给行动者的作用以及他掌控世界的作用予以证明，证明他是一个有自我决定、独立自主和行动自由的人”的破坏行为。② 讯问是无论嫌疑人喜欢与否，警方都可以对他做的事情。正如麦高伟和霍奇森提供的一个例子所表明的，这是警方认为很重要的、应该有效传达的一条信息：

> 嫌疑人：“不，我已经解释了我当时在哪里，我不想再说别的。”
>
> 警察（坚定地说）：“你知道你的权利——是我来决定讯问何时结束。”③

当问及是否想要接受询问时，我样本中的28名嫌疑人说，他们不想受到询问，但他们还是与警方合作了，因为他们别无选择。

---

① Pepinksky(1970:388)。

② Goffman(1961:47)。

③ (1993:125)。

案例 1/59/W/A/Dis.

被告:“我是说,我是这样看待这件事的,如果你不和他们谈话,他们是不会让你走的。他们会让你在这里待满 48 小时,或者无论现在是什么情况……”

案例 1/39/W/A/Crim. Dam.

被告:“我必须去,不是吗?我不得不做点什么,否则我现在仍被关在里面,不是吗?”

案例 1/44/B/A/OAP

被告:“我很紧张,是啊!不过,我的意思是你能做些什么呢?你必须做一些事情,你不能像个小孩一样,只是坐在那里,好像你很害怕,是不是?你别无选择……”

案例 1/47/A/A/OAP

被告:“我认为他们不会接受,我是说这就是为什么我必须来警署的原因……他们打电话的时候,我对他们说,‘你们到我家来,我会做出陈述的’,但他们没有。你看,他们想逮捕我。”

案例 1/52/A/A/OAP

被告:“不,不完全是,但他们就是这样。你不能制定自己的规则,你必须去遵守他们的规则。”

案例 1/61/B/A/Dis.

被告:“你有选择吗?没有选择的余地,你必须接受讯问……我觉得我必须接受讯问,所以我想接受,只是为了赶紧把一切都了结了。”

因此,讯问是警方在落案室向嫌疑人施行统治和羞辱的一种强化。麦高伟和霍奇森已经将警方的“谴责和虐待”策略描述为旨在震慑和恐吓嫌疑人招供。欧文发现,“嫌疑人(被)不能首先发话、提问、应答或显示出对讯问人员权威的任何一种彻底的排斥”,他认为展示权力是向嫌疑人加压使其招供的方法。① 虽然这类行为无疑使得嫌疑人更有可能招供,它也例证了旨在教育“令人厌恶的”群体的行为。而对于那些“令人厌恶的”群体,警方可以选择任何方式找他们讲话。

除了对他们厌恶的人叫嚷和无端辱骂以外,警方将讯问室作为一个平台,告知“被监管的”群体他们可以被问及任何问题,以任何方式被提问,不管这问题是否涉及最初的怀疑。4 个受访人说,警察向他们提出问题或者发表声明,而他们认为这些问题具有侵犯性、无关联

---

① Irving(1981:123)。

性或侮辱性。

案例 2/16/W/A/Dis.

被告:“警官试图逼迫我讲出我私生活的各种各样的信息——我身上带有残疾证,她就想知道我为什么得到伤残津贴,想了解我以前的工作,我现在在进行什么求职申请。他们无权问我任何这样的问题,我也完全有权拒绝告诉他们。”

案例 1/47/A/A/OAP

嫌疑人,一个出租车司机,当他要求 3 名白人乘客支付车费时,遭到他们的严重殴打。在他向警方投诉这件事之后,他却因重伤罪被捕。嫌疑人说,在审讯中警察问他一些有关他移民身份的问题,他认为这些问题是无关紧要的并带有种族歧视:“他们问我是否有英国国籍——‘你知道你的护照号码是什么吗?’‘你出生在哪里?’他问我受过何种教育,我告诉他我有英国中等教育证书。他说,‘所以,你是在这里接受教育的?’我说:“是啊,我是在这里接受的教育。’他转身又问,“你能告诉我你上学的学校名称吗?’”

案例 1/62/B/A/Dis.

被告:“我认为他们开始长时间讨论私人的事情是不正确的,就像他们说我从哪里买的新衣服,我从哪里买的运动鞋,开始打听我女朋友的事情……”

这些问题与逮捕的最初理由没有任何关系。它们的作用是明确向嫌疑人表明他在警方那儿没有隐私。在逮捕和羁押都没有犯罪控制目标或在具体问题上不存在犯罪控制目标的案例中,用对犯罪控制的担忧这一原因无法解释警察对沉默权的敌意。敌意的产生是因为嫌疑人拒绝参与对话,被警方认为是向他们探究“人渣”生活的权力的一种挑战。

结论

尽管刑事司法系统通常依赖于被告在警署的叙述,在本章中这些叙述被认为是不可信的。这些叙述来自于对过程的操纵,嫌疑人在这一过程中遭受到各种各样的压力而被迫招供。正如前面的章节所示,警署环境是危险的,在落案室里,警方采取的行动旨在摧毁嫌疑人的自尊。

被逮捕者对于他们是否说话、他们何时说话以及他们和谁说话都无法控制。他们被告知何时坐下、何时站立、在哪里站立。他们的财产,有时连他们的衣服都被夺走。他们被关在牢里迷失方向。发生在讯问室的交谈必须放在这样的背景下理解,因为在许多案例中,它们将起到消除嫌疑人抵制警察要求的勇气的效果。

在许多案例中，嫌疑人被要求对其行为提供解释，即使他的辩解含糊不清，而且他对不利于他的证据一无所知。事实上，警察没有义务与他或他的法律顾问共享信息。有证据显示，警方操纵和篡改证据，以便向犯罪嫌疑人施压使其认罪。嫌疑人在某些案例中被明确告知，拒绝招供或拒绝考虑罪行或拒绝说出同谋犯的姓名，会导致他们遭受惩罚。这可以表现为以下形式：拒绝保释，更严重的指控，延长羁押时间，逮捕其朋友和亲戚，搜查处所，或剥夺其香烟和其他使生活舒适的物品。增加压力的方法是多方面的。因此，难怪飞利浦委员会被迫接受了，在警方讯问中嫌疑人叙述不能被认为是自愿的观点。我发现，对许多嫌疑人而言，甚至迈进讯问室的行为都是一种非自愿的行为。因为他们觉得，在警署期间，他们别无选择只能服从警方可能会要求他们做的任何事情。

这些叙述不可信，不仅因为它们本身就是由强制过程伪造来的，而且从这个意义上讲，在某些案例中，它们不是由嫌疑人做出的。尽管警方声称，讯问为嫌疑人提供了一个讲述他自己想法的机会，那些研究过警方讯问的人发现，警方不鼓励嫌疑人叙述他们是如何感知这些事件的。让嫌疑人以这种方式受到控制，会破坏将这些人带到警署的根本目的。在某些案例中，被嫌疑人作为“供述”或“坦白”呈现在法庭上的叙述，是已被警方创建过的叙述。嫌疑人被描绘成对主要的问题，或者仅仅是一份警方声明的问题，或者利用嫌疑人不懂法律概念的问题，诺诺连声，同意接受这些叙述的所有权。

除了每天来自于警方讯问室的叙述外，警方作为一个组织多年来已经开发了另一种叙述。这种叙述是讯问权在打击犯罪的斗争中必不可少的。回顾在这个问题上的大量研究表明，这种警察的叙述也是不可信的。警方对讯问权的重视，至少可以部分地从警方希望控制“令人讨厌的”个人和群体来解释。它为他们提供了一种手段来传达他们对社会秩序中这些群体的不满和控制权。讯问与其说是一种调查权，不如说是警务对象的对手——警方所拥有的另一种“权力”。

第六章

正当程序的影响

该书的首章认为，飞利浦委员会主要关注的是确保法律迎合“警方需要”，且《警察与刑事证据法》更是通过授予警方与拦截、搜查、逮捕、监禁和讯问相关的广泛权力来达成此目的。然而，就在与通过此法案相伴而生的争议中，其支持者辩称，《警察与刑事证据法》代表着嫌疑人获得了净收益，因为它赋予了他们一整套的权利和保护。在其实施后，一些评论员和研究人员声称，嫌犯的地位确实有所改善：法律的详细审查、监管人员提供的保护和同步录像的引入已将警方置于法律的严密监督之下，而且成功地使他们的做法符合法律规定。①

本章探讨了《警察与刑事证据法》赋予嫌疑人的权利和保护，提出如下论点：该法案在这些“正当程序”方面是无效的，因为其很少使嫌疑人有准备地挑战警方的管控。嫌疑人要么就是不知道、不理解或不知如何行使他们的权利，要么就是很清楚地认识到警方会让那些坚持自己权利的人付出代价。确实，不是要阻止警方运作他们的奖惩制度，而系统本身对“权力”的授予或者拒绝，已经成为了被警方用来证明他们控制嫌疑人的一种手段。在参考《警察与刑事证据法》的许多实证，进行研究后，这个论点得到了支持，我本人的实地调查记录和讯问资料对这些研究的结果也进行了补充。

权利的知晓和理解

飞利浦委员会接受了这样的理念，即告知嫌疑人权利是公正的要求。② 因此，《警察与刑事证据法》规定了所有嫌疑人都应被告知他们拥有的权利，以便他们将自己被捕一事告诉其他人，并在羁押期间随时联系免费的律师。③ 只有警方认定嫌疑人不能理解对他所说的话，或者在嫌疑人使用暴力或者可能使用暴力的情况下，这样的信息交流才会被延迟。④《实务守则》要求警方在讯问前提醒嫌疑人，对警方的提问他可以不作任何回答。⑤

欧文和麦肯齐在 1986 年至 1987 年间进行了一项旨在确定《警察与刑事证据法》对警方行为影响的研究。该研究专门设计用于调查警方的讯问行为，研究人员在 1986 年和 1987

---

① David Pannick Q. C. 在伯明翰 6 人案公布时发表评论，声称警方像这样不正当的行为在 *Police and Criminal Evidence Act 1984* 的新世界里会难以重复(参阅 1991 年 3 月 17 日出版的 *Observer* 第 23 页)。一些研究人员支持这一说法：Irving 和 McKenzie 1989 年；Maguire 1988 年；McKenzie 1990 年 5 月 31 日的《独立报》：第 23 页。对于这一说法更为合格的版本，参阅 Dixon 1992 年；Maguire 和 Norris 1992 年。

② (1981 年：第 2—19 页)。

③ Code C 第 3. 1 段。

④ Code C 第 1. 8 段。

⑤ Code C 第 10 段。

年观察了对68名嫌疑人的讯问。该研究是在布莱顿市的一个警署进行的，作者在这里观察落案室内的讯问程序，所用时间不确定。[①] 他们的报告说，“在观察的所有案件中，囚犯们都按照《实务守则》的要求被正确告知了他们的权利”，而且“制定的旨在保障这些权利的程序也被严格地遵照执行”。[②] 欧文和麦肯齐没有确定观察的案件数。

他们研究成果的推广能力一直受到桑德斯等人的争议。[③] 在一次旨在探讨实施24小时值班律师制度的活动中，研究人员审查羁押记录、进行观察研究，并在从7个不同地区的10个警署中抽取的5756起案例样本，对警员、律师和嫌疑人进行了采访。2060起案例实际上是由研究人员观察到的，其余则取自羁押记录。

他们发现警方有一项不告知某些嫌疑人他们享有法律咨询权利的特别政策。虽然羁押记录显示，超过92%的全体嫌疑人都曾被告知。但是当研究人员实际观察一组样本后，他们发现只有在87%的案例中，嫌疑人得到权利告知。他们看到警员们仅提供书面通知，以一种旨在使他们难以理解并不完整的方式宣读并告知其拥有的权利。一名警员告诉研究人员：“现在根据《警察与刑事证据法》的规定，你尽可能快地向他们宣读他们拥有的权利——很快地告诉他们，使他们无法理解——说，‘在这里、这里、还有这里签名’，就这样，什么都没有变，我们都知道，虽然不会有任何一名警察向你们承认这一点。”作者们注意到，超过一半的案例没有提供书面通知(94起案例中的52起)，而警方却记录他们已经通知到。[④]

研究人员还发现在1/3未事先提供通知的案件中，警方会误导嫌疑人在羁押记录上签字，表明他们已经被告知过。其中有个案子，嫌疑人拿到了一张列出她享有权利的告知书，但是却并未被告知其有权咨询律师。警员指着“我不需要律师”这段，对她说：“在这里签字，说我已经给过你这些表格了。”该警员告诉研究人员，这就是在履行他的职责，他没有听说过别的警员的做法有什么不同的。[⑤]

最后，在7.6%的案例中，羁押记录表明未给予嫌疑人任何通知，而这些案例中有一半没有给出任何理由来解释这种不作为。而且，研究人员观察到，在10起案例中，警方以“拒绝签名”作为羁押记录未签名的理由。而在其中的5起案例中，嫌疑人甚至未被告知其拥有的权利。在一起案例中，尽管嫌疑人抗议受到不公正对待，但他还是被带入囚禁室，接受讯问，未被告知权利，受到起诉。醉酒以及使用暴力是羁押记录中最常用于解释嫌疑人未被权

---

① (1989:37)。

② 出处同上，第42页。

③ (1989)。

④ (1989)，第48—58页。

⑤ 同处同上，第50页。

利告知的理由。研究人员指出，如果认为警方对嫌疑人行为的评价是正确的、公正的，那么允许嫌疑人获得法律咨询的一个主要理由就是允许其对警方的评价进行挑战。①

作者发现，没有进行权利告知对法律咨询的参与率产生了相当大的影响。近 40%接到告知的嫌疑人申请法律咨询，而在未进行权利告知的那些案例中，这个数字低于 16%。②

我样本中 80 名嫌疑人全部被问到警方是否告知他们所享有的权利，除一人外其他人都做出了回答。1/7 的人(13 人)声称，他们没有按照《警察与刑事证据法》的规定被告知他们的权利。4 人说，他们根本没有被告知权利，剩下的 9 人则说他们仅得到部分的告知。在这些仅被部分告知的人中，5 人说他们未被告知有保持沉默的权利，2 人说他们未被告知律师是免费的，1 人说他未被告知可以通知他人他已被逮捕，1 人说他没有被告知可以查阅《实务守则》。

样本中的 67 人中有 3 人说，他们被充分告知了自己的权利，但同时承认并不理解这些权利。

案例 2/02/W/A/Dis.

研究人员："你了解你的权利吗？"

被告："我在阅读方面有点问题，所以我无法阅读他们给我的那张纸。"

研究人员："但是你说过，他们把你的权利告诉你了，比如，你说他们告诉你有权保持沉默？"

被告："是的。"

研究人员："你怎么理解他们的意思？"

被告："我不知道。他们只是逮捕我，把我带到楼上。"

剩下的 64 个说自己已充分获知拥有的权利。并且在理解这些权利的人中，有 5 人在被要求概述出他们的权利时，说不出来。

案例 1/57/A/J/Dis.

研究人员："那么关于你的权利，你是理解警察对你讲的话的，对吗？"

被告："是的。"

---

① 同处同上，第 51 页。

② 同处同上，第 48 页。

研究人员:“你能告诉我他讲了些什么?他告诉过你,你享有的权利吗?”

被告:(沉默。)

研究人员:“你说你了解你的权利,是吧?你能告诉我在警署期间,你的权利有哪些?”

被告:“呃……我不知道,先生。我不知道!整个事情都他妈的一团糟……”

除了这些明显不了解他们权利的人之外,59 个能概述自己权利的人中也有不容忽视的少数人(这方面的数据未收集)以一种机械的方式,将他们的权利说出来。嫌疑人把羁押官读给他们听的声明几乎是一字不差地一口气说出,在结束的时候还说些像“就是这样,不是吗?”或者“我想这就是他所讲的”之类的话。至少这也说明了关于权利的信息并未得到有效的传达。

克莱尔和古德琼森做了一次旨在确定即使得到恰当通知、仍无法理解自己的法律权利的嫌疑人所占比例的试验。在试验中,他们告诉 100 名成年受试者其享有的权利,却发现他们中仅有 52%的人了解沉默权,70%的人知道免费获取法律咨询的权利。① 该试验没有考虑到大多数嫌疑人被带到警署后所承受的压力,作者因此相信,这些数字很可能高估了了解这些权利的人所占的比例。②

自从克莱尔和古德琼森进行他们的研究以来,警方警示已经随着《1994 年刑事司法和公共秩序法》第 34 条引发的沉默权的变革而变化。嫌疑人现在必须被告知,虽然他们不必回答警方的问题,但是如果他们未能提及以后在法庭上将要依靠的事实,这将不利于他的辩护。由谢飞德等人进行的研究证明了对警方的警示感到困惑的人数由于这个变化有所增加。研究人员曾对着 108 名一般公众读出这一新警示。他们发现仅有 1/8 的人懂得该警示想表达的含义,即因未提及以后可能要依靠的东西而不利于他们的辩护。1/4 的受调查对象理解了,如果他们不想说可以不必说的说明意味着什么。该研究总结道:“坦率地讲,向嫌疑人传达这 37 个字、包含三个方面的警示,总体来说是一个毫无意义的程序。它的长度、条款数量、句式和语义的复杂性,毫无疑问超出了街上大多数人的汲取能力,更不用说理解能力。”③

---

① (1992:15)。

② 出处同上,第 24 页。

③ Shepherd 等人(1995:66)。

有权不被单独监禁

《警察与刑事证据法》规定，如果嫌疑人要求将其被捕的消息和下落通知他人时，警方必须“在切实可行的范围内尽快地”通知嫌疑人指定的人。只有当嫌疑人因为严重案件遭到逮捕时方可延迟通知，且这种延迟必须得到至少拥有警监以上级别的长官授权。[①]

柏德礼等人研究了北部一个警察机关的羁押记录，发现在1000起案件中仅有13起得到授权延迟通知。但警方记录中却未说明详情：在与警察交谈并亲自观察程序后，他们发现存在“非正式的”延迟通知的现象。在一些案例里，延迟是“故意的”，比如说，当讯问人员决定在告知之前就已经决定搜查住所了。作者认为，如法案中像“在切实可行的范围内尽快地”这样的措辞的“灵活性”促使“规则变通”。在联系上指定的人之前，此人就被解除羁押的案件中，“非故意的”延迟也有发生。这类情况的发生是因为警察将这项工作视为低优先级的，未能“努力为了囚犯的利益加快事件的进程”[②]。布朗发现1/4的告知未能在1小时内得以传达，大部分的告知均花费了两个多小时。[③]

有些与我交谈过的人说，警方在代表嫌疑人联系其亲友时，态度是非常松懈的，同时另一些人怀疑警方是否真地做出了任何努力。

案例1/31/B/A/Dis.

被告：“我要求联系我的父亲。他们从我这儿拿走了电话号码，说他们会联系的。”

研究人员：“他们联系了吗？”

被告：“没有，我认为他们没有。我的意思是如果他们这么做了，那么我父亲怎么没来呢？如果他们打过电话给他，他会来这里的。”

一名嫌疑人声称，他因请求通知某人被处以了延长羁押的惩罚。

案例1/78/B/A/Dis.

被告：“如果你不要求通知某人，你会马上离开。如果你要求了，那么你会在这里待很久。”

---

① PACE第56条。

② Bottomley等人(1991:356—357)。

③ (1989)。

除了有权将自己被捕的消息告知他人外,《实务守则》还规定嫌疑人还有权在合理的时间内与一人通电话。[①] 警察没有义务告知嫌疑人此项权利,并且和柏德礼等人一样,[②]我注意到警察从未提及此项权利。尽管如此,有些嫌疑人还是会知道这项权利,而其他人则是通过阅读由警察提供给他们的书面权利的通知书获悉的。不过那些试图行使这项权利的人却发现这样做并不容易。

案例 1/39/W/A/Dis. and Crim. Dam.

被告:"我在牢里看了他们给我的那张纸,纸上好像说了我可以打电话给别人。所以我就按响了蜂鸣器,对那警察说我想打电话给我的父亲。他说:'我们会看看能不能做得到。'"该嫌疑人说他等了大约半小时,又再次按响了蜂鸣器。他被告知还必须等。该嫌疑人抱怨说,在他被允许打电话之前,他似乎被迫等待了很长一段时间。

案例 1/66/W/A/Drugs

被告:"如果你想打电话,他们确实会让事情变得困难。我申请了,可我依然在等待……我不知道是为什么。我想这是因为他非常在乎让你等待这件事。"

案例 2/06/A/A/Dis.

嫌疑人说,他未被告知有权将其被捕的信息通知他人,但是尽管如此,他还是问及能否给他父母打电话。该嫌疑人声称,警察告诉他这是不可以的。嫌疑人要了一本《实务守则》,在牢房里看起来,又按响蜂鸣器让狱警过来。他告诉狱警,根据该守则,他是可以打电话的。狱警说,他应该在刚被带进来的时候就提出申请,而嫌疑人回答说他申请过。嫌疑人对我说,他一直都没有得到打电话的机会。

沉默权

飞利浦委员会在其报告的序言中做出声明,表示通过设置程序赋予嫌疑人充分的机会行使自己的权利,以确保公正。[③] 尽管公开宣布支持这一原则,但是该委员会忽视了欧文的结论:鉴于警方讯问时的压力,沉默权是绝大多数嫌疑人发现无法行使的一项权利。正如前面的章节所说,《警察与刑事证据法》几乎很难阻止警方向嫌疑人施加巨大压力以使其招供。

---

① Code C 第 5.6 段。

② (1991:357)。

③ (1981:第 2.19 段)。

因此，毫不奇怪，甚至在1994年的法案出台之前，仅有极少数嫌疑人能够行使自己的沉默权。麦高伟和霍奇森发现，在他们的样本中，仅有2.5%的嫌疑人拒绝回答所有问题，另有27%的人则决定选择性回答，从而使得整个对话可以被推定为证据。①

既认可警方的讯问权又认可嫌疑人的拒答权的法律地位，对于一部分接受过我采访的人来说意义不大。他们不确定应当如何行使该权利，也不清楚法院会如何对沉默进行解释。

案例2/01/W/A/Dis.

研究人员："那么，他们对你说过，你可以保持沉默吗?"

被告："他们问你问题，你回答不了的话，就保持沉默。你应该颇具艺术性地去做那件事。"

案例2/07/W/A/OAP

被告："这是一种进退两难的局面，在录音讯问中更是如此。如果你保持沉默，你就会被推定有罪。"

正如上文指出的，警方警示的变化毫无疑问地将会增加绝大多数嫌疑人的困惑。由谢飞德等主持的研究显示，它也有可能增加嫌疑人的紧张和压力。研究者发现，虽然多数人不理解警告，但是听到的人中有60%说，他们将其视为一种威胁，或者是使其面临压力的东西。②

绝大多数嫌疑人未行使该权利的事实，也必须放在警署双方互动的广义语境中理解。正如第四章所认为的，对待嫌疑人的方式正是朝着摧毁他们挑战警方行为的勇气的方向发展。所以，虽然嫌疑人可能不希望回答警方的问题，但是他清楚地认识到他会被带出囚禁室，监禁在讯问室里接受讯问，直至警方判定讯问再没有什么用处。大多数嫌疑人知道拒绝回答意味着延长羁押时间，很可能还会引起一场更不愉快的讯问。正如前面章节里详细描述的那样，当被问及他们是否想接受讯问时，28名嫌犯说他们当然不想。尽管如此，28名嫌疑人还是都回答了警方的问题。按照他们的表达，"规则"是警方制定的，必须得遵守。他们认定如果不遵守规则将会惹怒警方，用更长的羁押时间来惩罚他们。

---

① (1993:176)。获得这些数字的前提是所有警方的问题是正确和合法的，因而值得回答。

② *Op. cit.*，第66页。

接受法律咨询的权利

《警察与刑事证据法》第 58 条规定，所有的嫌疑人在羁押期间，有权随时咨询律师。通常的规则是，一旦可行就允许他咨询律师，但是在特殊情况下，警方可以将这个时间延迟至 36 小时之后。

为这项权利不懈奋斗的人是很希望借助这个方法来保护嫌疑人免于受虐待和误判的。有人认为，律师能够向嫌疑人提供其因何罪名而被捕的准确细节以及相关的不利证据；确保嫌疑人以有意义的方式获知其拥有的权利；为希望行使沉默权的人提供心理支持；保护嫌疑人免受刑讯逼供并以此来减少不可靠口供的发生概率；最后，监督警方对待嫌疑人的行为，并借此来保护嫌疑人的物质福利。① 但是，这些期望并未得到充分实现。

并非所有嫌疑人都申请法律咨询

在我的样本中(41 人)，略过半数的嫌疑人申请过法律咨询。与使用比本研究样本数多得多的研究人员测算出的申请率相比，这个数字已经是相当高了。桑德斯等人的发现与布朗②、欧文、麦肯齐③的发现一致，测算出的申请率仅有 25%。即使认为本研究测算出的申请率具有代表性，但它仍然意味着几乎一半的嫌疑人拒绝了免费提供旨在帮助他们的法律咨询。

毫无疑问，造成低申请率的主要原因还是要从嫌疑人的态度中去寻找。桑德斯等人发现，遭受监禁的巨大压力，使得绝大多数嫌疑人会发觉自己很难考虑等待，哪怕是 15 至 30 分钟，这通常是律师到达的时间。④ 在我的研究中，1/4(10 人)不申请法律咨询的嫌疑人表示，他们之所以如此选择，是因为如果不这么做耗时太长。

案例 1/50/W/A/Dis

被告："我很高兴我出来了，不是么？这才是我唯一关心的事情。至于在法庭上我会发生什么，我才不在乎呢！"

---

① 参阅全国公民自由议会递交给皇家刑事司法委员会的意见(1979)以及皇家刑事司法委员会在 1981 年的报告第 4.89 段。

② (1989)。

③ (1989)。

④ *Op. cit.*，第 72 页。这些时间的估算由 Brown(1989:24)和 Sanders 等人提供，第 87 页。

另外的7名嫌疑人认为,事情尚未严重到有必要获得法律咨询的程度。6名嫌疑人则声称他们是无辜的,因此没有理由需要请律师。而另外的10名嫌疑人认为他们不需要律师的原因,是因为他们有罪。因自认有罪而不申请法律援助的嫌疑人与因自认无罪而拒绝法律援助的嫌疑人,所面临的风险是一样的。

案例 1/65/W/A/Dis.

嫌疑人说,他从一个门敞开的小屋里偷了一副园艺手套。“我认为我不需要请律师。我觉得最多也就是给我贴个‘盗窃’的标签,然后就能获得保释。有人告诉我会得到保释,但是我未能得到保释。”事实上,该嫌疑人被控以入室盗窃罪。

最后,还存在着这样一类人(4人),他们不寻求法律援助,因为他们之前已经发现这种做法是无益的,或者是因为他们根本不相信律师会独立于警方和法院之外。

案例 1/79/A/W/Dis.

被告:“我曾请过一个律师,但他没有帮上多大的忙。他不听我讲的话,对于我认为我们应该对警方说的话,他也不感兴趣。他只是一味地告诉我要做什么……所以这次我来到这里就不想再折腾了。”

案例 1/48/B/A/POO

被告:“总之,指定律师就是狗屎,他们是在为他妈的警方和法院工作。”

虽然嫌疑人的态度很大程度上有助于解释为何那么多人拒绝免费的法律咨询,但是警方的行为也起到了一部分作用。正如上文所说,一些嫌疑人并未被正确告知他们所拥有的权利,这影响了申请率。除了通知不充分外,桑德斯等人还发现警方会利用多种策略来阻止嫌犯申请法律咨询。他们发现嫌疑人被警方告知,“这并不是一个很严重的指控”“你必须待在牢里直到律师来这里”“此时,我们找不到律师”,以及“你没有必要为了这类罪行而请律师”。① 而且,有些嫌疑人还告诉研究人员,警察在警车里面就会教训他们不要请律师,或者对他们说不请律师的话会得到警告,而请律师的话就会受到指控。② 研究发现,超过40%的案例运用了一种或多种策略,而且与嫌疑人运用两种甚至更多策略情况下

① *Op. cit.*,第59页。

② 出处同上,第64页。

的请求率相比，正常请求率明显要低。而系统使用各种策略的警署内法律咨询的请求率则为最低。①

我曾经问过我研究样本中的所有嫌疑人，不管他们是否申请过法律咨询，警方是否对他们说了或者做了什么来阻止他们申请律师。有 3 名嫌疑人说，警察曾试图阻止过他们。

案例 1/30/W/A/Dis.

被告："当你想让你的律师在场时，他们会不喜欢……我的意思是他们不会直接和你说，但是只是通过他们的行为等等来表达，明白吗？你知道，他们不希望律师来。"

案例 1/55/W/A/Dis.

被告："当我要求请一名律师的时候，他们的反应可真是滑稽——'你请一名律师来做什么？'"

案例 1/75/W/J/Dis.

嫌疑人认为，警方曾试图向他施压，在无律师在场的情况下接受讯问。他提出了申请律师到场，但被告知他必须等到第二天早晨。到了第二天，狱警来到他的囚禁室告诉他，现在是他接受询问的时候。该嫌疑人回答道，他尚未与律师交谈过，在此之前他不会回答任何问题。该嫌疑人说，显然警察对于他的这种坚持很恼火。

虽然剩下的 77 名嫌疑人说警方未曾劝阻他们申请法律咨询，但从其中 12 件案例提供的叙述来看，警方试图阻止的情况还是很明显的。

案例 2/01/W/A/Dis.

当嫌疑人要求见律师时，却被告知时间太晚了，律师很可能不会出现。该嫌疑人就改变了主意。

当被问及是否有人告知他所享有的权利时，嫌疑人回答说："哦，是的，但是他们说没有必要，因为我们只是对你提出指控，还是会放你走的。"当嫌疑人请求将情况通知某人时，警方说："根本不值得这么做。你只需要在这里待 10 分钟而已。"（其实后来他被羁押达两个多小时。）

案例 1/46/W/A/Drugs

被告："不，他们并未阻止我请律师，他们只是说如果我不请律师的话，进程会更快些。

① 出处同上，第 61 页。

我的意思是，后来我改变了主意，并和律师一起来解决这个问题。”

这 12 人中有 4 人被告知，拘捕他们只是“例行公事”；而他们所需要做的只是“陈述”，然后就会得到允许离开。两个这样的嫌疑人接受了漫长的讯问，并被指控犯有严重罪行。

并非所有申请法律咨询的嫌疑人都能接触到律师

桑德斯等人发现，虽然只有不到 1%的案件中，警方会援用他们的权力来推迟嫌疑人获得法律咨询，但是几乎 1/4 的申请法律咨询的嫌疑人未能成功获取相关的咨询。① 与我交谈过的嫌疑人中，没有一人被警方告知，他们会延期获得法律咨询，但是提出申请的人中有 6 人未能与法律顾问有接触。未能成功会面的原因，有时可以解释为嫌疑人改变了想法。例如，在我的样本中，提出申请的 6 人中有 2 人未能接触到律师，他们说，改变主意的原因是他们不愿意等待。

案例 1/52/A/A/OAP

被告：“他说电话占线，所以我说不想麻烦了……我就想着能从那里出去——牢里臭死了。”

桑德斯等人阐述道，改变主意并非总是自发的。他们认为，在他们的研究中相当大一部分的嫌疑人改变了主意是讯问官向他们施加压力的结果。研究人员发现，这些警察将嫌疑人带到一边并劝说他们，如果取消申请，事情将会更好些或者更简单些。②

法律咨询的请求有时候会被完全忽略的事实更加令人忧心。桑德斯等人发现，在5.9%的案例中，嫌疑人提出的明确请求甚至未被记录在羁押记录里。研究人员计算出，在提出了申请且未被取消的所有案件中，没有打电话给律师或者给“空中热线”的比例竟达到了“引人注目”的 10.4%。③ 桑德斯等人指出，这可能是以下原因造成的：警方实施了一项拒绝向特定人员提供法律咨询的政策，即使他们已经明确地提出了申请。这个理由是有事实依据支撑的：无接触率几乎是警方未成功说服嫌疑人放弃申请法律咨询的案例的两倍。因此，如果

---

① *Op. cit.*，分别在第 27 和 24 页。Brown(1989：24)已计算出请求法律咨询的人中，略高于 16%未能获取咨询。

② *Op. cit.*，第 64 页。研究发现，在使用策略反对犯罪嫌疑人请求法律咨询的地方，取消率从 12.5%上升到 19.6%和 38.5%(两种或两种以上的策略)。

③ 研究人员没有低估“研究人员的作用”：“警方违反第 58 条规定，拒绝嫌疑人获得法律咨询的程度可能大于我们所能确定的。”(第 68 页)

警方决心拒绝给予某个特定嫌疑人法律援助,他们似乎完全可以阻止其法律咨询的请求。[①]

在本研究中,申请法律咨询却未能与律师会面的6人中,有4人说警方未给出任何理由说明为什么不允许他们与法律顾问交谈。在观察期间,我亲眼看见的3起事件中,获得法律咨询的请求要么未被记录,要么就是获得的法律咨询被非正式地延迟了。

实地调查笔记摘录29(格里姆斯顿)

该嫌疑人可能不懂英语,通过翻译他获知到他所享有的权利。嫌疑人申请与他的表哥通电话。警察说将由警方去打电话,并且问他在此期间是否想与律师沟通。嫌疑人明显困惑了,他说,他想与自己的表哥通话,由他的表哥来决定是否需要请律师。该警察试着拨打了嫌疑人所提供的号码,说电话占线。讯问官告诉该嫌疑人,警察还会继续试着拨打电话,但是在此期间他们应该继续进行讯问。该警察说,他将会在羁押记录中"现在是否要请律师"这一栏中填上"否"。嫌疑人随后被带走接受讯问。

实地调查笔记摘录30(纳什福德)Case 2/14/W/A/POO

就我所能确定的而言,嫌疑人被毫无理由地粗暴对待,手臂和手腕被两名执行拘捕的警员拧着。这个景象被警察尽收眼底,而且该嫌疑人反复要求与律师会面。[②] 在该嫌疑人被拉出来扔进囚禁室后,警察拨通了指定律师的电话说:"我这里有个人想见他的律师。现在他喝得烂醉,我们完全不懂他在讲些什么,而且他很暴躁、很讨厌……所以不想见他了吗?我觉得这是最好的。"该嫌疑人最终在其法定代理人到来之前被释放了。

实地调查笔记摘录31(格里姆斯顿)

嫌疑人因给警署的玻璃门造成刑事破坏于下午7点40分遭到逮捕。对于他的被捕,他感到极其气愤,大声咒骂着说要见律师。他被锁进囚禁室,并多次要求获得帮助,却只是得到了羁押人员偶尔的回应。有次所有人都听到了该嫌疑人见律师的要求。但羁押人员也未做任何尝试去联系律师。直到晚上十点半,他们才开始努力寻找执行拘捕的警员,以便实施讯问。但此时,执行拘捕的警员已下班,所以直到第二天凌晨3点方才找到该警员对于此事件的报告。我问为什么没有在凌晨1点40分羁押复核,得到的回答则是因为督察"忙得有点脱不了身"。

凌晨3点联系到了律师,他于3点半到达。在一番简单的询问后,该律师出现了,通知警员他的当事人拒绝接受讯问。所有在场的警察对此深感惊讶。该警员让其中一名警察去

① 出处同上,第67页。

② 了解这个事件的全部细节,参阅第78页。

起诉该嫌疑人，说："没有关系，证据已经足够了。"鉴于嫌疑人在前一天下午 7 点 40 分已经被捕，当律师问及该警员为什么直到第二天凌晨 3 点才联系他。该警员说："哦，他没有告诉我们他要请律师。每次我们进牢房问他，他只是辱骂而且语无伦次，所以我们就不理他，认为应该让他清醒点。"

联系律师既无法保证获得法律咨询，也无法保证亲自获得法律咨询

谁也无法保证联系过律师事务所的嫌疑人会获得法律咨询。布朗发现，在法律顾问与嫌疑人有过接触的 7%的案例中，双方未进行直接的讨论。① 桑德斯等人将这个数字提升到 23%以上。此外，布朗与桑德斯等人都发现约 20%的案例仅仅是以电话的方式提供法律咨询。② 桑德斯等人根据其观测到的数据计算出，那些提出请求的人中仅有大约一半人亲自获得了法律咨询。虽然布朗指出的"律师出席率在严重案件(可逮捕罪行)中会偏高些"的观点是正确的，但是在这类案件中还是有略低于 1/5 的嫌疑人仅仅通过电话获得咨询。

桑德斯等人在报告中提到，在一些案例中，会听到法律顾问问嫌疑人是否认为自己需要律师。正如研究人员指出的，这不仅是付费给律师做出一个专业的决定，而且这个问题是不恰当的——因为嫌疑人受羁押困扰，难以做出冷静的评价。而且提出去警署，律师也从来不用专业的中性词语来表达：他们会极力让嫌疑人相信，通过电话就足以解决问题。鉴于此，桑德斯等人得出以下结论就不足为奇了："辩护律师与警察，对于可能对嫌疑人造成的伤害方面，似乎比天真的观察员可能预料的，有着更多的共同之处。"③

接受桑德斯等人采访的律师说，他们充分意识到了出席讯问的重要性。大多数律师表示，如果嫌疑人要接受讯问，他们总是会在场的。不过研究显示，尽管联系过律师，他们在有讯问的案件中的出席率只有 64%。④ 在我观察的一起案件中，律师通过电话极力劝说嫌疑人应当坦白；而在另一件案例中，警方不得不说服律师他实际上应当到场。⑤

我的研究样本中请求法律咨询的 41 名嫌疑人中，有 14 人只是通过电话获得法律咨询。其中有两人说，是他们让法律顾问不要来警署。

案例 1/30/W/A/Dis.

被告："我告诉他这毫无意义——这只会花费更长的时间。我想要的是，让他弄清楚我

---

① (1989:26)。

② 分别在第 27 页和第 101 页。

③ *Op. cit.*，第 117 页。

④ 出处同上，第 117 页。

⑤ 出处同上，第 118—120 页。

为什么会被拘捕并确保我获得保释。"一个人说，他被告知，是否想让他的法律顾问来警署是他的决定。

案例 1/70/W/A/Dis.

被告："他对我说：'如果你真的想让我过来，我会过来的。'所以我就说：'一切会好起来的吧。'他对我说，如果我改变了主意，如果事情确实变得很严重，我应当给他打电话，于是我想，嗯，那好吧。"

那些和法律顾问取得联系的人中有 7 人被顾问告知，他不会出现在警署，因为这么做没有必要。

案例 1/49/B/A/OAP

嫌疑人在接受讯问后才联系律师。律师告诉嫌疑人，他的出现没有意义，第二天早上他会在法庭上与嫌疑人会面。嫌疑人同意了，但告诉我他对此表示担忧。他本打算将有关自己被捕的情况告诉律师，这样律师"能考虑一个晚上"，为次日上午的庭审做好更加充分的准备。

案例 2/05/B/A/Dis.

被告："他知道我不会作陈述——我从来没做过这件事……律师只是说：'和以往一样，如果你需要我，再打电话给我。'"

案例 2/09/W/A/Dis.

嫌疑人说，律师告诉他她到场没有意义，因为他在下午之前就会获得保释出去。事实上，被告被拒绝保释，他将此事归咎于律师没有出席。

在 4 起案例中，法律顾问对于没去警署并未说明任何理由。从与这 4 个人交谈的情况看，这个问题似乎甚至未被提及。

除了这些"只是电话咨询"之外，两个人联系了法律顾问却未收到任何建议。在一件案例中，法律顾问说，他第二天会出席，但到那时，嫌疑人已经改变了主意。在另一件案例中，顾问拒绝采取行动。

案例 2/03/W/A/POO

被告(一名海洛因成瘾者)："我对被捕一事真的很心烦，当时状态相当不好，然后我就对他喊叫起来。他说，如果我的态度还是这样，他将拒绝做我的代理人，并且挂断了电话。所以我把这件事搞砸了。我要是晚一会儿与他谈话就好了,那时我就会意识到自己在做什么。"

在警署出现并不确保讯问时到场

桑德斯等人发现,在有法律顾问出现在警署的1/5的案例中,他或她未能出席讯问。[1]在最近的一次研究中,麦高伟等人发现,在少数案件中,代理人继续以这种方式抛弃当事人。[2] 我获悉有两件案例,法律顾问到了警署却并未留下参加讯问。其中有一件的情况是因为嫌疑人感觉律师等不及了。

案例1/71/W/A/Dis.

嫌疑人要律师出席他讯问过程的请求化成泡影。期间,他的律师动身去了法庭,告诉他,她很快就会回来。律师离开后,该嫌疑人被告知讯问人员已经准备开始讯问,他是否准备好在律师不在场的情况下回答问题。该嫌疑人同意了:"因为我只是想出去,所以我想我会看看自己能否让他们相信不是我干的。"

桑德斯等人说,警方有时候会使用策略来劝说嫌犯在没有律师在场的情况下接受讯问。然而,在有些案件中律师缺席是由于法律顾问非专业的行为造成的。他们引用了这么一个案例:当警察问律师是否要等到参加讯问时,他竟然回答说"不"。他补充说:"我想我可能不必……他在咳嗽。"[3]没有等到法律顾问出席就接受讯问的两名嫌疑人中的一人告诉我说,顾问要求他在事情开始变得有点忙乱的时候停止接受讯问,并给他打电话。

联系并不确保会得到来自于律师或者甚至受过法律培训的顾问的建议

桑德斯等人发现,他的样本中有30%的嫌疑人是由没有资格的律师("代理人")给出建议的。[4] 不在指定律师计划之列的律师事务所因此不受代理人使用限制的约束,在超过42%的案件中使用了无资格的人员。[5] 麦高伟和霍奇森提出的数字更高:他们发现所有案件中超过75%的案件都用了代理人。他们还发现从实习律师到前警察,都可以充当"不合

---

① 出处同上,第121页。

② (1994:99)。他们观察了216件有律师到达警署的案例,其中有4件案例顾问没有出席警方的访谈。

③ *Op. cit.*,第123—124页。

④ 在另外18%的案例中,顾问的身份未能确定。

⑤ 根据*Scheme*操作的律师事务所在略高于10%的案例中使用代理人。

格代理人”。①

麦高伟和霍奇森的研究还显示，虽然绝大多数律师事务所依赖无资格人员，但是极少数事务所为他们提供法律培训。作者写道：

> 一旦新职员独自去了一家警署，如果他们未给律师事务所带来明显的不利后果而履行了程序，他们则被视为“受过训练的”。在这种方式下，大量的刑事案件一般派遣秘书和办公室年轻后辈去警署从事提供建议的业务。②

还必须关注这一事实：律师事务所似乎没有对罪行分等级，以便决定何时应当由律师而非文员去提供建议。麦高伟、霍奇森和桑德斯等在各自的报告中都说，律师事务所经常派遣文员去提供咨询，即使是在重大案件中也是如此。③

在警署这种充满压力的环境下，使用无资格人员提供法律咨询有着明显的风险，这些也在麦高伟和霍奇森给皇家刑事司法委员会的报告中得到充分的阐释。虽然文员可能学到警署办案程序方面的一些知识，但是他们在刑事法律、证据规则和程序方面的知识必然是极其有限的。麦高伟和霍奇森报告称，在有些案件中，文员陷入困境的时候，还会向研究人员寻求法律咨询。对法律知识的缺乏可能导致文员本身信心不足，而人们认为警方在嫌疑人面前利用其弱点，“贬低”文员，比如称他们为“秘书”。④

在没有法律知识、缺乏信心和警方敌意的综合作用下，一些代理人建议嫌疑人不作回答，不管这是否是最好的策略。其他人则走向了另一个极端，力图摆脱自己法律顾问的角色，反而希望把自己解释为只是嫌疑人的朋友。这些人也试图成为警方的朋友，并向他们寻求建议和帮助。⑤

最后，未经培训的人员不可能理解一个在对抗性司法机制中律师的作用。作者写道，大多数文员不明确自己的角色，再加上他们花大量时间与警察在一起，这就意味着大多数文员吸取了警方的价值观并采用了警方的观点。诸如经常出现以下的评论：“他们都应当回答。他们好像都没讲真话；而且一个诚实的人想要解释，也能够解释”“我通常是这么看待我对于公众的职责的：我认为人们逃避惩罚是不对的”。有几个文员喜爱与警方保持密切的社会交

---

① (1993：第 17 页和第 28 页)作者写道，47%的事务所利用前警察作为顾问。此外，事务所求助于雇用了前警察的外部代理机构。也参阅 Sanders 等人，在前面所引书中，第 98 页。

② 17 家事务所中只有 3 家被发现做出了重大的努力，对全体人员进行咨询工作的“基本”技能培训。(第 28 页)

③ 分别在第 20 页和第 98 页。

④ *Op. cit.*，第 31 页。

⑤ (1993：第 17 页和第 28 页)，第 44 页。

往，尤其对那些曾经是警察的文员来说。后者中的有些人被看到在与当事人会面前与警察聊天，告诉警方他们认为当事人可能会提出什么样的解释。①

法律咨询的质量往往不佳

在我的样本中，总计 35 人能够成功地和代理人取得联系，其中 33 人获得建议。我问这些人，律师给了他们什么样的建议。

9 人回答说他们被告知要说出真相（其中 3 人是通过电话被告知，6 人是当面告知）。

案例 1/63/B/A/Dis.

被告："律师说她到场毫无意义，总之，如果我对他们说出真相，我不会有任何的问题。她说，如果我愿意，我可以拒绝回答，但是如果我保持沉默，他们就会把这种沉默当作不合适和不配合的表现，他们会使事情变得更加棘手。"

10 个人中有 5 人通过电话被告知，以"无可奉告"回应警察的问题。其他 6 人（2 人通过电话、4 人当面）被告知他们可以说出真相，也可以回答"无可奉告"。

案例 2/07/W/A/OAP

被告："对于我说什么或者不说什么，差不多都是由我决定的。她（律师）并没有给我具体的建议。"

33 个嫌疑人中，有 7 人说他们根本没有得到任何的法律咨询。一个人说，法律顾问问了他几个关于他是因什么被捕的问题，但是却没有告诉他该做什么。另一人说道："他什么也没说，他知道我了解内情。我知道如果我需要他，他会过来的。"在这 4 个案例中，从嫌疑人告诉我的内容可以很清楚地知道，虽然没有给出任何具体的建议，但是法律顾问已经假定嫌疑人会回答警方的问题。例如，在案例 2/22 中，那位嫌疑人没有得到任何建议，但是却被告知如果他向警方"解释"清楚事情，警方有可能重新考虑关于保释的立场。在案例 2/27 中，法律顾问没有做任何事情，除了听嫌疑人说话，并且告知他应该接受讯问；如果她认为警方问了不公平的问题，她会干预的。案例 2/43 提供了这类"咨询"的另一个实例。

被告："律师说我可能得到保释，也可能得不到。律师还说，他认为讯问会相当严格。他问我是否希望他作为我的代理人出庭。"律师并没有出席讯问。"他说如果在讯问中思维混乱无法说清楚的时候，就说你想停止，然后要求见我。"

只有一个案例中，法律顾问和嫌疑人讨论了警方在讯问过程中可能会运用的策略。在

---

① 出处同上，第 33 页。

这个案例中，并不是法律顾问主动为之，而是嫌疑人父亲主动请求的。

在任何一件案例中，如果没有对事实和对嫌疑人不利的证据作详细的了解，就难以评估嫌疑人所接受的法律咨询的质量。由于嫌疑人的法律知识通常是极其有限的，所以他们在这方面的评估是有问题的。因此尽管56%的嫌疑人认为法律顾问对于他们是有帮助的，其中约一半的人只是通过电话获取建议，而另一半的人说他们根本就没有获得任何建议。

尽管评估存在困难，但是仍可以准确地断言，法律顾问打电话建议嫌疑人保持沉默，却不出席讯问为嫌疑人保持沉默提供必要的支持，这种行为是让人无法接受的。同样的，冒着显而易见的陈述事实的风险，法律顾问根本不提供任何建议，仅仅听警方的一面之词，然后建议嫌疑人说出"真相"。假定嫌疑人会回答警方的问题，在讯问之前不和嫌疑人讨论任何策略，这些都不是好的法律实践。因此，在本研究中收集到的数据表明，在警署里提供的法律咨询的质量往往不佳。

麦高伟和霍奇森对法律咨询的质量进行了深入的研究。他们追踪了180件案例，从警方和律师事务所的首次联系，一直到顾问或当事人的协商和讯问。他们发现，第一，那些顾问并没有说服警方舍弃信息。在45%的案例中，他们甚至没有向负责调查的警察询问细节，即使他们进行了相关细节的询问，也只有14.7%的案例反映他们获得了大量的信息。①

其次，调查发现法律顾问总是不能从嫌疑人那里获得必要的信息，或者与他建立起一种互信的关系。而这一切都只能通过在讯问之前花费合理的时间与嫌疑人进行私下协商来实现。但调查也发现，几乎一半的协商花了不到10分钟，约1/4的协商花了不到5分钟，②在一小部分案例中(2.3%)，则根本没有任何协商。只有5.3%的案例中，法律顾问会将超过30分钟的时间用在与当事人的交流上。作者报告说，没有显得仓促、心烦意乱以及急于结束咨询的顾问属于少数。③

短时间协商产生的后果是，顾问通常无法挖掘出重要的事实材料而且也不能够理解或向当事人解释所处的法律地位。麦高伟和霍奇森称，与辩护可能相关的概念未得到研究。而且如果嫌疑人提到了他们想运用的策略(比如坦白或者否认等)，顾问应该尽量告诉他们该策略的含义以及警方可能会如何回应。作者写道："就顾问而言，他们选择的策略使他们免于接受询问。"无法从警方或者嫌疑人那里获得信息意味着不足三分之一的顾问在讯问之前对案情有着全面了解。由此看来，在78%的案例中，顾问或明或暗地建议嫌疑人跟警方

① (1993：第17页和第28页)，第40—42页。

② 必须记住，这个时间有一部分被用于提取履历详情和为法律援助确立委托人资格。

③ 出处同上，第52页。

合作，这一点也不奇怪。①

最后，很少看到顾问打听嫌疑人的福利。他们完全忽略嫌疑人针对警方威胁恐吓的投诉，或者是对“之后”要做的事情做出含糊的指示。② 警方违规很少受到质疑。举个例子，《警察与刑事证据法》第37条规定，如果存在充分的证据可提起诉讼，警方必须决定他们是否愿意提起诉讼，一旦决定诉讼就不会再有审讯。尽管有这一规定，但研究人员发现，在很多案例中，虽然警方已做出提起诉讼的决定，但是讯问仍会发生，而且顾问明知道警方无权这么做，但是他们仍允许警方这么做。③

法律顾问的出席并不能确保免遭不公平的讯问策略

由欧文和麦肯齐、④柏德礼等、⑤鲍德温⑥以及麦高伟和霍奇森⑦进行的研究已经证实，法律顾问在警方讯问嫌疑人的过程中，基本上是被动的观众。

在我有关警方讯问的样本中，66件案例中有17件在警方讯问的过程中有法律顾问到场。当这17名嫌疑人被问及在讯问过程中他们的顾问做了些什么时，10人回答说他或她没有做任何事情。在剩下的7起案例中，从表面上看，顾问的干预是很有限的：他或她回答嫌疑人或者警方提出的一个问题，要求重复一个问题，或者向嫌疑人解释一个问题。我得知只有在两起案例中，律师要求停止讯问以便进一步协商，而且这两起案例都是应嫌疑人的要求停止讯问的。

鲍德温在看过了有法律顾问在场的182个讯问录像之后发现：在66.5%的案例中，顾问一言不发；只有在7.7%的案例中，他们维护当事人的利益；在8.8%的案例中，他们扮演另一个讯问者的角色。⑧ 鲍德温提供了大量的案例，说明顾问并未向强制性的讯问提出质疑，他们甚至协助讯问者完成任务。⑨

案例54（贝尔格雷夫路）

随着警察变得越来越坚定、越来越自信，其讯问的语调也突然发生了改变，一再谴责嫌

---

① 出处同上，第65—69页。
② 作者表示，顾问很少采取行动，甚至通常不会记录嫌疑人的投诉。（第59—60页）
③ 出处同上，第60—63页。
④ （1989：164）。
⑤ （1991：362）。
⑥ （1992）。
⑦ *Op. cit.*
⑧ *Op. cit.*，第28页。
⑨ 出处同上，第30—33页。

疑人说谎，并且还说她的行为方式“卑鄙”“可怕”。另一名警察采用轻蔑嘲弄的口吻，当然其方式也是咄咄逼人的。两名警察在讯问的头几分钟内就称她为“彻头彻尾的骗子”。当这种方法未能使嫌疑人招供时，他们告诉嫌疑人，她可能需要“帮助”，他们讯问的语调尖锐、折磨人，并且非常的无礼。在持续近两个小时的一系列讯问中，法律顾问几乎一言不发。

案例 9（雷德奇）

嫌疑人获得一个机会陈述自己对于事件的看法，于是提供了对于该事件的详细解释。警察对照做出的报告质疑了这种说法，并且质疑得非常坚定。他们不相信嫌疑人不记得发生争执的关键部分的说法。当嫌疑人在是否掌掴或用拳猛击了另一位青年这件事上纠正警察说法的时候，对方提高了嗓门。下面就是他们之间的简短交流：

讯问者：“别耍小聪明。”

嫌疑人：“警官，我没有耍小聪明。”

讯问者：“不要以为我搞不明白。”

负责讯问的警察过分激动，而且反复地验证嫌疑人的叙述，很难看出为什么这种语气要用在一个称呼警察为“警官”并且没有任何前科、积极合作的年轻人身上。与嫌疑人相比，这个警察显得很无礼。在场的法律顾问对长时间的讯问几乎起不到任何作用。

案例 36（贝尔格雷夫路）

法律顾问有时通过干预案件来保护当事人的利益，但在有些时候他却像另一个讯问者。他确实会在讯问中做很多事来辅助警察的工作。（尤其是在讯问结束的时候）律师和其中一名讯问者之间会会意地点点头，给人的印象是，他们是合伙关系，而不是对手。

鲍德温报告称，在许多实例中，律师在形势看起来迫切需要他们的干涉或者需要他们对讯问的性质提出异议时却总是坐着保持沉默。在我的研究样本中声称顾问无所事事的 10 个嫌疑人中，有 5 人抱怨讯问是不公正的。这种现象解释了柏德礼等人的研究结果，即 72% 的警察会声称，法律顾问的存在对他们的讯问方式并无影响。①

麦高伟和霍奇森发现，“尽管警察可能会对嫌疑人进行心理控制、谴责和虐待，对其发火，法律顾问通常继续充当旁观者，并且对改变讯问动态不作任何尝试”。研究人员发现，顾问只在 17.1% 的案件中自发地介入，在许多案例中，这无非就是确保嫌疑人理解某一要点，或者让他们看一些警察向嫌疑人展示的某一物件和文件。② 作者写道，顾问常常无法保护

---

① *Op. cit.*，第 157—158 页。

② 出处同上，第 171 页。

嫌疑人，避免其回答“不恰当的、不合时宜的、不相关的”问题。①

鲍德温与麦高伟和霍奇森的报告都称，法律顾问在真正抗议令人困惑或强制性讯问的时候，会遭遇敌意。如以下两个例子所示。②

案例 52

在讯问中，当律师告诫警察不应该坚持某种单一的讯问方式时，一度引发争论。警察答道：“不，我们不要再吵了，到此为止吧。我们正在讯问疑犯，不是吗？我们正在询问他问题，等着他回答……我们还要继续向他提问。你别帮他回答问题。你的工作就是观察，给他提建议。如果你不介意，在我们需要的时候，我们还会继续对他进行询问。”转而对嫌疑人说：“你的律师对你说了什么，我真的不会受干扰，因为我在问你问题，而不是在问他。”

案例 T1504

律师（打断了谈话）：“第一点我要澄清一下。目击者说……”

警员：“说那个小伙子有一条牛仔裤和马尾辫。”

律师：“他没有再看到过那个嫌疑人吗？”

探警：“我们不是在法庭上，在这儿我们不回答你的问题。”

律师：“好的，当然，警官。但第二个要说明的是这个钱包。”

警员：“……”

探警（恼怒地打断了谈话）：“我们不是在这里受审，是我们而不是你在问问题，我们不需要澄清任何事。”

改进在押人员的法律咨询

皇家刑事司法委员会建议律师协会和法律援助委员会应该“审核在警署工作的所有法律顾问的培训、教育、监管和检查”，以回应有关低质量的法律咨询的调查结果。③ 这致使两家机构对没有律师资格的警署法律顾问制定了培训和资格认定方案，这一方案从 1995 年 2 月 1 日开始实施。其结果是，只有合格的律师、实习律师、“指定律师代表”以及在法律援助委员会登记注册为被认可的人员或者实习代理人，方可参与警署咨询工作进行法律援助而获得报酬。从 1997 年 2 月起，该方案的注册要求将扩展到实习律师和指定律师代表。据此，为了获得认证，试用人员必须提交一份“职业发展资料”，通过一场涵盖刑事法律和证据

---

① 分别在第 34 页和第 126 页。

② （1993：第 64 条建议）。

③ Code C 第 11.14 段。

基本原理的考试，通过一个旨在考查沟通、谈判、当事人的咨询和建议、监控和干预警方讯问等各种技能的“危机事件测试”。

不幸的是，该方案中的漏洞使得那些不具备能力水平的人可以继续在相当长的时间里获得进行法律援助的报酬。注册成为实习人员是十分容易的：只要律师同意担当监督人，并填写一份表格，证明此人适合做顾问就可以了。一旦注册，实习人员可在长达 6 个月的时间里，在不起诉的案件中，通过提供咨询而获得报酬。如果 6 个月后未能提交职业发展资料，将会根据该方案暂停其法律援助的资格。但如果提交了资料，即使递交的文件并没有通过审核，法律援助委员会将从初始登记开始，继续支付一年的报酬。需要注意的是，这项方案并不适用于律师。令人瞠目结舌的是，从桑德斯等人与麦高伟和霍奇森的发现来看，差劲的做法决不只限于法律顾问没有律师资格。

检验该方案是否能提高在押人员接受法律咨询质量的调查正在进行。有迹象显示，该方案已促使一些律师事务所提供内部培训，而其他事务所则愿意支付费用，让他们的员工去一些管理该方案的组织中接受课程培训。然而，许多在该方案中已注册的顾问，后来未能提交职业发展资料或未能通过资料审核，这也令人担忧。这一现象增加了某种可能性，即某些律师事务所并未作任何努力使他们的实习人员获得认证。其中可能存在这样的情况，即无赖律师事务所使用实习人员，直到他们在该方案中的工作被暂停或从中撤出为止，然后再对新的实习人员进行注册以简单地重复循环。

识别和保护弱者

《实务法则》寻求通过规定青少年、精神障碍者或残疾人，只有当一个“合适的成年人”在场时才能接受讯问，以此向他们提供保护。① “合适的成年人”可以是父母、监护人、社会工作者或其他年满或超过 18 岁的有责任能力的成年人。②

这项规定基于两个有问题的前提：第一，警察可以识别那些患有精神残疾的人；第二，一个“合适的成年人”能够保护未成年人、精神障碍患者免受不公正的警方讯问。

古德琼森等派了两名临床心理学家到伦敦的两个警署，对 156 名受到警察讯问的嫌疑人进行临床讯问评估和心理测验。他们的报告如下：

> 考虑到那些只是在临床讯问中被认定为精神错乱、文盲或者有语言问题的人，保守

---

① Code C 第 1.7 段。

② Gudjonsson 等人(1992:25)。

> 估计占接受过警方讯问的全部样本中的15%。因为有“合适的成年人”在场，符合《警察与刑事证据法》的标准……根据心理测试的结果……对一个合适成年人的需要上升到20%以上。①

警方成功识别出的在讯问中需要合适成年人在场的嫌疑人只占4%。古德琼森表示，对这种现象的解释非常简单：“只通过短时间观察，即使对于训练有素的临床医生来说，正确识别有轻度心理缺陷的人也是一项十分困难的工作。”②

《实务守则》要求警察告知“合适的成年人”，他们存在的目的之一是“观察讯问过程是否进行得恰当和公正”③。这一条款表明的第一个观点是，没有办法确保“合适的成年人”本身没有患上某种精神残疾，或者在其他某个方面没有不正常。④ 应该牢记的是，臭名昭著的肯费特案中3名嫌疑人全部在父母在场的情况下重复了口供，而且其中两名嫌疑人的父母签署声明，对获取口供的方式表示满意。⑤

警方讯问的录音

总的规则是可诉罪行（恐怖犯罪除外）的所有讯问必须被录音，除非羁押官认为不可行。⑥

但是，没有被录音的讯问或者警方声明是嫌疑人在讯问以外的评论，原则上可以作为证据被接受。它们必须被同时记录（除非行不通），由警察签名并标注时间，嫌疑人也必须有机会核实记录，并在上面签名。⑦

非正式讯问

一项1980年至1982年在苏格兰进行的有关录音的实验调查表明，由于存在“不录音”的讯问，所以会产生警察可能使这一保护措施失效的风险。⑧ 麦高伟和莫雷尔在一篇文章曾对这一调查结果予以了评估。文章显示，首先是讯问的次数下降了，其次是讯问的时间变得更短了。进行事件陈述的嫌疑人的数量从原来的38%降低到20%。作者认为，讯问次数

---

① Gudjonsson 等人(1992:25)，第26页。

② Code C 第11.16段。

③ (1993:39)。

④ Fisher(1977:第2.1段)。

⑤ Code E 第3段。

⑥ Code C 第11段。

⑦ 苏格兰内务部(1982)。

⑧ (1983:160-162)。

的下降只可能是警方最初不愿意使用录音程序造成的。防御性策略不久之后就被相对较为复杂的策略所代替:警察开始在其他地区使用原始的讯问方法。在到达警署之前做出相关陈述的疑犯数量从14%上升到44%。嫌疑人到警署后一直到开始录音讯问之间的时间,也有所增加,表明无磁带录音的预备性的讯问时间漫长。①

一旦磁带录音开始,警察抛弃了常规的讯问策略,代之以一种相当正式的、严格的讯问语体。作者认为,这是警方对于政府诉麦克法登一案做出的反应。② 在这一案件中,苏格兰最高法院以部分讯问未以恰当的方式进行为由,排除了录音讯问的内容。正式语体的讯问并不能使嫌疑人进行足够多的回答,但这并不重要,因为警察已经能够套出他们想要的信息了。麦高伟和莫雷尔得出这样一个结论:"警察们通过记录合适数量的讯问内容,以试图造成他们接受磁带录音方式的假象。"麦克法登一案给警方的教训就是记录下传统的讯问内容存在实实在在的风险。因此,真正应该记录的是能够被法庭接受、能够经得起公众监督的内容。③

在一个针对磁带录音的试验性研究中,警察告诉威利斯,比起引进磁带录音前,他们在警署外对嫌疑人的讯问变得更少了。威利斯得出这样一个结论:这支持了"研究人员获得的传闻性证据,即参与试验的警察承诺满满、热情洋溢地开始进行磁带录音"④。《警察与刑事证据法》公布后对这一问题的研究得出了喜忧参半的结果。早期的研究显示,人们对磁带录音讯问抱有一定程度的敌意。⑤ 相比之下,欧文和麦肯齐于1986和1987年在不特定的时间内观察布赖顿警署履行程序的情况。报告称,在研究期间并没有非法讯问的迹象。⑥

然而,后者的调查结果已经受到桑德斯等人和麦高伟等人进行的更广泛研究的质疑。⑦ 桑德斯等人声称,"非正式的"讯问发生的频率难以测算,但可以肯定的是它们一定发生过。直接的观察、投诉自己在警车和牢房里受到讯问的嫌疑人以及承认这种做法的确存在的律师和警察都为此提供了证据。有位律师和许多其他人一起对研究人员说:"警察们几乎总是会和嫌疑人闲聊发生的事情。我很难想象有他们没有聊过的案例存在。"⑧

麦高伟等人得到警方告知,"非正式讯问"常常发生在警车和囚禁室里,还存在于他们认

---

① (1980)未报道。

② *Op. cit.*,第162页。

③ (1984:27)。

④ Maguire(1988:39)。

⑤ (1989:157)。

⑥ (1991)。

⑦ *Op. cit.*,第140页。

⑧ *Op. cit.*,第58页。也参阅McConville(1992)。

为有必要与嫌疑人建立融洽关系的案例中。尽管在很大程度上取决于警察个人，研究人员表示，一些人愿意促成“非正式讯问”，允许警察前往嫌疑人所在的囚禁室，或者允许嫌疑人被带到讯问室而不在羁押单上做任何记录。作者得出这样的结论：“很明显，即使得到同期笔录的‘核实’以及比如律师的第三方验证，官方的讯问记录也只是所发生事情的部分表现。”①马奎尔和诺里斯报告称，某些警察已准备采取“沿‘风景优美的线路’走回警署的方法，以此和被捕人员进行非正式交谈，在磁带机开启前达成‘交易’、提供诱因，并采用各种心理技巧”。有些交谈过的人居然声称，警察“如果不利用每个可能的机会同嫌疑人建立好融洽关系的话，他可能就别想完成工作”②。

本研究中五分之一（79 人中有 15 人）接受访谈的嫌疑人表示受到过非正式讯问。他们提供了各种各样的地点：警车、档案室、牢房、指纹室、讯问室外、在录音开始前或录音结束后的讯问室里。他们说，他们被告知，如果他们承认罪行，事情会变得容易些，或者警方承诺，如果承认了罪行，整件事情会迅速得到解决。

案例 2/05/B/A/Dis.

被告：“他们一直在警车里突然问问题，在他们采集我指纹的时候，他们也试着和我闲聊。”

案例 2/08/W/A/OAP

嫌疑人说，从牢房被带到讯问室的途中、在讯问室外，当他在采集指纹时，警察会询问他：“我们知道你干了这些”“你为什么不告诉我们”“所有这些无可奉告的废话都是些啥”“这对于你会更好些”。

案例 2/18/W/A/Drugs

嫌疑人对所有警方的问题都回答“无可奉告”：“在他们录音结束之后，他们试图向你灌输各种各样的废话——他们说，以往一些无罪的人因为没有做陈述而最终被送进监狱。我只是说‘无可奉告’。然后他们尝试进行情感勒索，说我的姐姐可能会因允许我贩卖大麻并从她的住所找到那东西而被逮捕。”

案例 1/61/B/A/Dis.

被告：“两名警察走进我的牢房告诉我，他们不相信我所说的话，说自行车被弄得非常弯，我并不是自己口中所说的那种人，我不能去任何地方，直到他们查明真相。”（这件事据说

---

① (1992:42–46)。

② Christian(1983)。

发生在两次正式讯问之间。)

案例 1/76/A/J/Dis.

嫌疑人因涉嫌拥有一本被盗护照被捕。他受到讯问,但拒绝接受偷盗护照的指控。该嫌疑人说,他回到囚禁室后没过多久,讯问官过来看他。“他说,如果我说出从哪儿拿到那本护照的,他会亲自尽快将所有事处理好。否则,我会在这儿待上很多年,直到他们从彼得伯勒的护照所在地查询到相关情况。”

除了嫌疑人的证词以外,我也直接地找到了非正式讯问的证据。警察们被看到和嫌疑人在讯问室外、有时候甚至在落案室里交谈。很难不去推断,当嫌疑人被带到落案室的一个角落和警方进行详细交谈的时候,被问及一些与罪行相关的问题。有时候事情是没必要加以推论的。

实地调查笔记摘录 32(格里姆斯顿)Case 1/53/A/J/Dis.

嫌疑人因涉嫌盗窃汽车被捕。他在羁押室里被按在长凳上,两名警员坐在他两边围着他。嫌疑人显然很害怕。警官开始向他询问有关汽车的问题,大声命令他说出是从哪儿偷的车。被告讲了所发生的一切,声称他并不知道汽车被偷,仅仅承认了搭乘过那辆车的事实。警察们没人搭理被告想要杯水的请求。就在这时,一名警察变得极其恼怒:他的脸贴近被告的脸,开始挑衅地用手指戳向被告,同时反复地喊道,“你说的并不是真相,对吗?”被告说那就是真相,而且他非常想要一杯水。警察大喊道:“告诉我们真相,我们会考虑给你水的!”

有些人认为,录音并不能为嫌疑人提供有效的保护,除非《警察与刑事证据法》包含一项规定:禁止将没用磁带备份的任何有关归罪的陈述作为证据。① 这一措施使警察难以捏造归罪的言论并将此归因于嫌疑人(“口头上”)。然而,这并不会解决确有可能发生的事情,即有些嫌疑人因在正式讯问前被警方施加压力,可能在录音时招供。

埃文斯在最近的一次研究中强调了这种危险。他发现,尽管在很多案例中嫌疑人甚至没有被告知他们涉嫌何罪,但超过 76%的案件里只要录音一开始,嫌疑人几乎立即招供。他写道,在这类讯问中不仅隐含着非正式讯问,警察也会公开承认它的存在。结果是,非正式讯问转变成正式讯问,无法知道警察用了何种压力致使嫌疑人最终招供。埃文斯举例说,

---

① (1993:28)。

录音一开始，嫌疑人立刻被问道："那么你做了什么？"他回答说："我们走进了商店，没有付款就拿走了物品。"①

警方根据磁带录音所做的书面摘要

除了警方之外，很少有其他人能听到磁带录音，因此，作为保护嫌疑人的一种方式，其价值进一步受到了质疑。为了减少在法庭上听录音的时间，英国内政部颁布的指导方针要求警方提供"对讯问相关内容准确可靠的书面陈述"。② 鲍德温和贝德华发现，尽管英国皇家检控署和辩护律师可以自由获取磁带录音原件，但他们却完全依赖于警方提供的书面摘要。③

在多数警察机关，摘要是由讯问官编辑而成的，因此，人们自然会质疑，这些摘要是否能公正准确地记述嫌疑人的陈词。鲍德温和贝德华在西米德兰兹郡进行的研究发现，在所有讯问摘要中，有16.5%的摘要遗漏了大量相关细节因而失于客观公正。在另外33.1%的案例中发现，记录是"误导的、歪曲的或低质的"。④ 研究还发现，其中大量摘要中，警方遗漏了嫌疑人对指控的否认及解释。

近来，鲍德温在四大警察机关进行了一次规模更大的调查，结果却发现，有些机关里的情况比西米德兰兹郡更糟。29%的案件摘要遗漏了大量相关细节，另外有21.5%的记录是"误导的、歪曲的或低质的"。鲍德温进一步发现，如果记录中存在倾向性，他们偏向控方而非辩方的可能性将达到三倍之多。他写道："审查的摘要越多，就越坚信警察往往会以控方的棱镜看待问题，这种倾向是可以理解的，或许也是根深蒂固的。"⑤

埃文斯的研究结果进一步证实了警察讯问记录具有不可靠性。他提取了164份警察对少年犯的书面讯问记录，与录音带内容对比后发现，在13个案件中，警方的记录表明嫌疑人完整并清楚地供述了违法行为，而事实上录音中却显示嫌疑人明确地否认有此违法行为。在另外5个案件中，警察的记录显示犯罪嫌疑人完整并清楚地供述了违法行为，而录音却表明嫌疑人的供述不足以构成充分的口供证据。在13个案件中，嫌疑人完全否认其有违法犯罪行为，但警方摘要中却没有记录显示。⑥

---

① (1993:28)。

② HO Circular 76/1988。

③ (1991)。

④ *Op. cit.*，第674页。

⑤ *Op. cit.*，第22页。

⑥ *Op. cit.*，第40页。

羁押官——嫌疑人权力的保护人

正如第三章中所述,《警察与刑事证据法》试图通过将嫌疑人的权益托付给"羁押官"来确保其受到与法案及执行守则的规定相符的对待。羁押官不得以任何方式参与调查导致嫌疑人被捕的案件,并被赋予许多重要职责,如必须告知嫌疑人其享有的权利,决定是否有充足的证据指控嫌疑人,决定在不予指控的情况下是否具有法定权力拘留嫌疑人,并且决定是否准予被控嫌疑人的保释。①

有些人认为,独立的羁押官的出现在保障嫌疑人权力及保护其不受非法对待方面取得了成功。欧文和麦肯齐发现,"羁押官对牢房实施严格管理,就连刑事调查局官员也已服从关于接见罪犯的新的手续和控制讯问的其他规定"②。例如,研究中他们发现,羁押官"不让嫌疑人和讯问官在除正式讯问外的其他场合有任何接触"③。狄克逊等人指出,羁押官通过促使嫌疑人与讯问官之间相对独立从而保护嫌疑人。他们写道:由此,人们可以看到"所谓的羁押官亚文化"④。

这些研究结果受到了麦高伟等人的质疑,他们认为,羁押官"同样具有很强的警察文化价值观,因此会使得嫌疑人处于不利地位,或者在处理紧急警务案件时会给嫌疑人施加压力"⑤。在他们的调查样本中,几乎100%案件的拘留权都得到了批准。作者解释说,部分是因为羁押官"在情感上更倾向于相信负责逮捕的警察所说的话……内部团结、警察文化和职业友谊支配着权力的相互强化"⑥。他们发现,在有些案件中,羁押官记录的拘留理由实际上并不合法,这表明他们对于主要立法极不重视。⑦

根据我的观察,我对于羁押官能保障嫌疑人权力并保护其不受讯问官非常对待的说法极其怀疑。例如,我发现把羁押官描述为独立的,这是具有误导性的。从一般意义上来讲,他们并非独立的,这一点麦高伟等人已论证过(如他们与警察拥有共同的警察价值观和首要任务)。就特定案件而言,他们也并非完全独立的。他们建议讯问官应该提出什么指控,并

---

① PACE第36至39条,Code C第3.1段。

② (1989:117)。

③ 出处同上,第102条。

④ (1990:137)。这种说法似乎有些令人惊讶,因为事实上许多羁押官只是在代理这一职责,而且大多数羁押官只在某一时间段任此职,然后便重新回去从事其他通常的警察工作。

⑤ (1991:55)。还可参阅McConville(1992:540)。

⑥ 同处同上,第42页。

⑦ 同处同上,第45页。

且暗示应如何进行讯问，这些都是常有的事。这种情况之所以出现，是因为羁押官通常是唯一可进入落案室的警官，而且具体办案人员也想设法利用羁押官的经验和丰富的法律知识。对于负责逮捕的警察试图通过逮捕所达到的目的，羁押官自然而然地会表示赞同并给予支持和鼓励。

狄克逊提出，用拘留数字来质疑羁押官的独立性是错误的。他的理由是，拘留权通常都会得到批准，这是因为几乎在每一个案子中，负责逮捕的警察都可以提出有必要通过讯问获取证据这一合理的要求。[①] 不可否认的是，对这些负责逮捕的警察而言，这一要求具有足够的法律依据，但问题在于羁押官是否会真正努力仔细核查这些请求。根据我的观察，他们根本没有这么做。首先，极少数负责逮捕的警察会不厌其烦地告知羁押官逮捕时的情形，只会简单地暗示一个大致的犯罪种类（如“盗窃罪”“第 4 款”“刑事损坏”）。无一例外地，羁押官没有去查找进一步的信息便批准拘留。他们之所以不去查找信息是因为他们心里已经拿定了主意。

实地调查笔记摘录 33（格里姆斯顿）

我和羁押官讨论了一个在警署接待处碰到的案子。一个年轻的男性黑人问，为什么自己一再请求，警察就是不把前一次拘留时没收的手表还给他。警察非但不告知原因，反而以妨害治安罪将其逮捕。关于这个年轻人曾经说过什么，现在坐在桌旁、曾经对他实施逮捕的警察又说过些什么，双方各执一词。羁押官说：“哦，这个年轻人说了什么不重要，因为他是个罪犯。”我说，在我看来，他过去的定罪与对他的逮捕是否有正当理由，以及是否该批准拘留没有关系。羁押官回答道：“当然是有关系的。他有犯罪心理，这说明他无法被信任——他说谎。”

另外，羁押官没有仔细审查是否需要拘留。正如上述案例所示，他们没有法定权利，却仍然批准了拘留。

实地调查笔记摘录 34（格里姆斯顿）

负责逮捕的警察告诉羁押官，嫌疑人因妨害治安而被捕。嫌疑人极其平静地向羁押官解释了拘捕的整个情况。

羁押官：“负责逮捕的警察已经把情况都跟我说了。我想，你将被一直拘留在这儿，直到我认为你被释放后不会再次妨害治安。”

被告：“我只是想要回我的手表。你们什么时候想让我过来配合调查，我就会过来，这样

---

① (1992:525)。

可以吗？我从没有妨害治安，当时我正打算离开警署。”

羁押官：“我可不想介入进去。我想你应该平静下来。直到我觉得你足够冷静了，就会让你走的。”

被告：“但是现在我就很冷静。”

羁押官：“这样吧，我觉得现在你还没冷静下来。别担心，你不会受到指控。我只是先让你在囚禁室里待一段时间。”

嫌疑人一直尝试着说服羁押官完全无须对他进行羁押，但是无济于事。很明显，他看上去失望而又沮丧，但也只能听天由命了。他安静地跟着看守走了。没有人告诉他将被羁押多久。大约 5 小时后他被释放了，没有受到指控。

这是一个通过非法拘禁进行惩戒性处罚的例子。从一开始就没有指控嫌疑人的意图，或“锁定或保存证据”，或“通过询问获取证据”。① 此案中的嫌疑人并不是真正意义上的具有犯罪嫌疑的人，确切地说，他只是一个被拘留者——这是法律中没有规定的种类。羁押官的主要关注点在于如何使逮捕合法化，而不是保护嫌疑人。

在一个案件中，嫌疑人因对警署大门造成刑事破坏而被捕。尽管羁押官自己也承认有足够的证据可以立即指控他并准予其保释，他仍然被拘留超过 8 小时。在另一起案件中，嫌疑人因涉嫌偷车或乘坐明知是被盗的车辆而被捕。尽管因为没有证据，已经决定不起诉嫌疑人，但是警方仍然批准了拘留。其中一位负责逮捕的警察告诉羁押官，他想讯问嫌疑人，从而说服他指认被盗车辆的司机。对此，羁押官同意了。

如果羁押官的作用是保护嫌疑人，我们有理由期望他们会认真听取少数勇敢的嫌疑人对被捕情形表达的不满。然而事实上，正如前几章所证实的，他们对试图挑战警察诉讼程序控制权的嫌疑人表现出明显的敌意。2/14 案件中的嫌疑人试图解释对他的逮捕是错误的，但是羁押官让他“闭嘴”。一个嫌疑人这样评价羁押官：“你说什么，他们根本不会听。他们想做的就是把你锁进牢房里囚禁起来，然后便不闻不问。”

在曾经描述过的一个案件中，我注意到，②羁押官在电话中劝说律师别到警署来，因为嫌疑人“醉了”且“气味非常难闻”，这种做法其实暗中损害了嫌疑人获取律师意见的权利。在另一个案件中，③嫌疑人请求见律师，明明是羁押官非法拖延了 7 小时，他们却向律师撒谎并编造了嫌疑人提出请求的时间。

---

① PACE 第 37 条。

② 2/14/W/A/POO，第 130 页。

③ 第 130 页。

我注意到，在格里姆斯顿，羁押官经常允许讯问官押送嫌疑人进出囚禁室，他们从没有做些什么来阻止嫌疑人在落案室里被讯问，甚至当讯问伴随着威胁时也没有加以阻止。[①]

曾有 4 次我亲眼看见，对于嫌疑人的处置从现有事实上看，或者明显是没有必要的，或者至少需要作进一步的调查，但羁押官却同意默许了。

实地调查笔记摘录 35(纳什福德)

嫌疑人因涉嫌入室盗窃而被捕。他激烈控诉拘捕是不合理且不合法的，因为没有证据表明他参与了盗窃。嫌疑人受到了讯问，随后羁押官将其保释到警署等待进一步询问。羁押官后来告诉我，被告肯定不会被起诉，因为确实没有证据将嫌疑人与犯罪行为联系在一起，而且即使进行进一步的询问也不可能找到有用的证据。在这种情况下，嫌疑人在警署所陈述的状况只是为了给警官逮捕他的行为提供些依据。

实地调查笔记摘录 36(纳什福德)[②]

嫌疑人因辱骂了正在执行逮捕任务的警官而被捕。该警官的同事向羁押官解释了当时的情况。

羁押官:“所以他被捕是因为叫某警官滚蛋?”

警官:“是的，差不多是这样。”

羁押官:“那么被骂的某警官想怎么样呢?”

警官:“长官，我想他是要让这个人受点惩罚，他真的很生气。”

这名年轻人最终受到了指控，不仅因为“使用了侮辱性的脏话”，而且被控“在警察执行公务时袭警”。年轻人被保释，等待出庭。他离开的时候，羁押官对我说:“罪恶的畜生，跟他的兄弟一样。”在我的追问下，他告诉我，嫌疑人的一个兄弟因严重的入室盗窃罪正在服刑。

实地调查笔记摘录 37(纳什福德)[③]

嫌疑人最初因妨害公共秩序被捕。但是因为他辱骂了一位女警官，一些男警官对其进行了身体上的攻击，并以袭击罪指控他。就在羁押官的眼皮底下，其中一名参与攻击的警官将“妨害公共秩序罪”改成了“袭击罪”。嫌疑人在没有从囚禁室释放前已经以“袭击”的罪名被起诉，而该指控竟然也得到了羁押官的认可。

实地调查笔记 38 摘录(纳什福德)

有一个自称为旅客的嫌疑人告诉我说，他和他的一群朋友站在街道的角落“嬉闹”。警

---

① Case 1/53/A/J/Dis.，第 144 页。

② 所有事实参阅第 61 页。

③ 所有事实参阅第 77 页。

察开始找他们的麻烦。一个警察指控他推搡了一位女性行人并且触摸了她的臀部。尽管他否认这项指控，他还是遭到了逮捕。

B警官将嫌疑人带到羁押区，并告诉羁押官被告因妨害公共秩序被捕，此案由其同事某警官处理。不久后，某警官进入羁押官的办公室，当着羁押官的面与B警官通电话，内容如下：

“哦，我想我们逮捕他是因为他站在那儿挡住了这个家伙的路？我想他正在向这个家伙乞讨……所以你说这是妨害公共秩序？好吧，我们就这么说吧。他们围成一圈，当众打架闹事、互相咒骂……如果你不想提到那个家伙，我就不提他了……人群？好吧，也不提了，就说人群中没有人愿意指证他妨害了公共秩序。就这么说吧，有人被他的行为吓到了。哦，当然！他们是这么说的，‘我发现他的语言和行为非常可怕，并且为自己的安全担心’……”（大笑）

羁押官同意以妨害公共秩序罪指控他。

最后，正如在前一章所概述的，嫌疑人遭受不必要的暴力、贬低和羞辱的一切事件都一一在羁押官的目睹之下进行。

结论

在本研究所访谈的嫌疑人中，有很多人都对他们所享有权利的实际作用表示极端怀疑。他们对我说，权利得不到保障，因为权利的行使既没有改变嫌疑人目前的处境，也没能挑战警察对诉讼程序的控制权。警察的权力被认为是绝对的，而认为“刑事被告”能够单边行使权利的这种观点也常常受到排斥。嫌疑人是否可以打电话由警察决定，是否可以请求律师帮助也由警察决定，是否能或什么时候通知朋友或亲属还是由警察决定。

案例 2/07/W/A/OAP

研究人员：“他们有没有让你行使你的权利？”

被告：“他们给我一张纸，但是那没有意义，它几乎没有用……那上面写着什么根本无关紧要，因为最后，警官的话肯定对我不利，而相对于我所说的，他们的话更容易被采信。”

案例 1/47/A/A/OAP

被告（冷笑）：“是的，他们告诉你有这个权利那个权利，但都是废话！”

案例 1/48/B/A/POA

被告（痛苦地）：“权利？你想看看你有什么权利？你的权利都在一张纸上（拿出案件记录），这就是你的权利，就在这儿！律师有什么用？他能为我做什么？无论如何，我都将待在这儿直到第二天早上。所以，所谓的权利一点儿用也没有。”

案例 1/52/A/A/OAP

被告：“他们告知你有各种权利，但是那没有什么意义。我在这里看到过有人因要求行使权利而遭到殴打。有一次，就因为我要打个电话，他们就把我揍了一顿。有时候，你想要一支烟，但他们不理会你，如果你一直猛击门，他们会过来，然后将你痛打一顿……即使你想喝水，他们也会让你等。”

对有些人来说，在这样一个连什么时候吃喝，什么时候吸烟都无法自由选择的地方，在这样一个被各种人描述为“可怕的”“残忍的”“肮脏的”环境里，还想拥有不回答提问的权利或与律师交流的权利，显然有些不合时宜，而且也不是那么重要了。

案例 1/65/W/A/Dis.

被告：“是的，我明白我有许多权利，但在这里，你能实现这些权利吗？厕所不冲，发出臭味。你的早饭放在硬纸盒里并且这里刺骨的寒冷……这不是法律规定的，但是该死的环境就是这样恶劣……没有香烟，没地方冲洗，甚至不知道现在是什么时候……”

尽管嫌疑人似乎过于悲观了，但是他们的悲观情绪也许是有理由的。在大多数案例中，嫌疑人甚至不知道警察对其要求通知某人的请求是否有所行动，即便警察没有任何行动，嫌疑人也对此无可奈何。如果嫌疑人请求使用电话，警察可以不理或者过了相当长的时间才同意。因此，给予嫌疑人这些权利并没有使其权利的行使落实到位。警察知道，他们可以阻碍嫌疑人请求的实施，同时自己又不会受到惩罚。因此，他们不把这些权利视作对他们控制嫌疑人的一种威胁。而且，除非是一个既“讨厌”又总不顺从的家伙请求实现某些权利，其他的要求通常不会受到拒绝。

沉默权给警察的工作需要造成了很大的挑战。如果嫌疑人经常行使沉默权，那么将其带去警署所要实现的一个主要目的就难以达成。这就是为什么警察会想方设法让嫌疑人难以行使此权利。那些试图保持沉默的人可能因此被拘留更长的时间，以此作为一种惩罚。而如果嫌疑人开始保持沉默，但之后在法庭上的陈述又被采信，他们还有可能受到其他一些惩罚，如拒绝其假释请求、优先适用一项更严重的指控和搜查住所等。

进行法律咨询的权利对于改善嫌疑人的处境并没有多少作用。大多数嫌疑人并不打算要求进行法律咨询，因为这将延长他们被羁押在牢房的时间。另外，警察会说法律咨询对他们毫无作用，有些人便会听从警察的劝说。还有些人向警察提出了请求，却未得到回应。只有少数提出请求的嫌疑人成功地与具有资格的法律顾问取得了联系，而这些人中的绝大部分只能通过电话获得建议。嫌疑人获得建议的质量通常是很差的，有些根本就没得到有意义的法律意见。这是因为提供建议的人中有很多并没有获得足够的职业培训，还有些根本没有法律资格。由于警察拒绝提供主要信息，比如与嫌疑人将被讯问有关的确切罪行，这就使得状况变得更加糟糕。法律顾问即便来到警署中，也未必能参与讯问。就算他们参与了讯问，他们也极少会质疑警察的讯问手段，无论这些讯问手段可能会多么不公或多么具有压迫感。

羁押官并不是嫌疑人权利的捍卫者，而是致力于实现警察的目标。他们不管自己是否有权，甚至在负责逮捕的警察没有提出拘留请求的情况下，就经常拘留嫌疑人。人们经常能看到他们就指控和讯问给负责调查的警官提出建议。他们要么允许负责调查的警官进入囚禁室以便进行非正式讯问，要么任由负责调查的警官在落案室讯问嫌疑人，而对此置之不理。即使在已经做出指控或释放嫌疑人的决定后，他们还任由讯问继续进行，对一些没有必要的指控，他们也未表示异议。而且，当嫌疑人在我看来受到了负责逮捕其的警察不必要的粗暴对待和虐待时，他们也并没有出面干预。

磁带录音也没能成功有效地为法庭提供警察和嫌疑人之间对话的完整记录。在正式讯问之前，他们有大量的机会可以给嫌疑人施加压力。有证据表明，警察如果觉得“不被记录在案的谈话”有助于取得他们想要的结果的话，他们会进行一些非正式的讯问。

而且，辩护律师几乎不去听磁带录音，他们完全依赖于警察准备的摘要，而这些摘要往往遗漏了对被告有用的一些细节。

第七章

嫌疑人视角

很长一段时间里，美国的研究人员对于公民是否视警察和法院程序为公平与公正，以及他们在做出这些评价时使用了什么样的标准或框架具有极大的兴趣。然而，这一学术活动与英国的现状形成了鲜明的对比。在英国，没有人尝试着系统地探查并报告嫌疑人和被告的看法，或估计他们中有多少人觉得自己受到了公正的对待。这一社会法律文献中的欠缺也是促使进行本研究的部分原因。前几章用嫌疑人的“观点”描述和分析了警察行为和诉讼程序的各个方面。这一章的目的是更加详尽地探索嫌疑人的视角，并确定影响嫌疑人就自己的处遇做出总体评价的各方面因素。

在有些情况下，负责制定或执行程序的人可能自认为他们对待个体是公正的。但是由于缺乏了解或理解，事实上，他们却使对方感到怨恨或不公。之所以开展对公正性的主观判断的研究，是因为有一种观点认为，这项研究能为受试者如何评价诉讼程序带来全新的、惊人的发现，从而有助于政策制定者针对已经认识到的不公正产生的原因采取对策。因此，受害人对于刑事司法制度有什么样的期望激起了人们越来越大的兴趣，也因此推动了改革，旨在保障受害人的需求在可能的情况下都能得以满足，特别是那些有特殊需求的受害人，比如强奸案的原告和儿童目击证人。同样，嫌疑人认为逮捕和拘留程序不公正，有可能是因为他们对于程序的期望从某种程度上来说出乎人们的意料，因此就连警察也不清楚他们的期望是什么。再者，如果能够明确嫌疑人的期望，就能评判嫌疑人的需求是否合理，且能评判司法体系能否实际满足那些需求。

本章第一部分探讨了实质公正和程序公正之间的关系，研究了嫌疑人主观评价之所以重要的原因，并回顾了关于诉讼程序参与者如何评价其公正性的美国文献。第二部分分析了本研究所提供的数据，从而探究案例特点对总体公正性评判的巨大影响，如犯罪种类和犯罪结果等。第三部分力图确定嫌疑人对于司法程序的各个方面如逮捕和讯问的评价与公正性总体评价的关系。倒数第二部分探讨了对公正与否的不同评判是否可以参考嫌疑人的个人特点来解释，例如他们的种族，过去与警察打交道的经历，他们对警察的态度以及他们对公正的预期。最后一章提出警察明确知道嫌疑人认为什么是公正或什么是不公正的，但是社会规训司法模式中的公正并不是所有嫌疑人的权利，而是赋予那些被证明值得受到公正对待的嫌疑人的一种奖励。

程序的公正性与合法性

程序公正可以从两种不同的角度来评判。当程序有助于实现正确的结果这个目标时，程序被认为是公正的(即“实质公正”)。因此，根据飞利浦委员会的评述，可以这么说，公正

“意味着，或应该意味着，法律应当能够尽可能地确保审判的结果是正确的。”[①]当程序遵循或体现被认为重要的价值观时，它也可以被称作是公正的(即“程序公正”)。因此，用萨莫斯的一个例子来说明，[②]一个不具有法定权力的义务警员，即使他能有效鉴别并惩治罪犯，我们也反对这样做，理由是这冒犯了诸如民主控制、人道、尊严和隐私等价值观。飞利浦委员会意识到了程序公正的重要性，因为它也承认，很多人觉得“对刑事诉讼程序中每一步骤的评判，不仅要看其是否实现了可靠裁决这一目的的手段，而且要看其是否符合人们的自由主义观点，即如何才能在所有阶段对所有自由的人，包括关押在警署的嫌疑人，实现公正对待”[③]。

当然，有一些程序还是令人满意的，因为它们既增加了调查事实程序上的可靠性，又尊重程序中应当遵守的价值观。但是，的确有些程序要么不符合实质公正的要求，要么不符合程序公正的要求。审判就属于前者。仔细审查并权衡证据这一程序，能最大化地保证获取正确的结果，同时也体现了允许被告参与诉讼程序的民主价值观。而严刑拷问既违反了实体公正(因为不能相信获取的证词是否可靠)，又违反程序公正(因为它有悖于我们提倡的人道主义待遇的理念)。

刑事司法的极大争议在于，当程序公正无助于，甚至有碍于得出正确的结果时，法律规定究竟应该在多大程度上支持程序公正。[④] 正如第二章中所阐述的，这一争议从一个方面反映了正当程序模式和司法犯罪控制模式之间的冲突。例如，萨费尔认为，无论程序是否有助于得到可靠的结果，程序必须是公正的，因为“人类应当拥有自己的权利，并且必须被理解、尊重甚至怜悯同情”[⑤]。根据萨费尔的观点，只有在既确保获得正确的结果，又关注“个体的人身自由、人格尊严和自尊这些普遍接受的价值观时”，[⑥]程序才被认为是公正的。塞德曼不同意这种观点，他认为“司法制度的资源是有限的，既要有效区分有罪与无罪，阻止政府不当行为，还要时时为了实现程序本身的公正性而致力于证明程序是公正的，这是根本不可能做到的”[⑦]。

赞成从广义上理解公正概念的人认为，程序公正值得推广不仅仅是“为了实现程序本身的公正性”，它还会产生其他实际作用。如果嫌疑人或被告认可程序是公正的，他更可能认

---

① (1981)第 1.26 段。

② (1974)。

③ (1981)第 1.27 段。

④ Summers(1974)；Saphire(1978)；Seidman(1980)；Arenella(1983)。

⑤ (1978:159)。

⑥ 出处同上，第 124 页。

⑦ (1980:443)。

为结果也是公正的，并且即使他认为结果不公正，他所感知到的程序公正也能有助于减少其对最后判决的敌对情绪。总体而言，程序公正能改善公民和法律工作者之间的关系，强化法律机构的合法性，从而促进守法并进而推动嫌疑人或罪犯复归社会的目标。①

有一种说法是，公民不仅仅是从结果来评判公正与否，而且也会从他们所经历的程序是否公正这个角度来评判。考虑到提高公民对程序公正认可度的潜在好处，美国的研究人员力图探索这种说法的有效性。他们还试图确定哪种程序最有可能让公民将所受到的处遇称为是公正的。为了实现这些目标，研究人员运用了各种研究方法，包括模拟审判程序、问卷调查、电话调查和访谈。我们这里所讨论的仅仅是对一些主要研究结果的概括。

琳内特等人发现，无论结果是否有利，如果在诉讼程序中为调查对象提供律师进行辩护，而不仅仅是让律师充当有助于正确判案的辅助性角色，那么这样的程序被认为更加公正。② 由此可以推断，公民更愿意对程序有一定的控制力。如果他们能有一位律师对他们负责而不仅仅是对法庭负责，那么他们会觉得有了更多的控制力。

有人可能会主张，公民重视在程序中拥有发言权完全是出于其功能性作用，也就是说，他们相信，发言权能让他们更多地获得对自己有利的结果。然而，泰勒发现情况并非如此。他随机询问了一些近来打过电话向警察寻求帮助，或曾被警察拦截，或曾上过法庭的人。泰勒发现，“在做出最终裁定之前，给予公民更多叙述案情的机会，会让他们觉得参与的程序是公正的，并且使其对于所遇到的警察和法官有正面积极的情绪和更多的支持，而无论他们所述说的内容是否会对这些当权者的行动决策产生影响。因此，他们赞同从价值表现性视角而非功能性视角看待发言权”③。

然而，泰勒的研究数据表明，只有当公民相信当权者认真考虑了他们的观点时，“发言权”才能让他们感觉到更加公正。因此他总结，只有当公民“相信当权者关注他们所说的，拥有表达观点的机会才能增强公民积极的自我形象和个人价值感。被忽视是不能增加他们的自尊的”④。

在一项研究中，泰勒通过调查交通案件及轻罪案件中的被告对其处遇的评价，力图评估被认为能够体现程序正义价值的各种因素所产生的影响。他问嫌疑人，是否认为法官有足够的证据支持判决，是否全面考虑了所有证据，是否听取了双方意见，并认真从双方角度考虑案件，以及他是否设法做到公正、没有偏见。然后，他又问被告，是否认为他们的总体处遇

① Saphire(1978)；Casper(1972,1988)；Lind 和 Tyler(1988)；Tyler(1990)。
② (1980,1983)。
③ Tyler(1987:339)。
④ 出处同上，第 342—345 页。

是公正的。结果发现，程序上的决定因素对嫌疑人评判总体是否受到公正对待起到了重要作用，而判决结果的有利与否在影响公正性评价的变量中只占相对小的部分。①

凯斯普利特等人询问了一些因重罪而被审判的被告，发现尽管他们经历的诉讼程序对他们很不利，但被告对结果是否公正的评价还是极大地受到了程序方面是否公正等问题的影响。② 嫌疑人所关注的程序公正方面的问题包括，律师是否听取并相信他们，律师对他们是否忠实，公诉人是否诚实公正，法官是否努力寻求真相。兰第斯和古德斯坦发现，事实上，程序问题影响了监狱里的犯人对结果公正性的看法。其影响力比结果是否公正更重要。那些认为在刑事司法程序中的行为主体都表现得很公正的人说结果是公正的可能性是最大的。③ 这和泰勒的研究结果一致，即公民如果认为刑事司法程序中的行为主体有礼貌、值得尊敬，他们更可能对结果满意并对法律机构给予积极评价。④

因此，概括地说，如果公民的意见在诉讼程序中得到尊重，且法律工作人员对他们表现出尊敬和彬彬有礼，他们则更可能认为结果是公正的，更加认可机构的合法性。美国的研究为此说法提供了强有力的证据支持。从这些意义上来说，必须认识到，对嫌疑人或被告视角的研究结果都在意料之中，而如果法庭或法律执行机构还没有意识到这些因素的重要性，那就实在令人难以置信。

案件特点对公正性评价的影响

在访谈结束时，我问参与调查的嫌疑人，是否愿意把警察对他们的总体对待，用“公正”或是“不公正”描述出来。除了 16 个人，其他所有人都在访谈中对他们所受到的待遇中一个或多个方面有所怨言，尽管如此，抱怨的人中并非所有人都将总体处遇描述为“不公正”。结果差不多一半对一半，41 个人回答说他们受到了公正对待，而 39 个人说受到了不公正的对待。这一部分将探讨，对公正性的不同评价在多大程度上是由案例特点的差异引起的。

犯罪类别

很明显和处遇评价有关的一个因素就是嫌疑人被逮捕的犯罪类型。因妨害公共秩序罪而被捕的人中，超过三分之二说他们受到了不公正对待；而因人身侵害被逮捕的人中，58%的人说受到了不公正对待。因其他案件而被捕的人中，不到一半的人说受到了不公正对待。

---

① Tyler(1984)。

② (1988)。参阅 Heinz(1985)。

③ Landis 和 Goodstein(1986)。

④ (1988)。

结果

本研究证实了泰勒的结论，即一个人可能认为结果是不公正的，但仍描述他或她的总体处遇公正，反之亦然。[①] 例如，39 名被指控的嫌疑人中，有 28 人说结果是不公正的，但是其中只有 18 人说他们受到不公正的对待。相反，被无条件释放的 14 人中，有 10 人说结果是公正的，其中 9 人却称他们的处遇是不公正的。尽管 7 个被警告过的人中有 5 人声称对他们的处遇是公正的，但他们这样评价并不完全是因为最终的结果是有利于他们的。持有大麻在多数情况下会被警告，因这个罪名被逮捕，被羁押的时间很短且最后很少被投入监狱。

称自己受到不公正对待的人中，只有 3 人指出结果不公正，其中两人认为不公正的处遇是导致不公正判决的唯一原因。其中一个案件中，处遇和结果是相互影响的。嫌疑人说，警方明知不是他干的，却指控他，并对他说："必须有人来承担，不妨就是你吧。"他觉得自己受到了不公正对待，因为他被"栽赃陷害"了。另一个嫌疑人被指控犯了盗窃罪，但他认为自己只不过是饿了，找点吃的而已，因此他认为结果是不公正的。

案例 2/09/W/A/Dis.

被告："我饿了，所以我到超市偷点东西做早餐，几包薯片和一杯饮料。在我看来，一个人如果饿了，无论他有没有钱，他都有权吃东西。"

保释

研究发现，警方拒绝还是同意保释并不影响嫌疑人对其处遇的整体评价。39 个出现保释的案件中有 21 个被批准，另外 18 个被拒绝。被拒绝保释的人中有 10 人说他们受到了公正对待，而被批准保释的人中有 10 个说他们受到了不公正对待。受访者中没有人将保释的批准或拒绝作为评价其是否受到公正对待的唯一因素。

案件中的警官

对于处遇的整体评价似乎并未受到处理该案的警察类型的影响(无论其是英国刑事调查局的警察还是一般着制服的警察)。

对公正的具体评价和总体评价之间的关系

结果发现，嫌疑人如何评价逮捕和讯问的公正性，如何评判警官是否礼貌、尊敬地对待他们，这些都显著影响嫌疑人对公正的总体评价。

逮捕过程中的公正性

嫌疑人在对其处遇做总体评价时，似乎非常在意逮捕发生的情形。鉴于此，在认为对其

---

① (1990)。

逮捕并无合理原因或是以不公正的方式进行的 34 名嫌疑人中，有 27 人(几乎占百分之八十)说，他们总体受到的处遇是不公正的，这就不足为奇了。这 27 个人中有 4 个人说，之所以将整个处遇描述为不公正的唯一原因是其在被逮捕时遭遇了不公正，剩下的 23 人指出还有其他原因。

礼貌和尊重

前述讨论的美国研究表明，如果对嫌疑人说话时表现出礼貌，他们将更有可能将处遇评价为公正；如果执法人员对他们的权力和利益表现出尊重，能够增强他们的自尊。本研究的结果更加证实了这一说法。超过三分之一(41 人中有 16 人)声称曾被公正对待的人说警察非常“通情达理”，非常“公正”，让他们实在感到惊讶。其中一些还提到，警方很“照顾他们”——给他们烟、茶或水，还让他们去运动场。

案例 2/01/W/A/Dis.

被告:“5 分钟内，他们给我提供了几杯茶还有两杯水。”

不出所料，暴力和其他形式的惩罚不会让嫌疑人觉得所受处遇是公正的。共有 6 个人声称，一进入警署他们就遭受了暴力，而他们对处遇所做的总体评价都是“不公正”。这 6 人还称，对他们的逮捕也是不公正的。有 11 个人表示，他们在警署以其他方式受到过处罚，其中 8 人接着说他们整体受到了不公正的对待。8 人中的两人属于“不公正逮捕”，6 人属于“遭到暴力”。

监禁

声称受到“不公正处遇”的人中有 10 人抱怨说他们被羁押的时间过长，而这 10 个人中有两个人认为这就是他们说整体处遇不公的唯一原因。有意思的是，14 个认为监禁是“无法忍受的”人中，有 10 人觉得受到了不公正的对待，有 3 人觉得完全没有必要把他们带到警署。

案例 1/63/A/A/Crim. Dam.

被告:“我不明白为什么我被关押了 14 个小时 10 分钟……他们完全可以在我的家里问我，而不需要把我拉到这里。所以我认为，这是非常非常不公正的。假如我是个危险的罪犯，或许我能理解他们为什么要把我带到这里。”

解释的机会

嫌疑人显然希望能够获得陈述的机会，且其间不被打断、不被严厉盘问。就这方面而言，本研究证实了凯斯普利斯等人的发现，即“如果诉讼当事人认为他们有充分表达观点的机会，且感觉到决策者认真听取并考虑了他们这一方的观点，这样的程序将促使人们感觉自己受到了公正的对待”①。

66 个被警方调查的人中，有 39 人称讯问官是公正的。39 人中除了 7 个人，其他人都说他们的处遇总体是公正的。

案例 2/01/W/A/Dis.

被告：“警察告诉我们发生了什么事，说有个女的被偷了，且她的描述与我们吻合。他们把这个女人说的一一告诉了我们。然后就问我们当时准备到哪里去，那天一直在做什么，你知道，就是那些问题。”

这与 27 个称讯问官不公正的人所做的评价形成对比。这些人中绝大多数(24 人)表示，他们痛恨针对他们的虐待和指控，还有的说他们发现讯问不公正。这 27 个人中有 23 人还说，对他们的整体处遇是不公正的。且在这 23 人中，有 8 人认为正是讯问中的不公导致了最终判决，这是唯一的原因。此外，有 31 个人认为，讯问中，警方没有给予他们足够的机会为自己解释，这些人中有 22 个人说他们整体受到了不公的对待。尽管他们认为自己受到不公正处遇还有其他原因，但这仍然表明，嫌疑人对于警察是否愿意听取他们的意见非常在意。

有一些案件因其自身特征，可能会使当事人在讯问中更容易被“照顾”或被公正对待。在 16 个说对处遇各方面没有任何怨言的人中，有些人是被当场抓住的，他们决定招供，甚至可能是真心忏悔。这是警察乐意看到的。如果嫌疑人态度恭顺，警察与嫌疑人之间的关系可以是友好的。在这方面需要注意的是，少数情况下警方的讯问不是对抗性的。要么是因为嫌疑人自愿坦白，或者因为警方另有目的，如建立一个讯问记录，从而为他们不采取进一步行动提供依据。②

编号 1/40 的案子就是嫌疑人主动坦白的案例之一。嫌疑人说，他走进一家商店，“因为看起来很容易得手”，他决定为女友偷内衣。商店保安抓住了他并报了警。嫌疑人说，负责逮捕并对他进行讯问的警官“非常友好”，看看他偷的那些东西，两个人居然“放声大笑”。1/41案例也是一个类似的商店行窃案件，嫌疑人说自己“真蠢”，负责逮捕并讯问的警察“或

---

① (1988:486)。

② McConville 和 Hodgson(1993:111 - 115)。

许是我遇到的最好的人”。另一个案件的嫌疑人对警察“没有不满”，他为自己给他们造成了这么多麻烦道歉。他与父亲争吵并“最终打了父亲”，他说警察授命“解决这件事”，而且非常通情达理。

有些案件中，警察追逐的目标并不是获得嫌疑人的坦白，这些被警察称为“毫无意义”的案件包括家庭暴力案件，或其他警方认为不太可能有“结果”的案件。他们会做出刑事侦查的样子，但他们真正的目的是让原告相信这不是警察分内的事，应该由原告作为民事案件进行起诉。①

案例1/80中的嫌疑犯很精明，他意识到这就是为什么警察对他“非常好”的原因。起因是他与一名摩托车手发生了纠纷，后被对方指认其实施了轻度殴打而被捕。他告诉我，“警察其实并不感兴趣，但是因为这个家伙报了案，他们就必须做点什么；他们也知道这没什么大不了的”。他将这次处遇与前一次因被指控抢劫罪而被逮捕的情形作了对比。他说，那次他把房子租给一个学生。争执后，该学生指控他偷了她的财产。嫌犯说，当时警察一直威胁并显得咄咄逼人。但警察解释说，这是因为当时学校、学生团体和当地媒体给他们施加压力，要“教训教训”那些肆无忌惮的房东们。

警方在讯问中表现友好的另一种案件类型是，他们实施的逮捕之后被证明是错误的。同样的，其目的是建立一个讯问记录，证明结束案件是有据可依的。但警察可能也觉得有必要安抚一下嫌疑人，从而规避嫌疑人正式投诉的风险。

案例1/37/W/A/POO

受害人与朋友从酒吧出来，在步行回去的路上，受到无端攻击。他自卫回击，正在混战中，警察赶到了。他们将受害人控制住，但与此同时，攻击者却钻入一辆车逃走了。受害人的朋友觉得不应该逮捕他，便试图强行阻拦，结果也与受害人一同被逮捕。

我当时正在拘留所，嫌疑人被一个接一个带进来，每个人身边都有一个警察。这些警察对于逮捕的理由说法各不相同。第1个说是聚众斗殴，第2个说是伤害他人，第3个说是违反了公共秩序法案第4条，第4个说是妨害治安。嫌疑人被送进牢房后，羁押官对3个负责逮捕的警察说：“听着，伙计们，我希望你们明白自己正在这里做什么。我的意思是，基本上就是同一件事，但你们给出的罪名，又是妨害治安，又是伤害他人，还有违反公共秩序法案第4条，等等，乱七八糟。我和他们谈过，其实他们没有喝醉！”负责逮捕的警察说，他们也一直

---

① 出处同上，第112页。

在认真考虑,并且倾向于相信嫌疑人在被抓到警署时所说的属实。羁押官答道:“那么,我建议就这样算了吧,因为从现在的情形看,我必须让你们放弃对他们的指控。”

受害人和他的朋友们都“未被指控”。我采访了受害人和他的一个朋友,他们都对警方的处理方式很满意。他们告诉我说,虽然警察逮捕他们是错误的,但是考虑到警察是在事件发生中途到达现场的,所以是可以理解的,他们说:“这就是他们的工作,警察所看见的就是人们在街上打架这样一场混战。他们不知道发生了什么,只是对他们所看到的采取行动……不幸的是,挑起这场混战的家伙都逃走了。”警察在讯问中告诉嫌疑人,他们只不过需要嫌疑人的一份陈述记录。嫌疑人还说,他们能够不被打断、完整地陈述案情,其中一个将警察描述为“友好的”和“完全通情达理的”。

持有毒品案件结合了上述两类案件的特点:嫌疑人的供述很配合,且警察的目的不是对眼前的违法者提出起诉。6 个因持有大麻而被捕的嫌疑犯中,有 5 人表示,他们的处遇是公正的,而且事实上,警官在告诉他们为什么被捕时甚至略带歉意。

实地调查笔记 39(格里姆斯顿)

警官(持有大麻案件):“我的意思是,5 分钟或 10 分钟内就可以搞定这些家伙。把他们带进来,警告他们,再让他们滚出去。抓捕他们的唯一目的是针对进行毒品交易的人,也就是说,如果能说服他们中足够多的人告诉我们,他们是从哪儿得到这些毒品的,我们就可以将其提供给法庭,从而取得搜查证。”

个体特征和对公正的总体评价

也许,嫌疑人对公正的总体评价各不相同,与其说是受到了他们实际所受处遇差别的影响,不如说更多地受到了嫌疑人自身特点差异的影响。当要求某个人评价他在警署的经历公正与否时,他的看法和评价更多地受到其种族背景、他以前与警察打交道的经历、他因先前经历对警察已有的态度,以及他对于能否从警察那里获得公正处遇的期望值高低等因素的影响。

种族划分

泰勒发现,尽管争议解决的类型会影响对公正的看法,但是某些变量,如当事人的种族和性别,却并未对其产生影响。① 由于本研究中的样本里,非白人的数量较少(23 人),所以很难确定种族差异对评价的影响。相对于白种人,非白种人说他们受到了不公正对待的可

① (1988:125)。

能性更大。抽样中的57个白人中，有24人说他们受到了不公正对待，相比较而言，23个非白种人中就有15人这么说。国家犯罪人员关爱及康复协会近来的一项研究也有类似的发现，报告说三分之二的非白种人认为他们在警署受到不公正处遇，而不到三分之一的白种人说他们受到的对待绝非“正常”。①

从被指控的比例上看，相对于白种人(57人中有28人)或黄种人(11人中有3人)，黑种人被指控的比例要高得多(12人中有8人)。没有黑种人或黄种人被警告，但这更多的是因为，多数警告只用在与毒品有关的犯罪中，而没有黑种人或黄种人因这类犯罪被捕。被指控时，黑种人比白种人更可能被还押候审(8人中有5人，相较于白人28人中只有12人)。但这些发现并不能解释为什么黑种人和黄种人更可能说他们受到了不公正的对待，因为总体抽样发现结果和保释并不影响对所受处遇的评价。

表面上看，非白种人说其受到不公正对待的可能性更大，因为他们比白种人更多遭到了“不公正逮捕”“在警署中遭受了更多的暴力和惩罚”“讯问中也经历了更多的不公正”。换句话说，正如嫌疑人对我描述的情形，非白种人实际受到的处遇的确比白种人差，因此表面上看他们更可能做出受到不公正待遇的结论。然而，样本的数量极少，有些情况下，白种人和非白种人对处遇所做的评价，其差别也是很小的。23个非白种人中有14人抱怨说，他们遭到了没有正当理由的逮捕，或者他们在逮捕过程中受到了不必要的暴力，但是57个白种人中只有20人表示过类似不满。白种人中有9人抱怨过在警署遭受过暴力或以其他方式被处罚过，而非白种人中有5人如此抱怨。② 最后，只有14个白种人说讯问官不公正，而非白种人中超过一半的人(13人)抱怨其不公。

与警察打交道的经历与对警察的态度之间的关系

每次访谈结束时都会问嫌疑人一些可自由发表观点的问题，以了解他们对警察的态度，如“总体来讲，你觉得警察怎么样?”“你曾经试图用法律来帮助自己吗?”和“你会叫警察帮忙吗?”

在研究过程中，一些警察问我究竟想问嫌疑人什么问题。我说，问他们对警察的看法。许多警察说，作为犯罪分子，嫌疑人根本上就是站在合法性对立面上的，他们更希望警察不存在。但事实不是这样的。大多数受访者认为，警察只是从事一份工作，并且没有人表现出

---

① Smellie和Crow(1991)。本研究的样本基于30个非白种人和同等数量的白种人。

② 国家犯罪人员关爱及康复协会的研究发现，因在警署受到言语或身体上虐待而投诉的非白种人数量是白种人的4倍。尽管本研究中没有亚洲人或黑人声称在警署遭受了种族主义侮辱，但是有一名黑人嫌疑人和一名亚裔嫌疑人投诉警方有些提问的前提就是有关种族主义(即一些关于移民身份的问题)。

其立场与警察的职责根本对立。这一发现与以前对这一问题的研究结果是一致的。卡斯帕在美国访谈了一些被告,发现绝大多数嫌疑人认为警察只是从事一份工作的劳动者。① 在英国,麦高伟和谢飞德发现,即使那些对警察非常不满的居民也不想看到警察这个职业消失,而只是希望它能有根本性的改变。②

受访者中有77人表达了对警察的一些看法。据发现,这些人中三分之一(26人)表示强烈支持警方。这组人普遍这样评论警察:"警察只是履行必要的程序从而帮助你获得正义。"剩下的51名嫌疑人在不同程度上对警察持批判性态度。约有18名嫌疑人(大约占回答总数的四分之一)表示,虽然不是所有的警察都坏,但他们的确遇到一些警察处事不公的情况。

案例2/02/W/A/Dis.

被告:"警察是在例行公事,我必须尊重这一点。他们有些人处事合理公正,有些人却不行。这些人不向你解释为什么把你带到警署来,而是不断提及其他事情,希望你能向他们坦白。"

案例2/20/W/A/Dis.

被告:"警察中大多数都是好的,但他们中有些人会欺负那些醉酒的人,对那些人很粗暴。"

剩下的33名嫌疑人被认为对警察是非常敌对的。他们认为警察暴力、有种族偏见、专制、粗鲁。这在嫌疑人在对自己与警方接触的各种情形的描述中,表现得很清楚。而且在前几章的许多访谈摘录中也有所体现。在33个"怀有敌意的"嫌疑人中,③有12人说警察是种族主义者,19人表示,他们永远不会向警察寻求帮助,即使会,也是极不情愿地。这两个人明确说,法律没有给他们,还有那些与他们处在同等地位的人任何保护。

案例2/15/W/A/OAP

嫌疑人在酒馆与老板发生争吵冲突后,被以袭击罪逮捕。他否认曾攻击酒馆老板,但他说自己对被判有罪有心理准备。原因是老板有钱,警察和法庭会更相信他,他说:"一旦他们知道你没有工作,没有钱,你就没有任何机会。"

---

① (1972:20)。

② McConville和Shepherd(1992:16)。

③ 1个白人,6个亚洲人,5个黑人。

案例 1/48/B/A/POO

被告:“一旦你曾犯过罪,你将一无是处。有一次我被刺伤了,而且很严重。我失去了手指,肺也被刺伤了,在医院住了很长时间。我去伦敦法院起诉,他们说‘你不能主张权利,因为你是一个罪犯’。我想,他妈的——我在法庭上受过审,我进过监狱,被关押过一段时间,他妈的我就不能主张任何权利了!你知道为什么吗?因为他妈的法律,这就是原因!罪犯什么权利都没有!”

在与警察敌对的人中,有很多人认为,没有什么能够制约警察。他们认为警察对他们施加了不必要的暴力和迫害,但是他们却感到很无助。

案例 2/13/W/A/POO

嫌疑人提起他的朋友曾经遭受过警察暴力:“我真希望有人在那亲眼看到警察是怎么打他的脸的,因为现在警察却不承认,因而也不会被追究责任,这是不应该的。他们的所作所为是一种犯罪行为,如果我在大街上对某人做了同样的事,我会被起诉、罚款,甚至可能被关上一段时间。但是,因为他们是警察,他们有能力让自己免受处罚。”

案例 1/61/B/A/Dis.

被告:“如果他们心情不好或什么的,他们可以折磨你——之后他们还可以不受惩罚,因为根据我的经验,他们会紧密团结,互相保护。”嫌疑人觉得投诉是浪费时间。保护自己的唯一方法是躲避他们,他说:“我通常的态度是,‘离我远点,我不想和你们有任何关系’。如果我看到他们,我会穿过马路以避开他们。当然必要时我也会合作,除此之外,我不想与他们有任何关系。”

案例 1/47/A/A/OAP

被告:“你今天投诉他们,明天他们就会抓到你的小辫子——你赢不了的。”

案例 1/50/W/A/Dis.

被告:“我被警察暴打了一顿,他们用拳头猛击我的脸,还有其他部位,但是我不去投诉,因为这只会使后面的事情变得更糟。”

案例 1/70/W/A/Dis.

被告:“像我兄弟,警察先开始对他动粗,于是他反击。无论如何,他决定起诉他们。但是警察说如果他放弃指控,他们也将取消对他的指控。看到了吗,你赢不了。”

这些发现与司可根的研究结果一致。他对英国犯罪调查的数据分析显示,“对警察最常见的投诉包括:粗鲁、傲慢、种族歧视行为、没有正当理由的拦截以及权力的不正当使用”①。

这么多受访者(43%)对警察感到厌恶和恐惧,这实在令人感到不安。也许有人会说,本研究的样本太小,不能真实反映那些与警察打过交道的人对警察的看法。在这方面,杰斐逊和沃克对 641 名男性居民进行的一项调查,极大地支持了我在这方面的研究结果。② 总体来看,受访人并不具有代表性,因为他们都是来自于含有 10%以上非白人家庭的社会贫困地区(即缺乏食物、衣物,住房条件差,缺乏教育、就业机会,社会服务和参与等综合不利的状况)。然而,由于警务工作大部分是针对少数民族和缺乏各种社会资源、生活条件极差的人,对这些地区的调查有可能更准确地衡量,那些和警察打过交道的人,究竟如何看待警察。

杰斐逊和沃克发现,黑人和白人中都有超过 40%的人认为警察经常或相当频繁地采取威胁手段,且四分之一的人认为他们经常或相当频繁地使用不必要的暴力和伪造的证据。黑人和白人中都有三分之二的人认为警察歧视某些群体。亚洲人对警察往往更有好感,仅有 5%的人认为警察经常或相当经常地使用不必要的暴力,还有 8%的人认为警察经常或相当频繁地捏造证据。然而,即使在这一群人中,仍然有 20%的受访者认为警察经常或相当频繁地使用威胁,还有 40%的人认为,他们对待某些群体不公正。

本研究结果表明,曾经遭受过警察不公正对待的人对警察往往持有完全或部分的消极态度。共有 50 人说他们过去曾遭到不公正的对待,其中 42 人要么对警察抱有强烈的不信任和不喜欢的态度,要么认为有些警察非常不公正。然而,有趣的是,那些没有与警察有过负面经历的人对警察的态度也并非积极的。总共有 30 名嫌疑人说他们以前要么从未被怀疑过,要么在被怀疑时受到了公正或较为公正的对待。然而,这些人中只有 18 人对警察有很好的评价。

本研究中很少有非白人受访者,因此,对于警察对不同民族的人态度的差异这方面,很难得出明确的结论。然而,在某些方面,差异是相当明显的。例如,57 个白人中有 22 人属于“对法律和警察非常尊重”这一类,而 11 个亚洲人中只有 3 人,12 个黑人中只有 1 人属于此类。结果证明,亚洲人对警察的好感不如白人。然而,这一发现与以前的研究结果相冲突,根据以前的研究,亚洲人比白人更加尊重警察。③

负面的经历往往会导致不友好的态度,这一发现与杰斐逊和沃克对居民的调查中显现的情形一致。与亚洲人相比,黑种人和白种人曾经与警察有过负面经历的可能性更大,因此

---

① (1990:43)。

② (1993)。

③ Smith(1983); Jones 等人(1986); Painter 等人(1989); Crawford 等人(1990); Jefferson 和 Walker(1993)。

对警方没有好感的可能性也更大。例如，18%的黑种人和15%的白种人说，他们亲身经历过警察使用不必要的暴力，而亚洲人中仅有3%的人有如此抱怨。几乎四分之一的黑种人和16%的白种人说他们经历过警察编造证据，但亚洲人中仅有8%这么说。

与本研究相同的是，杰斐逊和沃克也发现，过去与警察之间没有负面经历也未必就会对警察有好感，下面这些人的反应恰恰印证了这一点。他们说没有经历过警察使用不必要的武力，但是在这些人中，包括四分之一的黑种人和白种人，以及十分之一的亚洲人仍然认为警察经常或相当经常地使用不必要的暴力。这似乎表明，在特定的某个民族中，如果在一个群体中有足够多的人亲身经历过负面警务，由此产生的对警察的不友好态度将会成为这个群体的共识，甚至那些没有亲身经历过不公待遇的人也会有。

对警察的态度及其对公正的整体评价的关系

本研究发现，负面经历往往会导致负面态度，同样，负面态度也会导致负面的公正评价。那些对警察有好感的人比那些对警察没什么好感的人更愿意说他们受到了公正的处遇。所以，对警察持有积极态度的人中有73%的人（26个人中有19人）称他们总体受到了公正对待。而在对警方持负面态度的人中仅有41%（51个人中有21人）做出这样的评价。后者更可能会抱怨他们受到的逮捕是不公正的（达到63%，而对警察持有好感的人中，有如此抱怨的只占23%），且更可能称讯问官不公正（达到57%，而对警察持有好感的人中只有4%的人称讯问官不公）。

这一发现存在以下两种可能的解释。第一，那些过去曾经有过负面经历，从而对警察持有消极看法的人，被捕时的确受到了更为不利的对待。第二，这些人本来就认为警察是不公正不可信的，因此在解释他们与警察之间发生的事情时，会试图以有利于证实这一看法的方式来解释。由此推论，那些信赖警察且认为会获得公正对待的嫌疑人，更可能忽略或者原谅警方的不公正行为，或认为不公是误会造成的而不是恶意而为。第二种解释得到了泰勒一项研究的支持。他选取一些最近和警察或法庭有过接触的公民作为研究对象，请他们基于过去的处遇来预期一下将来受到的处遇会是公正的还是不公正的。接着，泰勒又对受访者中的确与警察或法官有过进一步接触的人进行了第二项调查，他发现，那些以前曾持有积极态度的人往往也会以积极的方式解释他们的第二次经历。①

仅凭嫌疑人一方的叙述，无法判断那些对警察没有好感的人所做的评价究竟是出于偏见，还是他们确实受到了不恰当的对待。然而，本书中多处指出，确有证据表明，警察经常设法惩罚和贬低那些对抗他们的人，而且，很可能警察对那些曾经有过前科的人已经了如指

---

① Tyler(1987)。

掌,并将他们归入“可恶之人”一类。如果真是这样,很有可能,由于互不信任和相互厌恶,警察更可能说一些或做一些什么以“故意激怒”嫌疑人,而当嫌疑人对此做出反应后,警察就会像对待那些向他们挑衅的人那样,对待该嫌疑人。

对公正的预期

嫌疑人对处遇的预期也会影响到对处遇公正与否的评价。正如前几章所述,无论是在大街上还是在警署里,警务活动就是要向那些经常性成为警务对象的人传授知识。如果他们对在这种警察与警务对象二者关系中的地位存在疑问的话,警务活动就是要让他们知道什么样的行为和态度是符合警方预期的,同时,也让他们明确知道警方能为他们做些什么。也就是说,负面的经历和态度并不一定会增加对总体处遇公正与否做出负面评价的可能性。在某些情况下,负面的经验或态度会导致负面的预期,因此,有些人称自己受到公正处遇是因为他们对公正的期望值较低。

也许有人认为,如果称受到公正对待的那些人,是因为他们对公正的期望值不高,那么同样的,那些自称受到不公正处遇的人之所以得出这样的结论,有可能是因为他们对什么是公正抱有不切实际的期望。这种说法没有相关数据的支持。正如之前的论述所表明的,那些称受到不公正处遇的人所期望的不过是法律赋予嫌疑人应当享有的权利:不受不必要的强制,对逮捕原因的知情权,解释事情的机会,以及受到礼貌和尊重对待的权利。

相比之下,41 个人中的 25 个称整体处遇公正的人似乎认为,虽然处遇有不尽如人意的地方,但还是合法的,且警察的态度和警署的环境也是正常的。他们还强调,能这样已经不错了。这些人中的很多人(18 人)对警察没有好感,但也有一些人曾经受到过警方糟糕的对待,但仍对警方怀有好感。

案例 1/42/W/A/Dis.

被告:“我没指望他们能好好待我。我是说,作为一个囚犯,你能指望得到很好的待遇吗?这又不是五星级酒店!”

案例 1/44/B/A/OAP

嫌疑人在谈到监禁时说:“这是不好,但你能做什么?你可以大吵大闹,但是不会有任何作用,不对吗?”

案例 1/60/W/A/Dis.

嫌疑人称囚禁室是“肮脏的”“恶心的”,但他又补充说:“我想他们总得找个地方安顿你——他们只能这么做,不是吗?”

案例 1/59/W/A/Dis.

被告:“我觉得囚禁室里既恶心又不卫生。但我想他们必须把你安顿下来,总不能让你在警署里闲逛。”

案例 2/30/W/A/Dis.

被告:“我的经历糟糕得多。换句话说吧,我已经在这里被关了几个小时,没有吃的没有喝的。你有权利,但你要知道这取决于你所说的权利是什么。比如有人权,有获得食物和水的权利。”

案例 2/10/W/A/POO

被告:“我的待遇更糟糕……他们中有一个人说话难听,但哪里没有这样的人呢?”

这类人中有些人认为自己很幸运,因为没有被殴打。

案例 1/75/W/J/Dis.

被告:“我的意思是,我觉得我要倒霉了。当我偷来的车撞上了一辆警车,我想这下肯定要挨揍了……这在我一个朋友身上曾经发生过。”

案例 2/18/W/A/Drugs

被告:“我不做陈述,他们也没拿我怎么样,这让我很惊讶……过去,如果你不说点什么,他们会打你的头什么的……我没有挨揍,但我有几个朋友却被揍过,所以我很惊讶这次我没有被打——真的很奇怪。”

一个嫌疑人抱怨说他被逮捕、监禁和指控,都是由于一群警务特别支援部队成员的挑衅性行为。警察暴打了他的朋友,这让他很难过。当被问及他对自己的处遇觉得是否公正时,他回答说:“我想我应该说‘公正’。因为我想,他们本来也可能会像对待我朋友那样对待我。所以我应该感到很幸运,真的。”

声称以前曾遭受过暴力的人尤其可能对警察的公正性有较低的预期。20 个人声称以前曾遭到警察的袭击,其中 13 人表示,目前他们受到了公正对待。这 13 人中的 7 个人在被要求对其整体处遇做出“公正”或“不公正”的评判时,明确提到他们过去的遭遇。

案例 1/34/A/A/TWOC

被告:“他们没有对我大喊大叫……我过去曾被打过,但现在我们相处得很好。我的意思是,我可不想自找麻烦,所以我不给他们任何对我施加暴力行为的理由。”

案例 1/46/W/A/Drugs

嫌疑人因持有大麻而被捕,他被羁押了 17 小时 35 分钟。没有人向他解释为什么会被羁押这么长时间。当问到他的处遇是否公正时,他回答"是的"。"我是说,上次我因涉嫌偷窃被抓到这里时,他们对我非常粗暴,而且没有任何理由。我在向警官描述细节的时候把手伸进口袋里掏香烟,其中一人立刻抓住我的手。于是我把他的手推开了,就是这样。但是他们却勃然大怒。六七个警察把我摁到地上,其中 4 个人摁住我的腿,两个人摁住我的手臂,另一个揪住我脑后的头发。他们把我带到牢房,一把推进去。我只是想掏一根香烟。但他们之后说,我把手反过去,就好像要打架,这可不行。其实情况并非那样。"

案例 1/51/W/A/Dis.

"牢房里很冷,简直是冰冷。他们不给我毯子,让我等着(他们从未给过我)……他们用车把我从伊斯特本(离格里姆斯顿一百英里的地方)带到这里来。现在(过了半夜)又把我赶了出去。我怎么回去?我没有钱,什么也没有。是他们把我带来的,就应该把我送回去。"当被问及处遇是否公正时,他说"是的",因为他没有像以前那样被吼或被揍。

案例 1/33/W/A/POO

被告:"上次,他们把我痛打了一顿,用手电筒扎我的头……所以这次还没有那么糟糕。"

案例 1/59/W/A/Dis.

某嫌疑人因涉嫌入店行窃而被捕,他投诉了羁押期间遭受的一些不公正对待:负责逮捕的警察在没有合理理由怀疑他参与的情况下,便对其加以指控;警方拒绝清楚地告诉他被逮捕的原因;讯问官试图哄骗他认罪,在没有得逞的情况下,他们告诉他会去搜查他的公寓。在访问的最后,我问他是否感觉自己的处遇是公正的。他说:"这一次,我已经得到了非常公正的对待。我以前来过这里。我被警察百般殴打。有时候,这里的日子还真不好过。但有些时候还好……一切都取决于警察,如果他不喜欢你,就会这样。一切都取决于他们的情绪。"嫌疑人联想到有一次他因无照驾驶而被捕。他说,警察坚持用手铐铐他:"手铐很紧,并且开始时割到了我的手腕,我的手腕开始流血。我就说:'请把我的手铐取下吧,求求你了。'可是那个警察一把抓住手铐,拷得更紧了。于是我转过身,用头撞他的腹部……手铐是被取下了,可我却被送进了牢房。逮捕我的那个家伙不是狱卒,也不知道是干什么的,他就在我后面,一路把我往前推。我转过身时有人绊了我一下。就在我撞到地面时,我感觉一只靴子踩向我的脸。我回过头,可这时我被人拉进牢房锁了起来。我抬起头,开始尖叫并撞牢房的门。最后,警官过来了,他看到我脸上的那副模样,问:'你做了什么?用脸撞墙了?'然后他把我送到医院。"

对公正的期望不高也会影响个体对讯问过程中公正性的评价。当被问到他们是否认为讯问官公正时,接受讯问的 66 人中有 39 人回答说讯问官是公正的。然而,当被问及为什么他们认为讯问官是公正的时候,39 名嫌疑人中有 30 人只是说,这次讯问比以前他们经历过的要公正点。

案例 1/32/W/A/TWOC

嫌疑人说,警察不愿意告诉他犯罪的具体细节,还一再骂他是个骗子。可他认为警察还是公正的,他说:"上次我被抓到这儿锁了 8 个小时……他们只是反复地说,'来吧,戴维,我们知道是你做的,为什么不把真相告诉我们呢?'当时我差点就认罪了。"

案例 2/02/W/A/Dis.

被告:"如果你对他们说'无可奉告',他们不会就此罢休。但是上次是两个人提问,你无法思考,也不能同时听清他们说什么,也没法回答……这一次只有一个警察,所以还不算太坏。"

案例 1/60/W/A/Dis.

当被问及讯问中哪些是公正的,嫌疑人回答说,警官没有试图让他承认他其实没有犯的罪行,这就是公正了。他说:"上次我因为偷汽车音响被带到这儿。好吧,如果是我做的,我就会告诉他们真相,也不用他们这么兜圈子。所以我说,是的,是我做的。但他们认为,'嗯,多一个立体声音响对结果不会有影响',所以他们把另一个被偷的音响也算到我头上,但那不是我做的。我去起诉并坚称那一个音响不是我偷的。他们试图给我压力,是的,给我施压让我承认。但我不会承认,这事最后就这么算了。"

结论:获得程序公正的权利

正如本章第一部分所述,泰勒、林德和卡斯柏等作者试图说服决策者,嫌疑人及被告人非常重视程序公正,因此提高程序公正感有助于法律机构获取广泛的支持,增强法律体系的合法性,从而加强人们对法律的遵从。他们的研究基于这样一种观点,即迄今阻碍程序公正向前发展的,是由于不了解程序的参与者究竟如何评估程序的公正性,一旦有所了解,便可以借此改革法律程序,为法律人才提供培训,从而大大增加公民将当权者对待他们的方式评价为公正的可能性。

本研究发现,一些人抱怨对他们的逮捕不公正,是因为逮捕过程中伴随着辱骂、暴力威胁或实质性的暴力、未告知被捕原因,或是因为警方想要显示他们的权威,实施他们的权力。进入警署后,警察会对他们大喊大叫,藐视贬低,进行折磨,连他们站在哪儿什么时候说话都要发号施令,甚至要求他们捡拾落案室或监禁室里的垃圾,这些都令嫌疑人感到极其憎恶。

当他们遭受不必要的或过多的暴力时，尤其是当暴力的目的是通过强迫他们接受警察的权威而对其进行羞辱时，他们会感到愤怒、无助和痛恨。许多嫌疑人觉得被囚禁在监禁室里实在让人无法忍受，他们用“受困”“无助”和“愤怒”来描述他们的感受。他们痛恨肮脏的环境。有人觉得警方对于嫌疑人请求律师援助采取不急不慢的态度，仅仅是为了让人清楚地意识到，在这里警察才是说了算的。嫌疑人知道，他们受制于警方的奖励与惩罚制度，尽管措词会有所不同，但是他们都觉得，警方“不应该”通过拒绝保释或威胁给予更严厉的指控来对他们施压，从而让他们招供。他们反对警方以搜查处所作为一种惩罚。当他们拒绝顺从警方的意思时，警方会拒绝给他们提供一些物质上的东西，如毯子和点心等，这种惯用的伎俩也让嫌疑人感到沮丧。如果警察在讯问时不给他们充分表达观点的机会，这也会让他们感到很失望。他们还对警方在讯问中的谩骂、指责和窥探非常反感。

这些结果表明，无论从哪方面看，嫌疑人的期望都是意料之中的。询问嫌疑人导致他们感觉受到了不公正处遇的原因时，也并没有听到出人意料的评价标准。因此，说使嫌疑人在逮捕和羁押程序中感到不公正，是由于警方不知道究竟什么会导致他们感觉受到不公，从而是在不经意间使他们产生这种感觉的，这种说法是难以令人信服的。观察和访谈的数据表明，实际情况恰恰相反：不公正感的产生，是因为警察有计划地运用了引起怨恨和损害自身威信的策略，并非是真的不经意产生的，而是有意识的。

例如，当警察因某人挑战了他们的权威而对其实施逮捕时，其目的就是为了惩罚。如果逮捕中伴有威胁，不必要或过度的暴力，或拒绝告诉被捕者被逮捕的原因，其目的要么是让人觉得这份工作是多么的神通广大，从而彰显其魅力，要么是为了教训那些“人渣”——警察有权力想怎么对待他就怎么对待他。在这种情况下，要么警察根本不关心嫌疑人是否认为他受到的处遇是公正的，要么他们的目的是让嫌疑人明白，他们就这么对他，他也无可奈何。如果一个人被羁押于警署仅仅是因为他拒绝服从警察的要求，那么你问他什么导致他认为警署的程序应当更为公正，这是毫无意义的。在这种处境下的人并不在意程序是否更公正——他一点也不想被卷入这个程序中。如果在法律程序中，嫌疑人受到嘲笑和折磨，被命令站在规定的线上，被取不合适的绰号，或在警察讯问过程中受到谩骂、指责和窥探，这些都会让人感到不公正、无助和怨恨，所产生的恶果并非无法预见。有些程序偏偏会导致人们有这样的感受，而社会规训的司法模式还要求嫌疑人理解、接受并牢记警察给他们带来一切羞辱的能力。

这项研究表明，嫌疑人对公正的预期情况不仅是意料中的，而且还是合理的，很容易被满足的。我访谈的嫌疑人中没有人对警务活动的必要性提出质疑，也没有人质疑警察逮捕、拘留、讯问、搜查和羁押的权力。令许多嫌疑人难以接受的是，警察利用这些权力作为实施法外行为的手段。例如，嫌疑人都知道，如果他们不承认或拒绝指认共犯，他们的处所将会遭到搜查或他们提出的物质上的请求将会被拒绝。他们意识到，警察以轻蔑而傲慢的态度对待他们，是因为警察希望看到他们对于警察的挑衅没有反应以表现他们对警察的顺从；他们知道，那些在警察面前表现得足够顺从的人会得到一些好处，如警察对他们说话时更富有同情心，会给他们提供饮料、香烟和读物等。换句话说，多数情况下，不是法律程序本身，而是警察对这些程序的破坏，致使嫌疑人指责其不公正。

因此，总而言之，尽管逮捕和拘留程序毫无疑问是强制性的，但是警察有能力减轻冲突，或相反地，加剧冲突。事实上，并不是所有的嫌疑人都受到了不公正处遇，而且在有些案子中，警察也努力让嫌疑人感觉受到了公正对待。这说明，程序如果以某种方式进行，是可以让人感觉到公正的。不仅那些被警察归为“值得尊敬的”一类的人没有提出非法要求，那些打算投诉而给警察带来威胁的人，只要在警察对其说话时有礼貌，且给他们机会解释，都是可以被安抚的。以下实地调查笔记摘录证实了杨的观察结果，即警方会认真考虑哪些嫌疑人应受到“严厉”监禁，哪些应得到“宽松”对待。①

实地调查笔记摘录 40（格里姆斯顿）

刚到下午，一个开车人被带到落案室，他因涉嫌过量饮酒后驾车被逮捕。这个开车人衣着讲究，谈吐得体。警察没有把他送进囚禁室，而是允许他在落案室里等待进一步呼吸测试。测试显示他属于可自由裁量的范围，羁押官和负责逮捕的警察都觉得不应当指控他。开车人解释说，他参加了一个商务午餐，虽然他喝了一些酒，但他觉得并没有超出法律限制的范围。警察表示理解，并对他说，最好等待一阵子再开车离开警署。他同意了。待在警署的这 45 分钟左右的时间里，羁押官给他提供了奶油土司和几杯茶。

由此看出，重要的不是知道嫌疑人视什么为公正或不公正，这一点警察其实已经清楚知道。重要的是提高所有嫌疑人对公正的期望值，说服警察所有嫌疑人都有权被尊重和礼貌对待，并确保调查权不是用来惩罚那些拒绝法外要求的人。

---

① Young(1991:127,154)。

第八章

公正、社会规训和改革

本研究试图从嫌疑人的视角评判警署程序的公正性，并为此收集了一些数据，以了解警察遵守《警察与刑事证据法》的情况以及警察权对嫌疑人的影响。这些数据已详列在前面的章节中。多数情况表明，《警察与刑事证据法》无助于改善嫌疑人的地位。本章的目的是要总结和借鉴有关《警察与刑事证据法》的某些具体方面的主要研究结果，从而从更普遍的层面上探讨公正问题。在这个背景下，规则和程序的公正与否可以从两方面来评判：它们能在多大程度上提高可靠性，以及能在多大程度上保护公民免受强迫性对待。

本章第一部分认为，现有掌控口供的形成和采信的规定并不足以确保定罪一定是建立在可靠的口供证据上的。第二部分提出，无罪推定的实现要求国家机关尊重公民的尊严和完整性，但是警方拥有如此广泛的凌驾于嫌疑人之上的权力，这样的法律地位相当于使无罪推定这一规定形同虚设。在此基础上，第三部分进一步对警方行使权力的目的仅仅是为了控制犯罪这一假设提出质疑。有人认为，不愿意或不能通过法律有效控制警察的自由裁量权，已经使得警察建立起一个非法的警务体系，其目的不是控制犯罪而是强加社会规训。本章明确了社会规训警务模式的主要特点，并探讨了促使其运作的相关看法、态度和关系。第四和最后一部分提出问题，即社会规训警务模式是否能整体或部分地通过，有助于间接控制犯罪、体现秩序以及公共礼仪等社会主流理念，来证明其合理性。本章的结论部分探讨了保护嫌疑人以及那些被警方贴上嫌疑标签的人免受不公正处遇的若干可能途径。

具有可靠性的公正

造成犯罪控制模式与正当程序模式之间巨大差别的因素之一是，它们对于“事实上有罪”重要性程度的认识有所不同。犯罪控制模式强调事实证明一切，即如果确定他们事实上有罪，那么被告应当被定罪。相比之下，在正当程序模式中，证明事实有罪仅仅是起点，只有不仅在事实上有罪，而且也在法律上有罪时，才能定罪。而且，法律上有罪的判定必须取决于政府官员是否遵循了所有旨在保障程序公正的规则和程序。① 虽然这是两种模式之间的根本区别，但是这个区别也突显了两个非常重要且相互关联的共同点。首先，两个模式都要求必须存在事实犯罪才能作为引发刑事程序的理由，换句话说，如果一个人要被调查或审判，他至少要有一定程度上的从事了某犯罪行为的嫌疑。其次，两种模式的倡导者都认为，实现公正的一个必要条件，是刑事诉讼程序应当力求包含那些最能如实反映实际发生情况

---

① 根据正当程序模式，即使有可靠证据表明某人很可能在事实上实施了被指控的罪行，但是仅以此并不能判定其有罪。只有当这些事实性裁定是由司法机关在其适当的权力范围内根据规定程序做出的，才能判定其有罪。(Packer 1968:166)

的规则和程序，只有这样，才能正确判定其是否属于事实犯罪。[①]

虽然英国的刑事程序允许通过正当程序模式所倡导的对抗性和裁决性程序对事实加以认定，但在司法系统的实际操作中却很少用到这些程序，因为绝大多数的被告会作有罪辩护。[②] 许多法律规则以及机构的做法被认定为是导致认罪率居高的原因。例如，许多被告被建议放弃接受审判的权利，因为对于那些做无罪答辩、但在随后的审判中被发现有罪的人，法院会对其判以实质性的刑罚。[③] 更具争议的是，麦高伟等人认为，某些有罪答辩是因为辩方不恰当的态度和不充分的准备造成的。[④] 然而，不可否认的是，在许多情况下，之所以会进行有罪答辩，其压力源自于在警察讯问过程中被告已经招供或已自证其罪。鲍德温和麦高伟发现，在法庭受审的人中，几乎有一半已经招供或对警察说了于己不利的话，这些人中几乎有90%都进行了有罪答辩。[⑤] 尽管在警察已经拥有不利于嫌疑人的强有力证据的案件中，供认率较高，[⑥]但准确地说，在相当多的情况下，定罪仍然是完全或部分建立从警察讯问中获取的“事实”基础上的，而这些“事实”，在法庭上并没有受到质疑或验证。

派克认为，仅仅基于正当程序原则的法律程序对羁押期间的口供是极其怀疑的，理由是，“人们在被警方羁押期间所招供和承认的，可能是由于受到了身体上或精神上胁迫的结果。因而警方最终听到的，在嫌疑人看来是警察可能想要听的，而并非事实”[⑦]。相比之下，犯罪控制模式“大量依靠调查人员和检控官在能够充分发挥其独特技能的非正式场合活动的能力，从而颇为准确地获取和再现所指控的刑事案件实际发生的情况”[⑧]。犯罪控制模式

---

① 正当程序模式与犯罪控制模式一致认为，借以寻求真相的程序是可靠的。(Packer 1968:163)因此，尽管两种模式就什么类型的程序最可能带来可靠性，存在着根本差别，但它们都认为事实上是否具有可靠性是很重要的。

② 1994年，出庭人员中有71%的人对部分或所有指控做了有罪辩护[见司法统计：司法部年度报告(1994:67)]。治安法院相应的数据(由皇家检察署提起诉讼的案件)是82%[见法律汇编：内政部研究与统计局公布的英格兰和威尔士刑事司法系统的信息(1995:31)]。

③ McConville和Baldwin(1981:198－199)，Hood(1992:1－82)。

④ McConville等人(1994)。

⑤ Baldwin和McConville(1980:14)。从警署中取得的样本，而非法庭受审案件的样本，反映出了相似的供认率。[Softleyet等人(1980)发现47%的案件中出现有罪供认，13.4%的案件出现部分供认。Mostonet等人(1992)发现供认率为41.8%。]在为皇家刑事司法委员会进行的这项研究中，麦高伟等人(1993)采用警方提出控告的案件作为样本，并发现供认率为59.4%。从结果来看，供认的人中不少于93.6%的人在受审中做出有罪辩护。(第33页)

⑥ McConville，出处同上，发现在警方证据不足的案件中，供认率为46.3%，但是在警方拥有强有力证据的案件中，供认率上升至64.2%。(第33页)

⑦ Packer(1968:163)。

⑧ 出处同上。

的倡导者为警方极为注重口供的做法进行辩护。他们辩称,口供有助于警察形成专家意见,除此之外,即使这一模式偶尔也会使无辜者获罪,但这样的牺牲是值得的,因为可以在不使审判既费财又耗时的情况下,使得更多有罪之人被绳之以法。①

第一章中曾提到,在 19 世纪最后 25 年里,当法院最初开始考虑警察讯问的合法性时,许多法官认定这种做法是非法的。一方面,他们认为警察讯问有违宪法,②另一方面,他们认为羁押期间通过讯问获得的口供不能被称为是自愿的,因此不可靠。持有相同立场的人认为警方讯问,从本质上就具有强迫性,③并且暗指,不能信任作为一个社会机制的警方会放弃对嫌疑人施加不正当的压力迫使其招供。④ 不过,这些论点未能获得多数人的赞同,大多数法官相信,通过规范警察讯问,羁押期间通过讯问取得的供述是可以信赖的。于是,国家颁布了各种法规禁止警察使用威胁或诱供手段,要求警察向嫌疑人告知其法律权利,还允许嫌疑人经请求后可以获得法律咨询。然而,在 20 世纪大部分时间里,司法部门明显不愿意执行这些规则。法庭内外,司法解释推广的是犯罪控制理念的核心主张,即如果司法系统想要将足够多的有罪之人绳之以法,从而产生震慑作用,讯问和口供证据是至关重要的,而且警察是可信任的、能秉公办事的专业人士,他们具有足够的多专业知识以获取真相。⑤

正如前几章力图证明的,警察是公正的且具有专业知识,这个双重前提是值得质疑的。警察在刑事程序中所处的组织地位使其无法在辩方和控方之间保持公正或中立。警察致力于要让他们所指控的人被定罪,因此展开调查,其目的是尽可能地建立不利于被告的有力证据。事实上,在某些情况下,法律程序是倒过来的:警方先决定逮捕,然后才构建“事实”,以支持他们认为是适当的指控。⑥ 作为执法官员,警察自然乐意相信他们逮捕的那些人是有罪的。他们认为自己具有专业知识,可以区分哪些人有罪哪些人无罪。而且在开展日常例行工作时,他们对于可能表明嫌疑人无罪的材料并未予以充分关注。早在 1977 年,亨利·费希尔先生在调查著名的康菲特案件时,⑦警察并不都是秉公行事的说法得到了正式的认

---

① 出处同上,第 164 页。

② 参阅 Smith J 在 Gavin(1885)15 Cox C. C. 66 以及 Channel J 在 Knight 和 Thayre(1905) 20 Cox C. C. 711. 中的判决。

③ 参阅 Pigot CB 在 Johnston(1864)15 Ir. C. L. Rep. 60 判决的第 122 页。

④ 参阅 Cave J 在 Thompson[1893] 2 QB 12 中的评述。

⑤ 参阅 16—19 页的上述讨论。

⑥ McConville 和 Hodgson(1993)写道“这样做的结果是,接下来的羁押和讯问程序不具备法律依据,却被用来支持原本是草率仓促且不合法的逮捕”。

⑦ Fisher(1977)。

可。近来的皇家刑事司法委员会也承认,一旦警察决定逮捕犯罪分子,就会存在一种危险,即警察会"施加压力逼迫嫌疑人尽快招供"①。

关于警察的专业知识,飞利浦委员会取得的研究证据表明,警察经常使用一些会引起不可靠供述的审讯策略。② 对于这一证据,该委员会认为,为此指责警察也是不公正的,因为对于警察来说,要求他们"在评估所要讯问的嫌疑人的性格、感情的脆弱点和精神状态后,再努力根据这一系列特点调整他们的讯问方法",是完全不可能的。③ 欧文委员会的研究也认同这一点,即警察没有能力区分哪些口供是真实的,哪些是不真实的。这一发现不但削弱、动摇了警察是能够发现真相的专家之说法,同时也表明,《法官准则》及《警察和刑事证据法》都建立在,只要遵守法律规则便能消除不可靠口供,这样的错误前提之下。正如欧文所说,由于评估口供可靠性时需考虑的因素多种多样,"因此那些建议只要从警察那里获取讯问状况的总体情况以及警察对嫌疑人当时心理状况的单纯认识,之后在法庭上便能对嫌疑人的状态做出评估的想法,显然是不合理的"④。

一旦人们认识到,警察既不是专家也非绝对公正,且法律规则并不能确保排除不可靠的口供,而他们仍然对口供证据保持信赖的作法,只能说明其受到了犯罪控制有效性理念的影响。尽管飞利浦委员会并没有明确支持这样的观点,即犯罪控制论认为,某些错误判决对于换回有助于有罪抗辩和定罪的司法体系是可以接受的代价。但它同样认为,对警察讯问策略的任何限制或提出补强证据的请求,都将产生巨大的资源浪费,也会对警察组织产生不利的影响。⑤ 同派克犯罪控制论的倡导者一样,菲利普斯委员会认为,信任警察在核查口供细节时采用了"适当的做法",对他们加以培训,使其了解"对嫌疑人起作用的有效心理因素,及这些心理因素所带来的危险",这样,依赖口供证据所带来的危险就可以得到规避。⑥ 皇家刑事司法委员会更加明确地表示支持采用犯罪控制方式对待口供证据,它认为必须驳回补强证据的请求,因为"相当数量的人在做完口供后认罪,但是假如口供是对他们不利的唯一的可靠证据,他们的律师就会强烈建议他们不要认罪。有理由相信,他们中的大多数人实际上是有罪的"⑦(特别强调"大多数")。

目前,对羁押阶段口供的依赖,意味着有些人会被错误定罪,并且这样的风险很大。正

---

① 皇家刑事司法委员会(1993)第7段。

② 第4.73段。本研究的结果已在第五章详细阐述。

③ 第4.72段。

④ Irving(1981:152)。

⑤ 参阅第4.74和4.113段。

⑥ 第4.75段。

⑦ 第四章。

如第五章所示，即使案件受到质疑，根据《警察和刑事证据法》规定的非法证据排除规则，并不一定能筛选出不可靠的口供。而当该案件的处置完全基于有罪答辩时，错判的风险则更大。麦高伟教授进行过一项研究，旨在评估要求补强口供这一规则的作用。他发现在 524 例案件中，有 41 例控方除了被告人的口供外没有向法庭提供其他证据。其中 14 例不确定是否能找到补强证据。这 14 名被告中有 13 人出席了审判且都认了罪。麦高伟教授认为，其中 7 例案件，警方文件具体提到了"嫌疑人的个性特征，从而使人们对该嫌疑人能否明白正确地陈述其涉嫌罪行产生了怀疑"。因此，口供"为刑事案件的判决提供了一个不安全的基础"①。

几乎四分之三涉及未成年人的案件中，刑事司法系统甚至省去了正规的出庭审判仪式。这些案件通过警方警告来处置，②即整个程序是由警察设计指控、讯问嫌疑人，并决定嫌疑人是否已接受其在事实和法律上有罪的事实。在这些案件中，没有对讯问记录真正的独立审查，且结果发现，在近四分之一的案件中，即使嫌疑人不接受指控，警方仍对其处以警告。③ 埃文斯注意到，在这些案件中，"诉讼模式既不是'对抗制'也不是'纠问制'。这种'简易的'司法诉讼模式使被告的命运完全落在警察以及那些促使机构间相互商议的专业群体的手中"④。

《警察与刑事证据法》主要通过提供法律咨询、为需要受到保护的嫌疑人提供一位适当成年人到场，以及为讯问过程录音等方式，力求提高口供证据的可靠性。正如第六章所讨论的，这些保护措施不能完全排除嫌疑人做出不真实口供的可能性。大多数嫌疑人仍然拒绝免费的法律咨询，主要是因为他们知道，请求律师帮助将意味着在警署监禁室里被关押更长的时间。有证据表明，一些嫌疑人会听从警察的误导，认为律师对他们没什么帮助。还有一小部分嫌疑人直接被非法剥夺了获取法律咨询的途径。即使有些人最终获得了法律代表帮助的机会，他们所得到建议的质量往往很差，而且，律师是否有能力为被羁押者提供高水平的辩护仍然相当值得怀疑。其次，警察经常不能确定哪些嫌疑人需要受到保护，即使他们能确定，一个适当成年人的在场能否为其提供有意义的保护也是值得怀疑的。再次，录音对于防止逼供只能起到部分作用，因为不是嫌疑人和警察之间的所有接触都可以被记录在案。

---

① McConville(1993:61-73)。

② Evans(1993:3)。

③ 出处同上，第 41 页。这项数据没有考虑到有些案件因为不恰当的提问策略和问题形式，致使口供可能并不可靠的情况。

④ 出处同上，第 48 页。

而且，没有录在磁带上的陈述也可以作为证据被采信，因此捏造口供的可能性仍然存在。①

这并不是说，《警察和刑事证据法》对于防止嫌疑人做出不可靠供述，以及防止警方捏造口供没有起过任何积极作用。例如，一名嫌疑人由于获得了律师的帮助而没有招供或认罪，否则他有可能就会错误地招供。在某些情况下，一位适当的成年人在场能让嫌疑人有足够的勇气抵抗警察施加的压力，从而避免错误地认罪。如果在讯问中，申辩无罪的录音记录已经存在的话，那么一些腐败的警察就会感到，捏造嫌疑人在讯问中认罪的风险就太大了。以上任何一种情况都表明，《警察和刑事证据法》能成功确保警署程序不会导致不可靠证据的产生。然而，研究表明，在一些案件中，嫌疑人并没有受益于该法。嫌疑人可能没有意识到有律师在场的重要性，或者警察成功地非法阻止了嫌疑人获得律师咨询，或代理律师可能表现得极其无能。即使安排一个适当的第三方在场，他的表现可能更像一个讯问者，只能给嫌疑人带来更大的压力。一个对警察俯首帖耳的羁押官可能会允许讯问人员进入嫌疑人的囚禁室，说服嫌疑人在录音开始时按照他们的意思说。在这样的情况下，《警察和刑事证据法》的规则和程序反而成了被告的敌人，使他们因恐惧或不知所措而招供。正如飞利浦委员会所希望的，这些规则和程序的作用是向法院或建议作有罪答辩的辩护律师确保，可以最大限度地信赖口供。因为获取口供所经历的程序为防止逼供或错误招供提供了保障。②

远离强制的公正

飞利浦委员会承认，人们普遍认为，要评估刑事程序的公正性，其规则不仅要通过是否有助于区分有罪与无罪进行评判，而且还要评判其“是否符合自由主义理念下，关于自由人在各阶段应受到怎样的对待”③。为了解释这一立场，该委员会引用了加德纳勋爵对 1972 年刑法修订委员会的建议所作出的反应。该建议的内容就是，应该改变法律以允许，当嫌疑人对警方讯问保持沉默时，做出对其不利的推论。④ 而加德纳勋爵却认为，沉默权是“对个人能在私人领地享有私人生活的权利的认可，这一特权的宪法基础是政府必须尊重公民的

---

① 皇家刑事司法委员会拒绝正视供词捏造这个问题，并指出没有记录在磁带上的供述仍然应当被予以采信，因为“在逮捕现场毫无防备时说的话，通常是最真实的”（第四章第 59 段）。参阅 Leng（1994：179 - 180）。

② 委员会写道，构建保护措施体系是为了确保“凡是有嫌疑人陈述的案件，其陈述从证据的角度能具有可能的最大限度的可靠性”（第 4.75 段）。

③ 出处同上，第 1.27 段。

④ 1972 刑法修订委员会第 11 次报告（证据）。

尊严和完整性”①。

正是这种对个人与国家之间关系的自由主义理念，成为区别派克的正当程序模式与犯罪控制模式的主要思想基础。正当程序的概念由许多相关联的意识形态组成，②但是飞利浦委员会报告的引证中特别强调了在主审法庭裁定有罪之前，限制国家介入其公民生活的权力的重要性。根据派克的研究，无罪推定不是预言结果无罪，而是规定公民在审判未决期间应当被视作无罪来对待的规范表述。③ 正当程序模式试图确保在有罪判决前的程序中，对公民使用措施的强制程度只能在将其作为一个自由人所能适用的范围之内。因此，正当程序模式的支持者认为，不应该仅仅因为某一特定规则能有助于司法系统更有效地区分有罪或无罪，就将其纳入刑事程序。还必须要看这一规则是否不适当地限制了个人自由，如果限制了，就必须被拒之门外。正当程序模式的追随者知道，限制警察的某些权力会使他们更难追捕那些事实和法律上有罪的人，更难给那些事实上和法律上有罪的人定罪。但他回应道，“最大效率意味着最大的专制。尽管没有人愿意说最小效率意味着最小专制，但是正当程序模式的支持者们愿意坦然地承受，刑事程序为保护个人利益不受官方压迫而导致的效率大幅下降”④。

在过去的 15 年中，对于刑事司法的争议以自由主义理念的边缘化为特征。让警察获得更多权力的提议，得到了越来越多的考虑。仅仅是因为人们看到了警察控制犯罪的效力，再加上从表面上看，额外的警察权力能提高司法体系的有效性以及运行效率，人们对此说法表示赞同。⑤ 这两种倾向在飞利浦委员会 1981 年的报告中是很明显的。其成员采用了具有犯罪控制理念的分析框架。该委员会说，它的任务就是要在“将罪犯绳之以法的社会利益”和“嫌疑人或被告的权利和自由”之间达成平衡。⑥ 但是这种观点没有意识到，一个尊重权利和个人自由的政治制度，也是为了作为整体的社会利益。即使是罪犯，更不用说嫌疑人，在力图抑制犯罪的社会中，其利益也需要获得相应保障。⑦

委员会将嫌疑人与普通公民区分开来，因此很难抵制落入功利主义的俗套，即视社会利益胜过嫌疑人利益。在这种哲学思想的指导下，委员会建议增加警察拦截、搜查、逮捕和拘留等权力，因为这些权力被认为可以帮助警方更有效地打击犯罪。委员会的这个决定与其

---

① 引述于第 1.28 段。

② Packer(1968:163)。

③ 出处同上，第 161 页。

④ 出处同上，第 165 页。

⑤ Ashworth(1996:225)。

⑥ 第 1.11 段。

⑦ Sanders(1994)。

研究结果是相矛盾的。例如其研究结果表明:第一,增加警察的权力只会对警察控制犯罪的能力起到轻微影响;其次,现有的警察权力要么被滥用(如拦截权和搜查权),要么对那些受控于他们的人相当得不公正(如在羁押和讯问中)。

同飞利浦委员会一样,皇家刑事司法委员会也认为"对嫌疑人和被告公正合理的对待"是与"正义"目标相冲突的。① 它们如此不公地对待嫌疑人以至于严重背离有效区分有罪与无罪这一主要目标。在它们看来,在多数案件中,没有理由不允许在判决之前以预测的判决结果决定如何对待嫌疑人。例如,如果嫌疑人不提供警察所要求的私密或非私密样本,无论其所犯罪行有多严重,应当允许法院做不利推论。② 此外,还应当允许警察强行做口腔化验标本,③在严重案件中,警察甚至应该可以有权不经同意采集嫌疑人的非私密样本进行DNA测试。④ 自从该委员会的报告公布以来,政府已出台措施,允许警察在没有合理怀疑的情况下进行盘查,⑤并且允许当嫌疑人拒绝回答警察问题,或拒绝主动提供证据但后来又试图在法庭上依靠该证据时,法庭可以做出对其不利的推断。⑥

这些发展意味着被视为嫌疑人的公民,其权利几乎被完全剥夺,警察可以合法地对其身体和精神加以控制和影响。法律不承认嫌疑人具有未经起诉或审判,不得被盘查、逮捕或拘留的权利。法律也未宣布嫌疑人有拒绝回答警察提问的绝对权,或被逮捕后有权不被警察操控。相反,法律主要规定了警察可以对嫌疑人做些什么。嫌疑人可以在街上被盘查或被逮捕后送到警署。如果被捕,警方可以在无需任何司法授权、复核或审查的情况下,将嫌疑人监禁在警署,最长可达36小时。⑦ 一旦进入警署,法律规定,警察可以拿走嫌疑人的私人物品,⑧脱其衣服,⑨搜其身体;⑩不论他是否愿意回答警察的问题都可对其进行讯问;⑪还

---

① 第一章第27段。

② 第二章第32段。1994年刑事司法和公共秩序法规定,在不涉及严重可逮捕罪行的案件中,警察可以提取私密样本。如果嫌疑人拒绝,法院可以做不利推论(第54条)。该法案将未经同意提取非私密样本的权力扩大到所有可留底罪行(第55条)。

③ 第二章第29段。CJPOA 1994,第58条第3款使该项提议生效。

④ 第二章第35段。现在,在所有涉及留底罪行的案件中,警察都有权不经同意采集非私密样本(CJPOA 1994,第55条)。

⑤ *The Prevention of Terrorism (Additional Powers) Act 1996* 第1条第3款;CJPOA 1994,第60条第5款。

⑥ CJPOA 1994,第34、36、37条。

⑦ PACE第41条。

⑧ PACE第54条。

⑨ PACE第54条第4款。

⑩ PACE第55条。

⑪ 参阅 *Home Office Circular* 22/92。

可以强行提取嫌疑人指纹,[①]拽其头发,从他嘴里提取化验标本,从指甲里刮取物质。[②] 警察的这些权力绝不是绝对的,它们只能在一定条件下或在遵循规定的程序下进行。保护措施的存在,有助于嫌疑人质疑其所受待遇的合法性,但它们同时也在向人们强调,国家和公民关系的出发点,不是基于保护公民不受国家压迫的需要,而是基于保护国家要求公民合作的权力。

立法规定的对嫌疑人的一系列保护措施,表面上看很有力。一位警方主要发言人声称,在英格兰和威尔士,嫌疑人受到的保护"可能是全欧洲最好的"。他还暗示,相对于任何权利的抽象概念而言,这些保护措施能更好地保障嫌疑人和受害者得到公正对待。[③] 然而,刑事程序的运行现状是,除非嫌疑人能证明其受保护的权利受到侵犯,否则警察强制还是被认为是合法的。对于试图依靠这些保护措施的嫌疑人,只要简单总结一下他们所面临的困难,便足以看清这些保护措施极其虚幻的本质。虽然法律规定,警察只能在有合理怀疑的情况下,才可以实施盘查或逮捕,但是法律基本没有给嫌疑人机会去质疑这些行为的合法性。多数被盘查的嫌疑人没有被逮捕,[④]而且被逮捕的人中约一半没有被起诉。[⑤] 这些案子从未被提交法院,因此在刑事程序中,嫌疑人没有机会质疑他们所受待遇的合法性。当然,嫌疑人可以发起民事诉讼或是对警方进行投诉。但是即使嫌疑人成功证明其遭到了非法盘查,由于可能被判定的损害赔偿较低,意味着他得不到法律援助,而且他们几乎无人能单靠自己找到资金来源。即使是那些很有可能被错误拦截或逮捕的嫌疑人,他们对警察投诉程序也没有信心。[⑥]

一旦起诉,案件进入法庭审理阶段,被告人可以设法质疑最初的盘查或逮捕的合法性。警察是否合理怀疑将取决于嫌疑人当时做了什么或说了什么,即使嫌疑人很可能当时遭遇到警察非法行为,但他们的说法往往难以被采信。[⑦] 就算没有事实上的争议,证明缺乏合理怀疑也不是件容易的事。这是因为法院在解释这一条款时已规定,允许警察拥有最大限度

---

① PACE 第 61 条第 3 款。

② 作为 CJPOA 1994 第 58、59 条补充的 PACE 第 63、65 条。

③ Pollard(1996:156)。

④ 1994 年,被盘查的人中只有 12%被捕 *Home Office Statistical Bulletin 1995* 。这项数据基于 PACE 中有据可查的盘查案件。有证据表明,大多数盘查并没有记录在案,因为警察视此为"双方一致认可"的。(参阅 Sanders 和 Young 1994:53)

⑤ 参阅 Brown(1989)和 McConville 等人(1991)。

⑥ Sanders 和 Young(1994:398 - 410)。

⑦ 出处同上,第 56 页。

的自由裁量权。① 最后，有趣的是，被告要经历千辛万苦克服法律和证据的障碍，可是根据法律，他却得不到什么激励和回报。就算被告成功证明了他被非法拦截或逮捕，法院既不会给予他补偿，也不会惩罚个别警察或他所属的机关，而且对于警察在非法盘查和逮捕后所获得的证据，法庭也很有可能仍然予以采信。②

在警署里，嫌疑人拥有的几乎所有“程序公正”的保护性措施都受到类似的质疑。受到不公正对待而又不被起诉的嫌疑人，必须依靠民事救济和对警察的投诉程序。只有那些被起诉的人有机会向法庭就他们所受到的待遇进行投诉。《警察和刑事证据法》规定，不论在何种情况下，如果诉讼证据对程序的公正性有不利影响，那么法院有排除该诉讼证据的自由裁量权。③ 然而，司法部门已明确表示，法院在行使自由裁量权时，目的不是惩罚警察，而且警方即使有不合法行为，也未必会导致证据被排除在外。④《警察和刑事证据法》中的这一解释，加上嫌疑人很可能发现对警署发生的事情难以取证，这就是为什么即使当嫌疑人被不必要的延长羁押时间或未经授权被要求脱衣搜查或禁止其运动、不让吃点心或在提取指纹、样品时过度使用武力等情况发生时，也并未出现过法院被要求排除证据的案件。因警察在警署里的不当行为导致证据被排除的案件，多数都是因为警察的违规行为损害了证据的保护性措施，危害了证据的可靠性。例如，当嫌疑人申请法律咨询被非法拒绝，或被单独监禁，或被讯问时没有适当成年人在场，或警方在录音时未能遵守《警察和刑事证据法》的规定。只有在这些情况下，证据才会被排除。⑤

因此，可以看出，程序上对嫌疑人的保护是极其有限的，因为它们的建立是以犯罪控制目标为优先原则的。其次，这些保护措施在某些方面的规定非常不明确。以“合理怀疑”的案件为例，嫌疑人无法确切地知道他们什么时候可以合法地对警察行为提出异议。最后，这些保护措施在很大程度上是难以执行的。这几点都不出我们的意料。警察的调查权逐渐扩大，因为法院、皇家委员会和政府已承认警察需要这样的权力，从而控制犯罪，而且他们是被信任能够公正地行使这些权力。一旦犯罪控制的设想和价值观以这种方式被接受了，要建立对嫌疑人的保护性措施和程序，允许他们质疑在程序中的处遇，只会破坏警察的工作效

---

① 在 Castorina 诉警察局长 Surrey[1988] NLJ 180 的案中，法院指出，只有当逮捕极其不合理，以至于任何一个明白事理的警官在那种情形下都不会采取这样的举动，这样才能宣布逮捕不合法。

② 在 Zander(1995:238 - 246)中讨论了法院根据 PACE 第 78 条，排除证据的情形。

③ PACE 第 78 条。

④ Mason[1988] 1 WLR 139(CA), Delaney(1989)88 Cr. App. R. 338, Parris[1988] Crim. LR 892。

⑤ Zander(1995:235 - 246)。

率。所以，这两者是自相矛盾的。

社会规训：不以犯罪控制为目的的强制

因此，可以看到，英格兰和威尔士的刑事程序在很多方面与犯罪控制的司法模式不谋而合。警察享有广泛的强制权，嫌疑人被视作有罪来对待，但是正因为这样做能有效确定违法者并加以定罪，这些做法便获得了正当的理由。如上所述，正当程序模式对司法制度主要不满之一就在于它的压制性。但是，重要的是不要将压制性与违法性相混淆。相对于正当程序模式，犯罪控制模式对警察的专业知识更有信心，并赞同对嫌疑人施加更多强制。但这并不意味着正当程序模式比犯罪控制模式更合法。正如在第二章所解释的，两者都是合法的，都规定警察不能行使法律赋予他们的权力以外的权力。犯罪控制模式可能倾向于赋予警察更广泛的权力，但它假定警方仅在侦查和起诉犯罪时才会使用这些权力。

本研究发现的证据表明，虽然依据法律建立的司法制度可能强烈偏向于犯罪控制模式，但是大量的警察活动超出了他们的侦查或起诉犯罪的职责。警察获得了大量难以审查或控制的强制权，从而脱离了法律的本意，转而追求强加社会规训这一目标。当警察选择使用他们的权力来控制或惩罚群体、家庭或个人，而不是调查那些他们合理怀疑犯了某具体罪行的具体个人时，这就是基于社会规训的司法模式的警务活动。社会规训模式的产生源于警察对自己角色的定义以及他们对某群体中部分人的态度，具有多种表现形式。

警察认为有必要进行控制和惩罚的部分原因是，他们认为某些群体或个人具有犯罪倾向，因此只要具有特定刑事活动的合理怀疑，便无须证明警察的强制手段是否有正当理由。正如第三章提出，警方确信那些容易引起犯罪的因素集中在低层次的工人阶级、少数民族，以及诸如旅客、小贩、嬉皮士和示威者这些外部群体。警方坚信，如果警察经常出现去干扰和提醒这些团体，他们可能会停止从事犯罪行为。一位警务监察曾说："在每一个城区都有为数不少的小部分人群不适合挽救。坦率地说，警察保护社会的唯一方式就是去干扰这些人。"①然而，从某种程度上来说，锁定这些群体与犯罪控制这一出发点无关，最好的解释是警察不喜欢、不信任和瞧不起属于这些群体的人。之所以蔑视，是因为警察认为这些群体的行为、信仰或仅仅是他们的存在，都是对值得尊敬的所谓正常群体的挑战。这些人被贴上"人渣"的标签。人们常常不是用有罪无罪的法律概念来判断他们，而是参照他们的"道德价

---

① Basil Griffiths 监察，在 1982 年的警察联盟会上如此说(Rawlings 于 1985 年转载)。这个引述在本书 50 页第三章。

值"来评估和对待他们。乞丐和无家可归者，被视为是对"体面的"文明大众的威胁和"污点景观"；黑人被视为与"文明"行为无缘的人；整个城市的某些片区被认为住满了"社保吃白食者"和"令人讨厌的人"；那些对警察持批判性态度的人则被视为危险的破坏分子。

警察这样治理其管辖的群体反映了他们的一种观念，即他们认为这些群体不服从权威，这是给社会结构造成威胁的主要原因。因此，许多官员认为，消除社会中反权威元素的唯一办法是迫使他们承认警察的权威。许多警察认为，对警察权威的挑战就是对社会结构的挑战，是对基本价值观的排斥。因此，大量警察活动是为了向这些群体传达信息，即对警方的质疑、抵制和不尊重定会招致惩罚。然而同时，警察又想故意挑起质疑和抵制。这可能源于个别警员想要寻求刺激，但同时也反映了一种组织心态，即通过迫使那些"人渣"承认抵抗是徒劳的，从而一再证实他们的权力和权威。社会规训司法模式下的警务是具有象征意义的：警察盘查黑人青年，骚扰那些有犯罪前科的人，大量冲入破旧不堪的房屋——不是为了打击犯罪，而是向自己证实，他们有权力这样做，没有人能抵制得了。

警察对权威和挑衅的痴迷正是他们与黑人社区关系的核心。警察对黑人的态度不应被看作仅仅是警察对经济贫困人群普遍消极态度的一种表现。① 一直以来，警察就将工作重心聚焦于工人阶层，因为他们认为工人阶层具有犯罪倾向且不遵守规则。② 这就是班顿所说的"统计性歧视"——因为相信不同群体的成员会有某些特征而进行区别对待。③ 尽管警察普遍宣称黑人犯罪比其他组织更多，其实黑人与警察之间的冲突早在这之前就已存在。④正如希瓦南达和基思⑤所说的，早期的非白人和警察之间的关系特点是"类别歧视"。班顿将这一术语定义为，仅仅因为属于某个群体即对该群体的成员进行不公正的对待，而不考虑外界特点。这几位作者详细介绍了 20 世纪 50 年代后期和 60 年代早期，警察是如何在黑人遭到白人种族主义者发起的攻击时，不仅没有对其加以保护，事实上还参与了攻击。"寻找黑鬼"是警察发明的一个新词，在布里克斯顿等地，这也是警员和警长们特别喜欢的活动。⑥

对于警察不提供保护和其不平等的对待，黑人社区的反应是组织起来抵抗在他们看来具有压迫性的警务活动。这是对警察权威的挑战，也是警察和年轻的黑人之间关系的转折点。基思写道："一旦冲突的前线扩大，殃及避难所，警察与黑人社区之间的冲突被进一步推

① 参阅 Kinsey 和 Young(1982:125)。
② 参阅第三章第 42—45 页的讨论。
③ Banton(1983)。
④ Keith(1993:18)。
⑤ 1982 年，出处同上。
⑥ Sivanandan(1982:8 - 34)，Keith(1993:24 - 31)。

向警察制度运行的层面。因为权力如此经常地受到有效挑战,在这个区域重新实现控制就成了各个级别的警察的当务之急。"①

尽管这些地区后来被认为是毒品交易、抢劫和政治动乱的中心,但是在开始时警方关注的是生活在这些地区的黑人,因为他们挑战了警察的权威。实践证明,对警察而言,任何挑战他们权威的行为都应该受到控制和惩罚。如果是属于白人工人阶级的男性,只有他实际做过或说过什么,警察才会认为他挑战了其权威性;而对于很多警察而言,如果是年轻的黑人男性,无论他做什么,他本身就意味着对警察权威的"挑战"。②

通过迫使那些被认为向警方"挑战"的人去容忍不文明、不合理和挑衅性的行为,警察证实自己"这伙人"仍然有至高无上的权力。遇到这种情形,那些"失败者"必须回答警察的任何问题,老实交代他们自己及朋友和亲戚的举动,以示顺从。而挑战警方权力的人将被送往"惩戒区"。因为拥有将嫌疑人逮捕和羁押在警署的权力,警察能使嫌疑人顺从,这种顺从在每个警察看来都是理所当然的,同时也是对警务对象实施控制而必不可少的。一旦进入警署,嫌疑人常常会受到羞辱,因为他们总是处于弱势。尽管我采访的被告中大约有一半称他们的处遇为"公正的",但这主要是因为很多人对公正的期望度极低。在经历过多次程序后,其中大部分回忆道,在之前的场合他们所受的对待比目前的更糟。因此,在许多情况下,只要在"正常"范围内就算是"公正"了。从观察羁押区的互动情况来看,何时让嫌疑人站着,何时坐下,何时说话,何时保持沉默,这都属于"正常"的。嫌疑人必须完全顺从,一经要求必须交出随身物品,容忍辱骂以及体罚或被以体罚相威胁,还要忍受被监禁在不舒服的环境里。

通常,即使从证据的角度看根本没有必要进行讯问了,警察还是会去盘问嫌疑人。一种可能性是,即使没有口供,警察仍拥有足够的证据定罪。或者因为该案中,警察的目的并不是起诉。在警察机关,讯问之所以流行的原因之一是,通过讯问警察有机会使嫌疑人一直处于地位低下的境地。正如帕宾斯基所说,通过迫使嫌疑人承认罪行,警方成功洗白了自己的违法行为,而且还能解决他们曾经对嫌疑人不法行为的怀疑。然而,对嫌疑人的贬损还会更进一步,而非仅仅渴望听到嫌疑人承认有罪那么简单。讯问为警察营造了一种氛围,使他们能以任何他们喜欢的方式向嫌疑人询问任何问题,无论问题是否与最初的怀疑有关。在我的研究对象中,嫌疑人会被问及他们的人际关系,他们是怎么认识他们的新教练并如何付费的,还被问到了他们的移民身份,以及他们为什么要求获得政府福利。这些问题与其最初被逮捕的原因没有任何关联。其作用只是让嫌疑人明确知道,他在警察面前没有隐私。警方

① 出处同上,第161页。

② McConville 和 Shepherd(1992:204-207)。

认为自己有权对这些“人渣”的生活追根究底，而那些运用沉默权的人恰恰挑战了警察的这一权力。因此，警察对沉默权充满敌意，不仅因为其有碍于犯罪控制的目标，这也是重要原因之一。

锁定目标，作为社会规训模式的重要组成部分，认定的嫌疑人绝大多数是“常客”：他们经常被拦截、搜查、逮捕和拘留。因此，这些人，以及某些情况下他们所属的大社区，都与警察形成了长期的关系。这有悖于犯罪控制的另一个前提，即警察应该是客观的、不带任何个人色彩的执法者。警察行为以及嫌疑人的行为通常受到与特定的警察或特定警署曾经关系的制约，这些关系是带有个人色彩的而非法定的。这意味着，个人所受到的对待可能和刑事执法无关，反而可能是由于警察因过去嫌疑人对其不敬而产生的报复欲望所驱使，或是为了嘲讽一下这个人过去所受的羞辱，或是因为需要证实特定家庭或群体的说法是不真实的。

由此可见，社会规训模式与犯罪控制模式截然不同。因为它不是通过对特定犯罪的侦查起诉来控制犯罪的。社会规训的实施可以被定义为，在某些情况下使用强制并不是打算进一步推进刑事侦查，其主要目的是提醒个人或群体正处于不断的监视下，或去惩罚、羞辱某人，或表达警方对特定的社会或家庭的蔑视，或证明警方有权定义什么是“常态”管理，并予以执行。对那些质疑警方权力的人，警方有绝对的控制权。例如，在没有合理怀疑的情况下，如果警方对某人实施盘查或逮捕，仅仅是为了骚扰嫌疑人、证明自己具有控制权，然后通过简易的程序拘留他，并加以惩罚，这时警方便运用了社会规训。从很多方面看，警察一直使用的关注某些个人的策略就相当于警方实施的宵禁。那些被警察所“熟知”的人很快认识到，如果他们在被视为他们所属地区之外犯罪的话，他们将遭遇强制行动。

要形容社会规训模式和正式刑事程序之间的关系，最合适的一个词就是“视情况而定”。在社会规训模式下，警察通常不考虑使用诉讼程序：不对“警务对象”实施逮捕，这样他们便不会被送上法庭。然而，警察常常可能通过虚假指控加大对个体的惩罚，在某些情况下，他们甚至可能会认为加大惩罚是必要的。如果警察与嫌疑人之间曾经敌对过，或某嫌疑人在街上或在警署里的行为举止被认为特别无礼，或当警察感到某人虽没有违法但却很讨厌，因而有必要对其做点什么时，警察便会给他们强加莫须有的罪名。因此，必须要强调，犯罪控制思想的核心前提是，警察是专业人士，应当能甄别在法律上无辜的人。但是具有个人色彩的警务活动以及过于关注道德价值及社会环境的存在，却极大地质疑了犯罪控制思想，这一核心前提。为了进行虚假指控，警察会求助于各种只需警方提供证据便可被轻易证明的刑事犯罪。虚假指控泛滥的程度显然难以衡量，但我在警署看到有警察这么做或试图这么做。这表明，虚假指控不但有可能而且确实存在，并且警察相信他们这么做不会受到惩罚。

当一个人在没有合理怀疑的情况下被捕，对其行使任何警察权都是非法的，因为没有任何调查和调查权可以被用于非法目的。在这种情况下，将被逮捕的人称作“嫌疑人”就显得用词不当，更加准确的是将他们称为“被拘留者”。然而，还有一点很重要，那就是要清楚地认识到，即使在警方有理由怀疑某人犯了罪的情况下，也会出现社会规训。例如案件的侦查需要没有得到批准，警察就实行强制措施。所以，警方更愿意实行逮捕而不是传唤，不是因为进行侦查必须要实施逮捕，而是由于嫌疑人是被确认为“臭名远扬”的人，因此“理应得到”最大限度的强制；警察搜查处所，不是指望会找到什么，而仅仅是为了惩罚犯罪嫌疑人没有合作地供认罪行或指认同犯；警察对嫌疑人进行脱衣搜查，不是因为警察有理由相信嫌疑人隐藏了毒品或武器，而是因为警察认为必须让他和他那帮人知道，只要在警署里，对他们做什么都可以；武力的使用，不是出于控制暴力嫌疑人的必要，而是为了惩罚在羁押区挑战了警察行为或态度的嫌疑人；在讯问过程中的指责和辱骂，不是为了创造一种更容易招供的环境，而是为了让嫌疑人意识到自己的处境；嫌疑人的权利可能得不到保障，不是因为警方相信权利的行使会阻碍调查，而是为了阻止嫌疑人重新主张控制权，如果那样，警察想让嫌疑人感到完全无能为力的计划就泡汤了。

法律改革的有利条件及其限制

麦高伟等人曾警告，不能过于依赖改变法律规则这一手段来提高嫌疑人和被告人的地位。根据他们的观察，那些主张这种改革的人认为，“各种社会角色对法律规则的变化会有所反应，而这种反应正是主张改革的人深思熟虑的结果”①。麦高伟等人认为这种设想值得置疑，因为大量研究结果表明，警察频繁地违反《警察与刑事证据法》中规定的保护嫌疑人的规则，或使其失效。因此，他们的结论是，法律改革者应该记住，“不能忽视文化的、组织的和历史实践的限制而强制实行法律规则”②。虽然，要意识到法律改革的局限性是很重要的，但这并不意味着法律改革在努力改善嫌疑人状况方面没有发挥作用。麦高伟等人自己也承认，《警察与刑事证据法》提出的改革使得警察行为在某种有限的程度上产生了预期的变化。③ 因此，从《警察与刑事证据法》中吸取的一个重要教训就是，不应认为法律规则会自动产生预期的效果。法律规则的效果有部分取决于规则的内容，另一部分取决于它所力图改变的做法的本质。④

---

① (1991:192)。

② 出处同上，第198页。

③ 出处同上，第193页。

④ Dixon(1992:536)。

正如本章开头明确提出的，如果要避免被告被错误定罪，就必须要改变控制口供证据产生和采信的规则。目前的保护措施并不能有效防止被告因不可靠的口供而被判有罪。可以通过更改大量法律规则来减少或消除这种危险。例如，制定以是否有法律顾问、磁带录音或其他补强证据为条件，决定是否采信口供的规则。不过，这些规则可能不是在所有情况下都有预期的作用：例如，如果法律顾问不称职，他就起不到多大作用。其次，即使有磁带录音，也不排除在正式讯问外使用强制手段的可能性。最后，补强证据也可能是捏造的。尽管有这些问题，但是毫无疑问，规则在某些情况下能取得预期效果，从而有助于减少不可靠的定罪。① 事实上，如果法律全面禁止羁押期间的讯问，个人因不可靠供述而被判有罪的风险就可以完全消除，而这样的举措还有额外的好处，即通过减少嫌疑人所受的强制能真正做到无罪推定。

这些建议虽有助于刑事诉讼程序朝着正当程序的方向发展，但是却几乎不可能被采纳。其原因正如上面所讨论的，皇家委员会和政府认为犯罪控制论更具说服力。当权者不想“失去”定罪的机会，即使其中有些定罪证据不足，他们也不想为寻找可靠证据耗费额外的资源，而宁愿将这些资源用来处理不需要口供证据就能判决的案件。从正当程序视角来看，问题不在于制定什么样的规则能取得实际效果、能准确地达到目标，真正的问题在于要让人意识到这类法律改革达不到理想预期。

本研究暴露的第二点担忧与警方的非法活动有关。如上所述，在大量案件中，警察利用侦查权为追求自己既定的目标提供掩饰，使其合法化。只有先弄清楚是否有必要取消警方超出法律允许的警务活动，然后才能谈得上如何取消。这种说法对于那些认同将基本的自由价值观作为法律规则的人来说，似乎难以理解。但必须承认，定向警务活动作为社会规训模式的核心，拥有它的支持者。史密斯认为，违法者“聚集在下等阶层”②，当决定拦截和搜查这一类人时，警察通常不考虑“这些人的行为是否有合理怀疑的理由”③。然而，他认为这没有错，因为没有合理怀疑并不意味着“警察决定拦截是非理性的，或完全基于成见，或是与刑事犯罪没有关系的一种出于直觉的假设”④。史密斯认为，总体来看，拦截模式与犯罪模式相对应，因此，对社区某部分群体的关注“结果证明其是有道理的，因为，拦截后指控并定罪的比例同社会人口统计学群体中的比例是一样的”⑤。史密斯认为，一旦人们认可犯罪有

① 参阅 Leng(1994：173－185)。
② Smith(1997)第 328 页。
③ 出处同上，第 331 页。
④ 出处同上。
⑤ 出处同上。

差别化这种观点，同样地，他们也会接受差别化的警务活动并不是建立在“偏见”或“成见”的基础上，而是基于概率的计算这种观点。①

这种支持定向警务活动的观点受到多方质疑。理由如下：第一，差别性犯罪的证据绝非是无可争议的。现有的统计数据表明，黑人受到拦截、搜查、逮捕的数量比白人多得多，这并不能用来证明黑人有较高的犯罪率这种假设，也许这些数据仅仅反映了警察行为中存在偏见——这样的推断也同样是合理的。例如，史密斯声称“结果证明”黑人被更多地拦截，而他自己的调查数据表明，黑人和白人的“成功率”（拦截后实施逮捕的比例）一样，两者自相矛盾。② 假如成功率一样，这就引出一个问题，为什么警察认为黑人比白人受到更多的拦截是合适的。史密斯极其注重一个事实，即在伦敦地区超过50%有记录的抢劫及其他暴力盗窃的行凶者被受害者描述为“非白人”。然而，此类案件中三分之一的受害者就罪犯的种族没有提供任何信息，在其余的大量案件中，因为受害人见到罪犯的机会有限，描述可能是不可靠的，或可能受到了偏见的影响。事实上，有证据表明，当施暴人是黑人时，白人报案的可能性更大。③

因为史密斯很清楚，很难依靠警察活动创建的数据证明其观点，因此他转而依靠对受害人的调查。不过，众所周知，这样的数据源是极不可靠的。受害者的调查一般只局限于传统犯罪，因为这种研究方法需要可确定的受害者明确自己遭受非法侵害。因此，调查结果不能适用于法人犯罪、白领犯罪或当事人之间自愿的犯罪。另外，还有证据表明，受害者调查中往往缺乏种族攻击和家庭暴力之类案件的记录。最后，即使是传统的犯罪，如攻击，在相当大的范围内是不可靠的，因为受害人很少能用法律或警察对刑事犯罪的定义，来对他们的经历加以分类。④

其次，虽然某些罪行的犯罪率在目标人群中的确要高些，但是必须认识到，或许这正是差别化警务放大了犯罪行为而造成的。黑人、较低的工人阶层和其他非主流群体的成员比“值得尊敬的公众”更频繁地被拦截、搜查和逮捕，因此他们在被定罪的人群中占据了更高的比例。这本身就可以，而且也的确被用来证明定向警务的合理性。换句话说，如果一种政策将资源集中在他们认为更可能犯罪的人身上，那么就会导致一种情形，即警察在执行警务活动时，对社会中这部分人员相比其他人员使用更加严格的警务标准，从而突显了一些人的犯罪行为而隐藏了另一些人的犯罪行为。这样一种刑事程序从制度上增加了大量少数民族和

---

① 出处同上，第343页。

② Smith(1983:116)。

③ Reiner(1992:9-10)。

④ Walklate(1989:25-31)。

穷人被定罪的可能性，使得他们原本的不利处境因此而变得更加艰难。①

第三，史密斯认为，即使某些群体比别的群体犯罪量更大这种说法行得通，也未必如史密斯所认为的那样，能证明定向警务的合理性。在这点上，重要的是要搞清楚什么是定向警务或也可被称作差别警务。差别警务是指对个人采取如拦截、搜查和逮捕等强制行动，不是因为他做了什么引起人们对他犯罪的合理怀疑，而是因为他属于某个种族、年龄或社会经济群体。这些群体与一般人群相比往往有着较高的犯罪率。尽管史密斯极力否认，但是根据这个定义，很明显，定向警务是建立在成见的基础上的，因为它是根据个人所属类别，而不是根据其具体行为来决定应该对其执行什么样的警务。史密斯赞同差别警务，相当于声称，不看个人做了什么，仅仅因为他们属于某类人，而对其实施不公正的对待，这种做法从道德的角度上看是合理的。这种主张必须受到抵制，因为它与平等、公正、个性化的正义和带有权力主义意味的基本民主愿望相斥。

最后，如上所述，由于警方认为通过将注意力定向于某些群体更可能发现犯罪，因而采取定向警务，这种想法是荒谬的。在某种程度上，某些群体被锁定是因为警察认为他们对秩序和正常状态造成威胁，对他们行使强制权力是为了消除他们对权威的冒犯，或如社会环境学的一种做法，将这些人从公众视野中清除。此外，由于定向警务使警务活动具有个体化色彩，增加了将权力用于非法目的的可能性，从而引起了上述警察与嫌疑人之间长期不理想的关系。史密斯也意识到警方有时利用手中的权力去追求的目标，其实与犯罪控制没有关系。

> 除了指控、起诉和定罪以外……警务活动……有其他的目标，而这些目标有时（不管正确与否）被当作首要任务进行……讯问不仅仅被认为是获取证据从而定罪的工具，还被视为具有其自身的象征性功能或惯性功能。逮捕和讯问过程中的经历往往比法院下达的惩罚给人带来更大的创伤。因此逮捕和讯问可能本身就是目的，也可能只是为重要的警务目标提供辅助作用。②

警察有时仅仅是为了进行骚扰而实施拦截甚至逮捕，或者他们利用手中的执法权并非是在执行法律而是为了“缓解社会紧张气氛”，而且他们还会将拘留作为一种简易的惩罚手段。史密斯认为这些警察行为是不可避免的。因此，他将那些批评警察的人描述为“愤世嫉俗的”或“虚伪的”，他认为，虽然警方经常从事违法行为，且不被惩罚，但不能因此而指责法律是“伪善的”。然而，不仅如此，史密斯还对警方实现非法目标表示支持，因为他认为，批评警察用法律作为资源去追求对他们来说合适的目标是错误的。他藐视法庭的“崇高的理

---

① Box(1989)。

② Smith(1997)，第 332 - 333 页。

想”，并且赞同一种说法，即“警察的工作不是源于理想，而是源于常识”。

社会学上老生常谈的一个话题就是，要想对警方行使的低级别的自由裁量权加以控制，是极其困难的。有大量研究证明警察为追求他们认为适当的目标，经常违反法律的条文和精神。史密斯认为这本身并不意味着法律是伪善的，在这一点上他是正确的。这只能表明，虽然制定体现一定价值的法律规则也许并不难，但是确保这些价值被法律规则所针对的人接受并实施却并不容易。当有些人自称重视合法性，与此同时又力图为警方的违法行为寻求解释和借口时，便有可能产生虚伪。① 对警察违法行为的广泛支持不应当被认为是合理的，因为这有碍于建立一个受人尊重的、民主的立法程序。不可否认的是，警察就种族、阶级、民族、性别和地区所做的分类与更广泛的文化上的道德和价值评价有相似之处，②但这并不意味着我们应该支持警察重新创建一种，建立在偏见和误解基础上的普遍道德观念，并赋予其权力。③ 由于警察的地位具有影响力，他们可以自行定义某群体对“法律和秩序构成威胁”，因此警方也不会因为对这些群体的不公正对待而受到谴责。根据凯特尔的观察：

> 警方可以主导整个局面、自行做出规定，还可以为自己的做法加以掩饰。不管他们决定做什么，从他们自己的规定来看，都是为了“法律和秩序”的利益，也是为了“社会”的利益。同样，就他们的规定来看，谁反对他们就是“反警察”，因而是与“法律和秩序”为敌，也是与“社会”为敌。毫无疑问，社会中有些群体已经被划入这个阵营：示威者、罢工纠察队、非法占据者、黑人、同性恋、女权主义者、移民以及爱尔兰人。④

假设警察不应该为追求社会规训而使用侦查权，那么接下来的问题就是，该如何保证警察权不被用于超出法律规定的目的。麦高伟等人对法律改革的局限性的研究结论在社会规训的司法模式下是最为恰当的。如上所示，该模式的实质是非法的：警察有意识地不顾自己权力的限制，即使不能证明其合法性仍然使用强制手段。例如，警察明知自己的行为是违反法律规则的，却仍然在没有合理怀疑的情况下实施拦截、搜查和逮捕。显然，他们没有参照法律规则组织警务活动。鉴于这种情况，即使改变法律规则也难以影响他们的决定。因此，

---

① 法治是正当程序理念的核心。史密斯似乎认可尝试并维护正当程序原则的重要性，因为他写道“要想减少（犯罪控制与正当程序之间的）矛盾，聪明的做法是要找到既能实现犯罪控制的目标，又能避免违反正当程序价值观的办法”。

② Waegal(1981:273)。

③ 种族关系协会(1979)。事实上，可以说对于年轻黑人被普遍视作暴力罪犯，这种形象的建立，警察是难辞其咎的。对于警察如何通过传递犯罪数字信息，以夸大黑人涉及街道罪案的方式的讨论，参阅 Gutzmore(1983:18－21)。

④ Kettle(1980)。

那些研究街道警务的人认为,仅仅改变合理怀疑的定义并不能改变警察在这方面的做法。他得出这种结论是不足为奇的。[①] 留心一下眼下几乎所有警察在追求社会规训目标时滥用的权力,便可以得到相似的结论。当警察为了让嫌疑人难堪而令其脱光搜查时,或为了惩罚嫌疑人而拒绝其锻炼、吃点心,或使用不必要的武力时,他们其实知道自己的行为是不合法的。即使为嫌疑人提供更多的保护措施,也没有理由相信它们会比目前已有的保护措施更有效。最后,正如在第四章中说明的,警察在警署里羞辱和贬低嫌疑人使用的许多策略是法律规则难以控制的。如果用法律规定告知警方,他们不应该朝嫌疑人大喊大叫,不应该口头辱骂嫌疑人,不应该将嫌疑人当作"警察财产"对待,这将是多么的滑稽可笑啊!

如上所述,推动社会规训司法模式的是警察在判断哪些人"应该"受到惩罚、控制和羞辱这个问题上所持的态度和观念。因此,要取消这一模式,必须采取措施改变警察的态度。在某种程度上,态度可以通过教育和培训改变,但估计这些方法收效不大,因为警察文化本身源于警务活动。[②] 目前,警方将大部分时间和资源,用来维持公共秩序和处理穷人犯罪,这就导致他们对某些地区和某些特定群体的过度管理,从而放大了在这些区域这些群体中,其实一直存在的犯罪行为。警察认为这进一步证实了他们的想法,即犯罪确实是在某些群体和地区中根深蒂固,从而产生了如前几章中描述的不信任、厌恶和鄙视。当这些群体对被他们视为歧视的行为加以抵制时,警察没有将此理解成是由真实的不满所引起的,而认为这是源于具有犯罪基因的群体天生的反权威文化。这种恶性循环表明,警察文化不仅影响警察行为,而且在一定程度上也是警察行为的产物。

非法警务的存在不仅突显出改变警察文化的重要性,还使我们质疑犯罪控制模式中的核心假设,即可以信任警察不会滥用他们的职权的说法。本书中所描述的各类警察行为证实了自由主义的核心理念,即不受限制的权力不可避免地会让那些被委以权力的人堕落。这意味着,与其通过引入保障措施来保障嫌疑人不受警察权力的侵害,还不如减少权力本身。方式之一就是让警署脱离刑事程序。这将有助于使警察不能利用警署作为"惩罚地",利用前几章概述的各种方式,教训和贬低嫌疑人。早在 1960 年,格兰维尔·威廉姆斯就提过类似的建议,他认为不能忽视由于警察过于热心带来的危险。嫌疑人遭到逮捕后,如果能被置于当地监狱的监护下而不是直接被送到警署,这样能受到更好的保护。[③]

我写这本书的目的,不是探讨将嫌疑人送上法庭的各种不同方式的优缺点,而是认为应当根据一种方案能在多大程度上确保警察不能超越限制地接触或拘留嫌疑人,来对其加以

---

① Smith 和 Gray(1983),Dixon 等人(1989:192)。

② McConville 等人(1991:206-207)。

③ Williams(1960:345)。

评判。虽然格兰维尔·威廉姆斯设想了一种警方可以继续讯问嫌疑人的制度，但是我建议必须取消警察对嫌疑人讯问的权利。取消这一权利能保护嫌疑人不受警方具有压迫性和侵犯性的讯问，有助于确保逮捕还处于其最初目的，即停止继续非法行为并确保被告人出庭回应对他的指控。它还能说服警方，只有在证据确凿时，才能进行调查和逮捕。显然，仅靠这些变化并不能阻止警察逮捕某人，仅仅是为了让他们体验被监禁一晚上的不便。但是，这么做可以减少逮捕的发生，因为它要求所有嫌疑人出庭，并且要求警方向法庭提供逮捕的理由。

结论

要求主流政党进行改革，以减少和控制警察管控嫌疑人的权利，这是不太现实的。正如第一章所述，历史上一直都将人分为守法公民和嫌疑人。通过不断侵犯被他们认为有嫌疑的这些人的权利，警察为造就一个新的法律意义上的嫌疑人类别起到了重要作用。这样的警察行为得到了法院和议会的批准，并且出于犯罪控制的需要，力图证明其合法性。犯罪控制论的核心理论认为，如果公民要想被保护而不受到犯罪伤害，嫌疑人必须将其权利让渡给国家。警方成功地捍卫了他们的权力，并将其扩大到拦截、搜查、逮捕、拘留和讯问嫌疑人等方方面面。其出发点就是，除非他们可以利用足够的手段去搜集犯罪信息，并获得足够的权力去获取犯罪证据，否则他们就不能控制犯罪行为的发生。其结果就是嫌疑人被剥夺了公民应有的权利和自由，他们受制于国家权力干预的义务在增加，而警察控制犯罪的能力却在下降。

现有的研究结果表明，在控制犯罪的幌子下，警察能够并且确实在实行一种与犯罪控制无关的警务模式。在这种警务模式下，侦查权没有被用于侦查犯罪行为、获取证据，或者甚至没有被用于获取关于犯罪和罪犯的信息。取而代之的是，这些权力被当作一个赋予警察规训特殊人群的工具。使用“犯罪”“侦查”“嫌疑人”等词汇作为掩护，把一个原本包含诸如对路人骚扰、惩罚，频繁将他们带到警署羁押等非法的体系合法化了。在有些案例中，警察根本没有打算对个体进行指控和起诉，因此个体也无从去证明他们的无辜，因为社会规训模式不关心事实犯罪，更不用说法律上犯罪。“被拘留者”被带到警署不是为了让警察有机会获得关于犯罪的信息从而增强其作为法律执行者的专业技能，而是为了向这些人传达信息，让他们明白警察和嫌疑人之间的警务与被警务的关系应遵循怎样的准则。

附 录

研究方法

实地调查于1992年在纳什福德和格里姆斯顿这两个英格兰南部城市进行。① 1991年的人口普查显示纳什福德人口有130 000人：其中2.8%的人被列为非洲黑人、加勒比黑人或其他种类的黑人(黑人)；3.8%为印度人、巴基斯坦人和孟加拉人(亚洲人)。22%的人口居住在政府公共部门提供的住房里，男性失业率达到9.6%。格里姆斯顿人口达135 000人，其中4.1%是黑人，3.8%为亚洲人。几乎16%的人口居住在政府公共部门提供的住房里，对应的失业率为8.6%。英格兰和威尔士的对比数据表明，所研究的城市总体情况差不多：男性失业率达9.7%，黑种人占人口的近2%，亚洲人几乎占3%，21.4%的人居住在政府公共部门提供的住房里。

我想征求中南部警方的同意，允许我对一些嫌疑人进行抽样访谈，以了解他们被逮捕和拘留的经历。我与纳什福德及格里姆斯顿的总警监举行了一次会议，并且说明本研究的目的是为了探查嫌疑人被拘留在警署时是否认为自己受到了警方的公正对待。这些高级警官虽然对这些研究的关联性有点怀疑，但他们还是爽快地同意给予力所能及的援助。

为了尽量减少回忆时出现差错，弄错和混淆一些事实，必须在嫌疑人的警署经历结束后尽快对他们进行访谈。为此，我留在警署里，一旦警察做出了处置决定(例如，指控、不予指控或保释做进一步调查)，我便前去采访嫌疑人。哪些嫌疑人会被访谈由我决定，不受警方影响。我向有关人员阐述了本研究的目的和性质，告诉他们调查是完全独立于警方的，并问他们是否愿意合作。

我努力确保让这些不再被警方羁押的人明白，对他们的羁押已经结束，他们随时可以自由地离开警署。我还告诉他们，愿不愿意花点时间接受访谈完全取决于他们自己。两个警署都为我提供了一间小型访谈室向接受访谈者提问。当然，他们随时可以离开。我保证，这些访谈室不是用于讯问嫌疑人的，而是用来向公众采集证人证词的。为了设法减少环境给

① 为了减少个别嫌疑人或警官被识别的可能性，警察机构和两个研究场所的名字是虚构的。

人的压迫感，我还向他们保证，访谈所用的房间离警署的大门口很近，因此他们随时可以容易地离开。

本项目原本打算设法探查，诸如嫌疑人的种族、性别和年龄等特征，是否会影响他们对处遇的评价。但是现实情况让这一目的难以全部实现。

首先，很明显，由一名男性研究人员独自访谈女性嫌疑人会遇到麻烦。警方担心会出现一些复杂状况，例如有女性受访者指控男性研究人员有不当行为，这种担心是可以理解的。警方表示，除非我同意让一个女警在场，否则他们不会允许我去采访女性嫌疑人。显然，这是完全不合适的，因为我只能通过证明自己是独立于警方的才能取得嫌疑人的信任和信心，只有在这种情况下，访谈才能成功。最终的结果是，最后的样本里只有男人。

其次，很难说服青少年嫌疑人参与研究，因为，现行法律规定，他们通常要由父母或青少年工作者陪伴，而这些人往往急切地想要尽快离开警署。结果是，我只采访了 8 名青少年。

最后，我本想找大量非裔加勒比黑人和亚洲人作为研究样本，但也遇到了问题。纳什福德和格里姆斯顿两个城市的少数民族人口都相当少。这意味着我只能和这些群体中的少数人交流(12 个非裔加勒比人和 11 个亚洲人)。要想让受访人数增加，我在警署里待的时间就会超出他们允许的范围。由于没有对种族情况的记录，我试图通过警方拘留记录来确定和追查非裔加勒比人和亚洲人的努力也失败了。

共 80 人接受了访谈(57 个白人，12 个非洲裔加勒比人，11 个亚洲人)。其中 29 人(36%)曾在纳什福德经历过警署程序，51 个(64%)在格里姆斯顿经历过。一开始便决定从样本中排除几类案件，因为它们就逮捕、拘留和讯问经历的反应情况不能提供有价值的信息。驾驶类违法行为(无证驾驶、酒后驾驶等)均被排除在外，因为在这些案件中，对罪行本身不可能有任何争议，因此警察进行审讯的可能性也很小。酗酒后妨害治安以及烂醉如泥后所犯的罪行也被排除，因为这些人不可能记得究竟发生了什么。那些被警察怀疑患有精神疾病的人①也没有被访谈，因为担心他们无法理解研究的目的，甚至对所提的问题都难以明白。

对前四个月里每个警署的拘留记录进行调查后发现，排除上述类型的案件，涉及的罪行可分为五大类：不诚实类犯罪(如入室盗窃、盗窃、诈骗等)，人身侵害罪，妨害社会治安罪，与毒品有关的犯罪和未实际侵占但损害财产类案件(未经同意取得和刑事损害等)。我对抽样人员进行了编排，以便反映每一类案件中的案件比例。结果，在被讯问的人中，51%的人因

---

① 在研究进程中，仅遇到少数这样的案件。对于每个案件，警察都请来了医生，而且我也请医生确认此人并非心智正常。

不诚实类罪行被逮捕，18%因为妨害公共秩序罪被逮捕，15%因为人身侵害罪被逮捕，9%因损害财产类案件被逮捕，8%因为涉及与毒品有关的罪行被逮捕。①

此研究总体目标是，了解嫌疑人在警署里被拘留和讯问过程中，是否觉得受到了公正对待。采用的方法是设计一个半结构化的访谈计划。极力营造一种非正式的、轻松的谈话气氛。

问题的设计旨在探查对处遇的评价是否受到了以下因素的影响，如结果(即警方如何处理案件)，对警察的现有态度，个人特征(如种族和年龄)，所涉犯罪类型，讯问官是否礼貌，有多少解释情况的机会，以及能否获得物质上的利益(如点心等)。我还希望了解嫌疑人对其合法权益的重要性是如何看待的，因此询问嫌疑人是否被告知他们的权利，是否了解其拥有的权利，有没有要求行使这些权利(如果没有，为什么)。最后，他们是否设法获得法律咨询，如果有，他们是否觉得得到的建议有帮助。

访谈中鼓励受访人员谈谈他们对警察、警务工作和法律的总体态度。询问他们是否曾经与警方有过接触，如果是，在那些场合他们受到了怎样的对待。当嫌疑人叙述他们认为受到了不公正对待的事件时，我对他们采取支持的态度，否则会给嫌疑人形成一种印象，即我不相信他们，这对于建立融洽关系是致命的。其目的是提供一个支持的氛围，小心翼翼地避免任何形式的刺激。

我向所有受访者保证访谈是匿名的，从而增加他们对我的信任度，让他们能放心大胆地说。为保护嫌疑人不会受到任何来自警方的不利回应，街道和地区的名字都被更换了。嫌疑人被告知，他们对我所说的内容不会影响之后案件的处理。每个人都被明确告知，我无法影响警察，也不会试图去这么做，而且我也不是律师，不能为他们提供法律意见。我希望，如果能说服嫌疑人相信我帮不了他们什么，他们会更容易告诉我，他们与警方打交道的真实的一面。

访谈通常持续30到40分钟，先由磁带录音，随后转换为文本记录。

先从文字记录中摘录对主要问题的回答，为了便于分析和比较，再对其进行分级。显然，设计有哪些类别，以及决定某种反应或回答应属于哪种类别时涉及主观判断。为了便于读者质疑，只要有可能，我都提供逐字的访谈摘录以举例证明这些特定的类别。所有摘录前有一个标题，提示有关案例的一些细节，例如，2/25/W/A/POO。第一个数字表示访谈所在的警署(1代表格里姆斯顿，2代表纳什福德)；第二个数字表示被拘留者的数量(从1到80)；第三个数字为被拘留者的种族速记法(W代表白人，B代表黑人，A代表亚洲人)；第四个数

① 这些数字的计算统计都采用了四舍五入的方法。

字说明被拘留者是成人(A)还是少年(J);最后一个条目解释了受访者被拘留的违法行为类别,比如:POO(妨害社会治安罪)、OAP(侵害人身罪)、Dis(不诚实)、TWOC(未经同意占用车辆)、Crim. Dam.(刑事损害)、Drugs(毒品)。

在着手对嫌疑人进行访谈之前,我特意到两个警署探访,以熟悉它们的布局,观察警察处理嫌疑人时所用的程序。此项研究的"观察期"花了 20 天完成。在此期间,我花了很长的时间在羁押区,有白天也有晚上。访谈资料的编辑整理约 3 个月完成。因为我不知道什么时候有人被逮捕或释放,也不知道他们是否会同意接受采访,所以花了很长时间在羁押区和警署的食堂里等着。也就是说,我在那观察的时间如果按 8 小时一班的话,我总共至少值了 144 个班(包括访谈被羁押人的时间在内)。

在观察期里,我抓住每一个与警察、律师和青少年工作者交谈的机会,把他们的观点记录在观察日志里。这些都不是正式意义上的访谈,因为起初我并没有将他们视为重要的信息来源,因此我没有记录下这样对话的次数。

在有些情况下,嫌疑人的指控恰恰与我的观察一致,这是有详细文字记载的。然而,在大多数情况下,访谈记录中嫌疑人的陈述是未经证实的。这些叙述表明,嫌疑人自身如何解释与警察打交道的动态过程。有些叙述包含了对警察严重不当行为的指控,但是要记住,这些仅仅是未经证实的指控。尽管这只是个很重要的警告,但是有人主张,嫌疑人的看法是依法有效的,必须认真对待。以他们是受怀疑的罪犯为理由,否定嫌疑人所说的关于警察或警署程序的陈述,是错误的。① 不能仅仅因为一个人被怀疑犯了罪,甚至被判有罪,就认定这个人是不能被信任的。② 也不能因为嫌疑人是利益相关者,就驳斥他们所说的一切。在刑事司法体系里,警察、律师和法官都有相关利益,但他们的观点却经常被政治家、政府部门和皇家委员会征求和考虑。

不可否认,嫌疑人向我述说的无法得到立即证实,但是他们投诉的主要目标与研究人员对相关问题所做的调查结果一致。整本书中都使用了这些研究数据,以支持从访谈资料中得出的结论。

---

① 针对向"罪犯"询问其对警察的看法这一做法,与我交谈过的许多警察对这样做的意义的具体理由表现出极端怀疑。

② Baldwin 和 McConville 在针对嫌疑人对辩诉交易的看法的研究中发现,这类假定和偏见在法律职业中是普遍存在的。

Bibliography
(参考文献)

ACPO(1993) The Right of Silence: Briefing Paper. London: Association of Chief Police Officers of England, Wales and Northern Ireland.

Arenella, P. (1983) 'Re-thinking the functions of criminal procedure: the Warren and Burger courts' competing ideologies', *Georgetown Law Journal* 72: 185.

Asch, S. (1956) 'Studies of independence and submission to group pressures: a minority of one against a unanimous majority', *Psychol. Monog.* 70: 416.

Ashworth, A. (1977) 'Excluding evidence as protecting rights', *Criminal LR* 723—735.

—— (1994) *The Criminal Process: An Evaluate Study*. Oxford: Clarendon.

—— (1996) 'Crime, community and creeping consequentialism', *Criminal LR* 220—31.

Bailey, S. and Gunn, M. (1991) *Smith and Bailey on the English Legal System.* London: Sweet and Maxwell.

Baldwin, J. (1992) *The Role of Legal Representatives at the Police Station* (*RCCJ* Study No. 3). London: HMSO.

—— (1992) *Preparing Records of Taped Interviews* (*RCCJ* Study No. 2). London: HMSO.

—— (1994) 'Police interrogation: what are the rules of the game?', in D. Morgan and G. Stephenson(eds.) *Suspicion and Silence*. London: Blackstone.

—— and McConville, M. (1977) *Negotiated Justice*. London: Robinson.

—— (1978) 'Allegations against lawyers: some evidence from criminal cases in London', *Crim. LR* 741—9.

—— (1979) 'Police Interrogation and the right to see a solicitor', *Crim. LR* 145—52.

—— (1980) *Confessions in the Crown court* (*RCCP Research Study No.* 5). London: HMSO.

—— (1980) 'Confessions: the dubious fruits of police interrogation', *New Law*

Journal 130：993.

—— (1981) 'The English legal profession and the politics of research：a case study'，in R. Luckham (ed.) *Law and Social Enquiry：Case Studies in Research*. New York：International Centre for Law in Development.

—— (1982) 'The role of interrogation in crime discovery and conviction'，*British Journal of Criminology* 22：165.

—— and Bedward，J. (1991) 'Summarising tape-recordings of police interviews'，*Crim. LR* 671—79.

Baldwin，R. (1985) 'Police discretion and law reform'，in Legislation for Policing Today：The Police and Criminal Evidence Act (E. Alves and J. Shapland (eds.) *Issues in Criminological and Legal Psychology* 7：10).

—— (1989) 'Regulation and policing by Code'，in M. Weatheritt (ed.) *Police Research：Some Future Prospects*. Aldershot：Avebury.

—— and Kinsey，R. (1982) *Police Powers and Politics*. London：Quartet.

Bandura，A. (1977) *Social Learning Theory*. Englewood Cliffs，NJ：Prentice Hall.

Banton，M. (1983) 'Categorical and statistical discrimination'，*Ethnic and Racial Studies* 6：3.

Beattie，J. (1986) *Crime and the Courts in England 1600—1800*. Oxford：Clarendon.

Bem，D. (1966) 'Inducing belief in false confessions'，*Journal of Personality and Social Psychology* 3：707.

Biderman，A. (1960) 'Social psychological needs and involuntary behaviour as illustrated by compliance in interrogation'，*Sociometry* 23：120.

Bittner，E. (1967) 'The police on skid-row：a study of peace-keeping'，*American Sociological Review* 32：5.

Blumberg，A. (1967) 'The practice of law as a confidence game：organisational co-option of a profession'，*Law and Society Review* 1：15.

Bottoms，A. and McClean，J. (1976) *Defendants in the Criminal Process*. London：Routledge and Kegan Paul.

Bottomley，A. and Coleman，C. (1976) 'Criminal statistics：the police role in the discovery and detection of crime'，*International Journal of Criminology and Penology* 4：33.

Bottomley，K.，Coleman，C.，Dixon，D.，Gill，M. and Wall，D. (1991) 'The detention of suspects in police custody', *British Journal of Criminology* 31: 347.

Box, S. (1989) *Power, Crime and Mystification*. (2nd edn) London: Routledge.

Bridges, L. (1983) 'Policing the urban wasteland', *Race and Class* vol. 15, 2: 31.

Brogden, A. (1981) '"Sus" is dead: but what about "Sas"?', *New Community* 9: 44.

Brogden, M. (1985) 'Stopping the people—crime control versus social control', in J. Baxter and L. Koffman (eds.) *Police: The Constitution and the Community*. Abingdon: Professional Books.

Brown, D. (1987) *The Police Complaints Procedure—A Survey of Complainants Views* (Home Office Research Study No. 93). London: Home Office.

—— (1989) *Detention at the Police Station Under PACE* (Home Office Research Study No. 104). London: Home Office.

Bunyan, T. and Bridges, L. (1983) 'Britain's new urban policing strategy: the Police and Criminal Evidence Bill in context' *Journal of Law and Society* 10: 85.

Cain, M. (1973) *Society and the Policeman's Role*. London: Routledge and Kegan Paul.

—— and Sadigh, S. (1982) 'Racism, the police and community policing', *Journal of Law and Society*, 9: 1.

Casper, J. (1972) *American Criminal Justice: The Defendant's Perspective*. Englewood Cliffs, NJ: Prentice Hall.

—— (1978) 'Having their day in court: defendants' evaluations of the fairness of their treatment', *Law and Society Review* 12: 237.

——, Tyler, T. and Fisher, B. (1988) 'Procedural justice among felony defendants', *Law and Society Review* 22: 483.

Chibnall, S. (1979) 'The Metropolitan police and the news media', in S. Holdaway (ed.) *The British Police*. London: Edward Arnold.

Christian, L. (1983) *Policing by Coercion*. London: Greater London Council.

Clare, I. and Gudjonsson, G. (1992) *Devising and Piloting an Experimental Version of the Notice to Detained Persons* (RCCJ Study No. 7). London: HMSO.

Clayton, R. and Tomlinson, H. (1988) 'Safeguards and sanctions under the Police and Criminal Evidence Act', *New Law Journal* 138: 216.

Cohen, P. (1979) 'Policing the working-class city', in B. Fine, J. Lea, S. Picciotto and J. Young (eds.) *Capitalism and the Rule of Law*. London: Hutchinson.

Cole，G. (1970) ‘The decision to prosecute’，*Law and Society Review* 4：331.

Cornish，W. (1978) ‘Defects in prosecuting：professional views in 1845’，in P. Glazebrook(ed.) *Re-shaping the Criminal Law*. London：Stevens.

Cray，E. (1972) *The Enemy in the Streets*. New York：Anchor.

Crawford，A.，Jones，T.，Woodhouse，T. and Young，J. (1990) *Second Islington Crime Survey*. London：Middlesex Polytechnic Centre for Criminology.

Criminal Law Revision Committee Eleventh Report 1972 (Cmnd. 4991).

Criminal Statistics(England and Wales) 1978 (Cmnd. 7670).

Critchley，T. (1978) *A History of Police in England and Wales*(2nd edn). London：Constable.

Cross，R. (1973) ‘The Evidence Report：Sense or nonsense—a very wicked animal defends the 11th Report of the Criminal Law Revision Committee’，*Crim. LR* 329—40.

Dalton，M. (1618) *The Countrey Justice*. London.

Damaska，M. (1973) ‘Evidentiary barriers to conviction and two models of criminal procedure’，*University of Pennsylvania LR* 121：506.

Davis J. (1989) ‘From “rookeries” to “communities”：race，poverty and policing in London 1850—1950’，*History Workshop* 27：66.

Devlin，P. (1960) *The Prosecution Process in England*. Oxford：Oxford University Press.

—— (1966) ‘The police in a changing society’，*Journal of Criminal Law，Criminology and Police Science* 57：123.

Devlin，P. (1976) *Report to the Secretary of State for the Home Department of the Departmental Committee on Evidence of Identification in Criminal Cases*.

—— (1979) *The Judge*. Oxford：Oxford University Press.

Dixon，D. (1992) ‘Legal regulation of policing practice’，*Social and Legal Studies* 1：515.

—— Bottomley，A.，Coleman，C.，Gill，M. and Wall，D. (1989) ‘Reality and rules in the construction and regulation of police suspicion’，*International Journal of the Sociology of Law* 17：185.

—— (1990) ‘Safeguarding the rights of suspects in police custody’，*Policing and Society* 1：115.

Donajrodzki, A. (1977) '"Social Police" and the bureaucratic elite: a vision of order in the age of reform', in A. Donajrodzki (ed.) *Social Control in the Nineteenth Century Britain*. London: Croom Helm.

Elmes, F. (1964) 'The police 1954—63', *Crim. LR* 505—20.

Evans, R. (1993) *The Conduct of Police Interviews with Juveniles* (*RCCJ* Study No. 8). London: HMSO.

Feeley, M. (1976) 'The Concept of Laws in Social Science: A Critique and Notes on an Expanded View', *Law and Society Review* 10: 497.

Firth, A. (1975) 'Interrogation', *Police Review* (No. 4324).

Fisher, H. (1977) *Report of an Inquiry into the Circumstances Leading to the Trial of Three Persons on Charges Arising Out of the Death of Maxwell Confait and the Fire at 27 Dogget Road, London SE 6* .

Fitzgerald, M. (1993) *Ethnic Minorities and the Criminal Justice System* (*RCCJ* Research Study No. 20). London: HMSO.

Foster, J. (1989) 'Two Stations: an ethnographic study of policing in the inner city', in D. Downes (ed.) *Crime and the City*. Basingstoke: Macmillan.

Garfinkel, H. (1955) 'Conditions of successful degradation ceremonies', *American Journal of Sociology* 61: 421.

Gatrell, V. (1990) 'Crime, authority and the policeman state', in F. Thompson (ed.) *The Cambridge Social History of Britain 1750—1950: Social Agencies and Institutions* (Volume Three). Cambridge: Cambridge University Press.

Gemmill, R. and Morgan-Giles, R. (1980) *Arrest, Charge and Summons: Current Practice and Resource Implications* (*RCCP* Study No. 9). London: HMSO.

Gill, P. (1987) 'Clearing up crime: the big "con"', *Journal of Law and Society* 14: 254.

Gilroy, P. (1982) 'The myth of black criminality', *Socialist Register*. London: Merlin.

—— and Sim, J. (1987) 'Law, order and the state of the Left', in P. Scraton (ed.) *Law, Order and the Authoritarian State*. Milton Keynes: Open University Press.

Goffman, E. (1961) *Asylums*. Harmondsworth: Penguin.

Goodsall, J. (1974) 'The professional interviewer', *Police Review* (No. 4241).

Gordon, P. (1983) *White Law*. London: Pluto Press.

Griffiths, J. (1970) 'Ideology in criminal procedure', *Yale Law Journal* 79: 1.

Gudjonsson, G. and MacKeith, J. (1988) 'Retracted confessions: legal, psychological and psychiatric aspects', in *Medicine, Science and the Law* 28: 187.

—— (1990) 'A Proven Case of False Confession: Psychological Aspects of the Coerced-Complaint Type', *30 Med Sci. Law* 187.

——, Clare, I., Rutter, S. and Pearce, J. (1993) *Persons at Risk During Interviews in Police Custody: The Identification of Vulnerabilities* (*RCCJ* Study No. 12). London: HMSO.

Gutzmore, C. (1983) 'Capital, "black youth" and crime', *Race and Class* (no. 2) 15 : 13.

Hale, J. (1678) *Pleas of the Crown*. (Volume 2). London: Honson.

Hawkins, W. (1716—1721) *Pleas of the Crown*. London: Professional Books.

Hay, D. (1975) 'Property, authority and the criminal law', in D. Hay, P. Linebaugh and E. P. Thompson(eds.) *Albion's Fatal Tree: Crime and Society in Eighteenth Century England*. London: Allen Lane.

—— and Snyder, F. (1989) 'Using the criminal law 1750—1850: Policing, private prosecution and the State', in D. Hay and F. Snyder (eds.) *Policing and Prosecution in Britain 1750—1850* . Oxford: Clarendon.

Hall, S., Critcher, C., Jefferson, T., Clarke, J. and Roberts, B. (1978) *Policing the Crisis*. London: Macmillan.

Heinz, A. (1985) 'Procedure versus consequence: experimental evidence of preferences for procedural and distributive justice', in S. Talarico(ed.) *Courts and Criminal Justice: Emerging Issues*. Beverly Hills: Sage.

Hoffman, L. (1964) 'The Judges' Rules', *Lawyer* 7: 23.

Holdaway, S. (1983) *Inside the British Police*. London: Edward Arnold.

Holdsworth, W. (1903—66) *A History of English Law* (16 vols.). London: Methuen/Sweet and Maxwell.

Home Office (1976) *The Feasibility of an Experiment in the Tape Recording of Police Interrogations* (Cmnd. 6630).

—— (1982) *Tape Recording of Police Interrogations: Interim Report—The First 24 Months*.

—— (1989) *Report of the Working Group on the Right to Silence*. London: Home

Office.

—— (1989) Crime Statistics for the Metropolitan Police District, Analysed by Ethnic Group(*Statistical Bulletin* 5/89).

Hood, R. (1992) *Race and Sentencing*. Oxford: Clarendon Press.

Inbau, F. and Reid, J. (1962) *Criminal Interrogation and Confessions*. Baltimore: Williams and Wilkins.

Institute of Race Relations(1979) *Police Against Black People*. London: Institute of Race Relations.

Irving, B. (1981) *Police Interrogation: A Case Study of Current Practices* (*RCCP* Study No. 2). London: HMSO.

Irving, B. (1985) 'Research into policy won't go', *Legislation for Policing Today: The Police and Criminal Evidence Act* (in E. Alves and J. Shapland(eds.) *Issues in Criminology and Legal Psychology* 7: 58).

—— and Hilgendorf, L. (1980) *Police Interrogation: The Psychological Approach* (*RCCP* Study No. 1). London: HMSO.

—— and McKenzie, I. (1989) *Police Interrogation: The Effects of the Police and Criminal Evidence Act 1984*. London: The Police Foundation.

—— (1989) 'Interrogating in a legal framework', in R. Morgan and D. Smith(eds.) *Coming to Terms with Policing*. London: Routledge.

Jardine D. (1837) *A Reading on the Use of Torture in the Criminal Law of England*. London: Baldwin and Cradock.

Jefferson, T. (1990) *The Case Against Paramilitary Policing*.

—— and Walker, M. (1993) 'Attitudes to the police of ethnic minorities in a provincial city', *British Journal of Criminology* (no. 2) 33: 251.

Jones, D. (1982) *Crime, Protest, Community and Police in Nineteenth Century Britain*. London: Routledge & Kegan Paul.

Jones, T., Maclean, B. and Young J. (1986) *The Islington Crime Survey*. Aldershot: Gower.

JUSTICE(1979) 'Pre-trial criminal procedure: police powers and the prosecution process', *Evidence submitted to the Royal Commission on Criminal Procedure 1981*.

Kaye, T. (1991) *Unsafe and Unsatisfactory*. London: Civil Liberties Trust.

Kamisar, Y. (1965) 'Equal justice in the gatehouses and mansions of American criminal justice', in Y. Kamisar(ed.)(1980) *Police Interrogation and Confessions*. Michigan: University of Michigan Press.

Keith, M. (1993) *Race, Riots and Policing*. London: VCC Press.

Kennedy, L. (1961) *Ten Rillington Place*. London: Gollancz.

Kettle, M. (1980) 'The politics of policing and the policing of politics', in P. Hain (ed.) *Policing the Police* (Volume Two). London: John Calder.

Kinsey, R., Lea, J. and Young, J. (1986) *Losing the Fight Against Crime*. Oxford: Basil Blackwell.

Lambert, J. (1970) *Crime, Police and Race Relations*. London: Oxford University Press.

Landis, J. and Goodstein, L. (1986) 'When is justice fair? An integrated approach to the outcome versus procedure debate', *American Bar Foundation Research Journal* 2: 675.

Landau, S. and Nathan, G. (1983) 'Selecting juveniles for cautioning in the London Metropolitan area', *British Journal of Criminology* 23: 128.

Langbein, J. (1974) *Prosecuting Crime in the Renaissance*. Cambridge, Mass.: Harvard University Press.

—— (1977) *Torture and the Law of Proof*. Chicago: University of Chicago Press.

—— (1983) 'Shaping the eighteenth century criminal trial', *University of Chicago LR* 1: 136.

Langdon-Down, G. (1996) 'Sharp's the word', *Police Review* 5th January: 22.

Lea, J. and Young, J. (1982) 'Urban Violence and Political Marginalisation: The Riots in Britain, Summer 1981', *Criminal Social Policy* 1: 3.

—— (1984) *What is to be Done about Law and Order?* Harmondsworth: Penguin.

Lee, J. (1981) 'Some structural aspects of police deviance in relations with minority groups', in C. Shearing(ed.) *Organisational Police Deviance: Its Structure and Control*. Toronto: Butterworths.

Legal Action Group(1979) 'Legality in the criminal process', *Evidence submitted to the Royal Commission on Criminal Procedure 1981*.

Leng, R. (1993) *The Right to Silence in Police Interrogations: A Study of Some of the Issues Underlying the Debate* (RCCJ Study No. 10), London: HMSO.

—— (1994) 'A recipe for miscarriages: The Royal Commission and informal interviews', in M. McConville and L. Bridges (eds.) *Criminal Justice in Crisis*. London: Edward Elgar.

Lidstone, K. (1981) 'Investigative powers and rights of the citizen', *Crim. LR* 454—69.

Lind, E., Kurtz, S., Mustante, L., Walker, L. and Thibaut, J. (1989) 'Procedure and outcome effects on reactions to adjudicated resolution of conflicts of interest', *Journal of Personality and Social Psychology* 39: 643.

——, Lissak, R. and Conlon, A. (1983) 'Decision control and process control effects on procedural fairness judgments', *Journal of Applied Social Psychology* 13: 338.

—— and Tyler, T. (1988) *The Social Psychology of Procedural Justice*. New York: Plenum.

Lustgarten, L. (1986) *The Governance of Police*. London: Sweet and Maxwell.

McBarnett, D. (1981a) 'Balance and clarity: Has the Royal Commission achieved them?', *Crim. LR* 445—53.

—— (1981b) 'The Royal Commission and the Judges' Rules', *The British Journal of Law and Society* 8: 109.

—— (1981c) *Conviction*. London: Macmillan.

McCabe, S. and Purves, R. (1972) *The Jury at Work*. Oxford: Blackwell.

McClintock, F. and Avison, N. (1968) *Crime in England and Wales*. London: Heinmann.

McConville, M. (1983) 'Search of persons and premises: New data from London', *Criminal LR* 605—614.

—— (1984) 'Prosecuting criminal cases in England and Wales: Reflections of an inquisitorial adversary', *Liverpool LR* 6: 15.

—— (1985) 'The legal impact of the Police and Criminal Evidence Bill', in *Legislation for Policing Today: The Police and Criminal Evidence Act* (E. Alves and J. Shapland (eds.) *Issues in Criminological and Legal Psychology* 7:21).

McConville, M. (1992) 'Video-taping interrogations: police behaviour on and off camera', *Crim. LR* 532—48.

—— (1993) *Corroboration and Confessions: The Impact of a Rule Requiring that no*

Conviction can be Sustained on the Basis of Confession Evidence alone(RCCJ Study No. 13). London: HMSO.

—— and Baldwin, J. (1981) *Courts, Prosecution and Conviction*. Oxford: Clarendon Press.

—— (1982) 'Recent developments in English criminal justice and the Royal Commission on Criminal Procedure', *International Journal of the Sociology of Law* 10: 287.

—— and Hodgson, J. (1993) *Custodial Legal Advice and the Right to Silence*(RCCJ Study No. 16). London: HMSO.

——, Bridges, L. and Pavlovic, A. (1994) *Standing Accused*. Oxford: Oxford University Press.

—— and Mirsky, C. (1995) 'Guilty plea courts: A social disciplinary model of criminal justice', *Social Problems*(no. 2) 42: 216.

—— and Morrell, P. (1983) 'Recording the interrogation: have the police got it taped?', *Crim. LR* 158—162.

——, Sanders, A. and Leng, R. (1991) *The Case for the Prosecution*. London: Routledge.

—— and Shepherd, D. (1992) *Watching Police, Watching Communities*. London: Routledge.

McDonald, R. (1980) 'Judicial review and procedural fairness in administrative law', *McGill Law Journal* 25: 520.

McGurk, B., Carr, M. and McGurk, D. (1993) *Investigative Interviewing Courses for Police Officers: An Evaluation*. Home Office Police Research Group(Research Series 4).

Mackenna B. (1972) 'Criminal Law Revision Committee's Eleventh Report: Some comments', *Crim. LR* 605—21.

Maguire, M. (1988) 'Effects of the PACE provisions on detention and questioning: preliminary findings', *British Journal of Criminology* 28: 19.

—— and Corbett, C. (1991) *A Study of the Police Complaints System*. London: HMSO.

—— and Norris, C. (1992) *The Conduct and Supervision of Criminal Investigations* (RCCJ Study No. 5).

Maitland, F. (1908) *The Constitutional History of England*. Cambridge: Cambridge University Press.

Manning, P. (1977) *Police Work*. Cambridge, Mass.: MIT Press.

Mark, R. (1973) *Minority Verdict*. London: BBC Publications.

—— (1977) *Policing a Perplexed Society*. London: Allen and Unwin.

Mitchell, B. (1983) 'Confessions and police interrogation of suspects', *Crim. LR* 596—604.

Morgan, E. (1949) 'The privilege against self-incrimination', *Minnesota Law* Review 34:1.

Morgan, R., McKenzie, I. and Reiner, R. (1990) 'Police Powers and Policy: A Study of Custody Officers' (Final report to the ESRC, cited in M. Maguire, R. Morgan and R. Reiner (eds.) *The Oxford Handbook of Criminology* (1994). Oxford: Clarendon.

—— (1996) 'The process is the rule and the punishment is the process', *Modern Law Review* 59: 306.

Morris, P. (1980) *Police Interrogation: A Review of the Literature* (RCCP Study No. 3). London: HMSO.

Moston, S., Stephenson, G. and Williamson, T. (1992) 'The Effects of case characteristics on suspect behaviour during police questioning', *British Journal of Criminology* 32: 33.

—— and Moston, T. (1991) '*Challenging the obvious? Suspect behaviour during police questioning*', Paper presented at the British Psychological Society Annual Conference.

Norris, C., Fielding, N., Kemp, C. and Fielding, J. (1992) 'Black and blue: an analysis of the influence of race on being stopped by the police', *British Journal of Sociology* (no. 2) 43: 207.

Packer, H. (1968) *The Limits of the Criminal Sanction*. Stanford: Stanford University Press.

Painter, K., Lee, J., Woodhouse T. and Young, J. (1989) *Hammersmith and Fulham Crime and Policing Survey*. London: Middlesex Polytechnic Centre for Criminology.

Pepinsky, H. (1970) 'A theory of police reaction to Miranda v Arizona', *Crime and*

Delinquency 16：379.

Plucknett，T.（1956）*A Concise History of the Common Law*（5th edn）. London：Butterworths.

Pollard，C.（1996）Public safety，accountability，and the courts'，*Crim. LR* 152.

Porter，Lord(1949）'English procedure and practice'，*Current Legal Problems* 2：13.

Prince，M.（1988）*God's Cop*. London：Muller.

Putnam，B.（1924）*Early Treatises on the Practices of the Justices of the Peace in the Fifteenth and Sixteenth Centuries*（7 Oxford Studies in Social and Legal History）. Oxford：Oxford University Press.

Radzinowicz，L.（1968）*The History of English Criminal Law：Grappling for Control*（Volume Four）. London：Stevens.

—— and Hood，R.（1986）*A History of the English Criminal Law：The Emergence of Penal Policy*（Volume Five）. London：Stevens.

Rawlings，P.（1985）'"Bobbies"，"Aliens" and subversives：the relationship between community policing and coercive policing'，in J. Baxter and L. Koffman(eds.) *The Police：The Constitution and the Community*. Abingdon：Professional Books.

Reik，T.（1959）*The Compulsion to Confess：On the Psychoanalysis of Cure and Punishment*. New York：Farrar，Straus and Cudaky.

Reiner，R.（1978）*The Blue-Coated Worker*. Cambridge：Cambridge University Press.

——（1980）'Fuzzy thoughts：The police and law and order politics'，*The Sociological Review* 28：377.

——（1985）*The Politics of the Police*. Brighton：Wheatsheaf.

——（1989）'Race and criminal Justice'，*New Community*（no. 1）16：5.

——（1992）'Race，crime and justice：Models of interpretation' in L. Gelsthorpe（ed.）*Minority Ethnic Groups in the Criminal Justice System*. Cambridge：The Cambridge Institute of Criminology.

——（1994）'Policing and the police'，in M. Maguire，R. Morgan and R. Reiner（eds.）*The Oxford Handbook of Criminology*. Oxford：Clarendon.

Royal *Commission on Police Powers* 1929(Cmnd. 3297）.

Royal *Commission on Criminal Procedure* 1981(Cmnd. 8092）.

Royal *Cmmission on Criminal Justice* 1993(Cmnd. 2263）.

Sanders, A. (1988) 'Rights, remedies and the Police and Criminal Evidence Act', *Crim. LR* 802—12.

—— (1994) 'Thinking about Criminal Justice', in M. McConville and L. Bridges (eds.) *Criminal Justice in Crisis*. Aldershot: Edward Elgar.

—— Bridges, L., Mulvaney, A. and Crozier, G. (1989) *Advice and Assistance at Police Stations and the 24 Hour Duty Solicitor Scheme*. London: The Lord Chancellor's Department.

—— and Young, R. (1994) *Criminal Justice*. London: Butterworths.

Saphire, R. (1978) 'Specifying due process values', *University of Pennsylvania LR* 127: 111.

Sargant, T. (1966) 'Police powers—a general view', *Crim. LR* 583—93.

Scarman, L. (1981) *The Brixton Disorders: 10—12 April 1981* (Cmnd. 8427). London: HMSO.

Scott Henderson, J. (1953) *Report of an Inquiry into Certain Matters Arising out of the Death of Mrs Beryl Evans and of Geraldine Evans and out of the Conviction of Timothy John Evans of the Murder of Geraldine Evans*.

Seidman, L. (1980) 'Factual guilt and the Burger Court: An examination of continuity and changes in criminal procedure', *Columbia LR* 80: 436.

Sells, S. (1973) 'The taxonomy of man in enclosed space', in J. Rasmussen (ed.) *Man in Isolation and Confinement*. Chicago: Aldine.

Shaw, G. (1996) *Police Review* (5 January—9 February 1993).

Shearing, C. (1981) 'Deviance and conformity in the reproduction of order', in C. Shearing (ed.) *Organisational Police Deviance: its Structure and Control*. Toronto: Butterworths.

Shepherd, E. (1996) 'The trouble with PEACE', *Police Review* (July: 14—16).

——, Mortimer, A. and Mobasheri, R. (1995) 'The police caution: Comprehension and perceptions in the general population', *Expert Evidence* 4: 60.

Sivanandan, A. (1982) *A Different Hunger: Writings on Black Resistance*. London: Pluto Press.

Skogan, W. (1990) *The Police and Public in England and Wales* (Home Office Research Study No. 117). London: Home Office.

Skolnick, J. (1966) *Justice Without Trial*. New York: Wiley.

—— (1967) 'Social control in the adversary system', *Journal of Conflict Resolution* 11: 52.

Smellie, E. and Crow, I. (1991) *Black People's Experiences of Criminal Justice*. London: NACRO.

Smith, D. (1991) 'The impact on government', in J. Morrill(ed.) *The Impact of the English Civil War*. London: Collins and Brown.

Smith D. J. (1983) *Police and People in London: A Survey of Londoners* (PSI, Volume One). Aldershot: Gower.

Smith, D. J. and Gray, J. (1983) *Police and People in London: The Police in Action* (PSI, Volume Four). Aldershot: Gower.

Smith, D. J. (1994) 'Race, Crime and Criminal Justice', in M. Maguire, R. Morgan and R. Reiner(eds.) *The Oxford Handbook of Criminology*. Oxford: Clarendon.

Smith, D. J. (1997) 'Case construction and the goals of the criminal process', *British Journal of Criminology Number* 3 37: 319—46.

Smith, J. (1960) 'Questioning by the police: Some further points', *Crim. LR* 347—52.

Smith, T. (1583) *De Republica Anglorum*. London.

Softley, P. (1980) *Police Interrogations: An Observational Study of Four Police Stations* (*RCCP*. Study No. 4). London: HMSO.

Southgate, P. (1982) *Police Probationer Training in Race Relations* (Home Office Research Unit Paper No. 8).

Stephen, J. (1883) *History of the Criminal Law of England* (Volume One). London: Macmillan.

Steer, D. (1980) *Uncovering Crime: The Police Role* (*RCCP* Study No. 7). London: HMSO.

Stedman Jones, G. (1971) *Outcast London: A Study in the Relationship between Classes in Victorian Society*. Harmondsworth: Penguin.

Stevens, P. and Willis C. (1979) *Race, Crime and Arrests* (Home Office Research Study No. 58). London: Home Office.

Stinchcombe, A. (1965) 'Institutions of privacy in the determination of police administrative practices', *American Journal of Sociology* 69: 150.

Summers, R. (1974) 'Evaluating and improving legal process—a plea for process *values'*, *Cornell LR* 60: 1.

Thompson, E. P. (1975) *Whigs and Hunters: The Origins of the Black Act*. London: Alan Lane.

Tribe, L. (1972) 'Policy science: analysis or ideology?', *Philosophy and Public Affairs* 2: 66.

Tuck, M. and Southgate P. (1981) *Ethnic Minorities, Crime and Policing* (Home Office Research Study No. 70). London: Home Office.

Tyler, T. (1984) 'The role of perceived injustice in defendants' evaluations of their courtroom experience', *Law and Society Review* 18: 51.

—— (1987) 'Conditions leading to value expressive effects in judgments of procedural justice: a test of four models', *Journal of Personality and Social Psychology* 52: 333.

Tyler T. (1988) 'What is procedural justice? Criteria used by citizens to assess the fairness of legal procedures', *Law and Society Review* 22: 103.

—— (1990) *Why People Obey the Law*. New Haven: Yale University Press.

——, Raskinski, K. and Spodick, N. (1985) 'The influence of voice on satisfaction with leaders: Exploring the meaning of process control', *Journal of Personality and Social Psychology* 48: 72.

Thomas, D. (1966) 'Arrest—a general view', *Crim. LR* 640—63.

Veall, D. (1970) *The Popular Movement for Law Reform 1640—1660*. Oxford: Clarendon.

Vennard, J. (1984) 'Disputes within trials over the admissibility and accuracy of incriminating statements: some research evidence', *Crim. LR* 15—24.

Waddington, P. (1984) 'Black crime, the "racist police" and fashionable compassion', D. Anderson(ed.) *The Kindness That Kills*. London: SPCK.

Waegal, W. (1981) 'Case routinization in investigative police work', *Social Problems* 28: 263.

Wald, M., Ayres, R., Hess, D., Schantz, M. and Whitbread, T. (1967) 'Interrogations in New Haven: the impact of Miranda', *Yale Law Journal* 76: 1519.

Walker, M. (1992) 'Arrest rates and ethnic minorities: A Study in a provincial city', *Journal of the Royal Statistical Society*(no. 2) 155: 259.

Walklate, S. (1989) *Victimology*. London: Unwin Hyman.

Walkley, J. (1987) *Police Interrogation*. London: Police Review Publishing Company.

Williams, G. (1960) 'Questioning by the police: Some practical considerations', *Crim. LR* 325—346.

Williamson, T. (1994) 'Reflections on current police practice', in D. Morgan and G. Stephenson(eds.) *Suspicion and Silence*. London: Blackstone Press.

Willis, C. (1983) *The Use, Effectiveness and Impact of Police Stop and Search Powers*(Home Office Research and Planning Unit Paper No. 15).

—— (1984) *The Tape-Recording of Interviews with Suspects: An Interim Report* (Home Office Research Study No. 82).

—— (1989) *The Tape-Recording of Interviews with Suspects: A Second Interim Report*(Home Office Research Study No. 97).

Witt, J. (1973) 'Non-coercive interrogation and the administration of criminal justice: the impact of Miranda on police effectuality', *International Journal of Criminal Law and Criminology* 64: 326.

Young, M. (1991) *An Inside Job: Policing and Police Culture in Britain*. Oxford: Oxford University Press.

Zander, M. (1972) 'Access to a solicitor at the police station', *Crim. LR* 342—50.

—— (1974) 'The CLRC Evidence Report—a survey of reactions', *Law Society Gazette* 71: 954.

—— (1978) 'The right to silence in the police station and the caution', in P. Glazebrook(ed.) *Re-shaping the Criminal Law*. London: Stevens.

—— (1979) 'The investigation of crime: a study of cases tried at the Old Bailey', *Crim. LR* 203—19.

—— (1995) *The Police and Criminal Evidence Act, 1984* (3rd edn). London: Sweet and Maxwell.

Zellick, G. (1984) 'The purpose behind an arrest', *Crim. LR* 94—6.

Zuckerman, A. (1989) *Principles of Criminal Evidence*.

Zuckerman, M. (1964) 'Perceptual isolation as a stress situation: a review', *Arch. of Gen. Psychiat.* 11 225.

译后记

2013的暑气渐近之时，我和两位同事兼好友着手《作为社会规训的警务》一书的翻译。接受任务时的为难、开篇时的迷茫以及对工作进展的担忧似乎给我一年中的最大期盼——暑假，罩上了浓厚的阴云，我的心也被压得沉沉的。如今，浓浓的暑气早已散尽，深秋已过，初冬降临，可那个时候脖颈疼痛僵硬、眼睛干涩模糊、腰腿麻木僵硬的情景，仍然历历在目。今天呈现在面前的是《作为社会规训的警务》一书的译文校样，我带着欣慰，带着喜悦，带着看新生儿呱呱坠地的心情捧着她！

在这揪心的翻译时光里，没有先生和孩子的陪伴与激励，我将无法如期迎来这本译作的诞生。在我为之苦闷、心情沉重之时，先生泡好了茶，做好了饭；在我因为某个俚语止步不前、紧锁眉头的时候，是我的孩子激发我的思考，让我最终能够想出答案……正当我苦苦工作时，我的孩子正要远行求学，我是那么地想和他一起分享那所剩不多的点滴宝贵的相处时间，想和他多聊聊以后的路，一起走走匆忙中未曾涉足的街头小巷，可是我一心扑在翻译工作上，几乎无暇顾及。在此，我感谢先生和孩子为我所做的一切，本书也蕴含了我对他们浓浓的爱与谢意。

我的合译者王蓓老师和黄艳老师，克服了种种困难，她们的勤奋与敬业令我折服。《作为社会规训的警务》一书除从序至第四章的前半部翻译以及统稿任务由我负责外，从第四章的后半部至附录翻译均由她们两位负责。其中王老师负责从第四章后半部至第六章的前半部的翻译工作，黄老师则负责第六章的后半部至附录部分的翻译工作。在此过程中，她们无暇顾及孩子尚小需要母爱，无暇顾及酷暑难耐，和我一起探讨疑难，及时解惑。对待工作精益求精，为了进度不分昼夜，我感谢她们的努力和付出。她们是我的最佳搭档。每念及此，我的心总是暖暖的。没有她们，这本译作的完成将变得无望。

薛向君老师治学严谨，孜孜追求，她为整套译丛的翻译工作付出了大量心血，感谢她的精心谋划与安排。感谢学院对于该项工作的重视，特别要感谢王青副主任等系领导一直以来对所有译者的关怀和对翻译工作的具体指导与支持。南京出版社的范忆先生为译丛的版权引进做了大量的辛苦工作，并为译丛翻译工作的顺利开展提出了许多有价值的建议。本书责编谢微女士更是为本书进行了多番仔细校稿。他们的敬业态度都给我留下了深刻的印象,在此一并感谢。此外,我还要感谢身边更多同志真诚的关心与问候,没有他们的鼓励,我同样也不会感受到今天收获的快乐。这本译作即将出版,我真挚地邀请大家一起分享这份喜悦与幸福!

时间紧、任务重、原著专业性强等种种困难曾经令我十分纠结与痛苦。然而,纠结换来的这小小成果,让我感受到的却是如此迷人的成就感,如沐阳光,对于面前的一切,我是这般享受。我终于真切地再一次感受到这耕耘后收获的喜悦、风雨后彩虹的美丽!有了这次经历,当同样的机会再出现时,我想我该更多地去憧憬收获的快乐,在痛苦面前会是更淡定些吧!

左朝霞

2013 年初冬于南京